经世济民

诚信服务

德法兼修

国家职业教育电子商务专业教学资源库
升级改进配套教材

高等职业教育电子商务类专业
数实融合 守正创新
新形态一体化教材

零售基础

◎ 主 编 郭 伟

◎ 副主编 金成龙 刘 存
李 瑾 李 欣

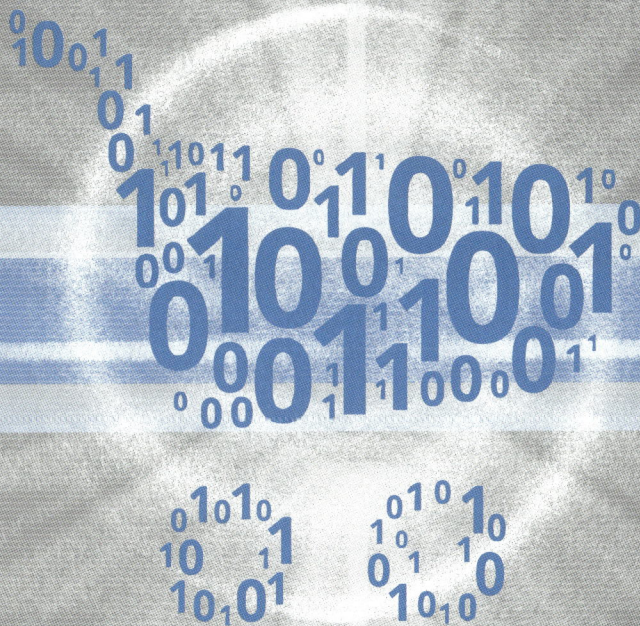

中国教育出版传媒集团
高等教育出版社·北京

内容摘要

本书是国家职业教育电子商务专业教学资源库升级改进配套教材，也是高等职业教育电子商务类专业"数实融合 守正创新"新形态一体化教材。

根据教育部《职业教育专业目录（2021年）》和《职业教育专业简介（2022年修订）》，"零售基础"为高等职业教育本科、专科及中等职业教育电子商务类专业的专业基础课，本书为该课程配套教材。本书全面、系统地介绍了零售业的基本知识，对零售业的发展规律与本质进行了详细阐述，同时重点关注数字经济背景下零售业的变革，特别是新零售场景下"人、货、场"的重构，从提升零售业效率、升级消费者体验和服务、让零售真正回归本质的维度，对知识结构进行了梳理和重构。全书共分为八章，分别是：商业与零售认知、零售企业战略与组织结构、消费者洞察、商品规划与管理、零售企业消费场景打造、零售营销模式创新、零售供应链管理、零售服务管理。

本书兼具知识性和可操作性，既可以作为高等职业教育本科、专科，应用型本科院校，中等职业院校电子商务类专业的教材，也可以作为各类零售企业经营管理人员的培训教材。

本书配有微课、PPT课件、习题答案等类型丰富的数字化教学资源，精选其中具有典型性和实用性的优质资源，以二维码形式在教材边白处进行了标注，供读者即扫即学。具体资源服务可参照"郑重声明"页的资源服务提示。

图书在版编目（CIP）数据

零售基础／郭伟主编. -- 北京：高等教育出版社，2023.12（2024.8重印）

ISBN 978-7-04-061060-4

Ⅰ.①零… Ⅱ.①郭… Ⅲ.①零售业-商业经营-高等职业教育-教材 Ⅳ.①F713.32

中国国家版本馆CIP数据核字(2023)第164204号

零售基础
LINGSHOU JICHU

项目策划 赵 洁	策划编辑 康 蓉 王 沛	责任编辑 王 沛	封面设计 赵 阳	责任绘图 李沛蓉
版式设计 赵 阳	责任校对 刁丽丽	责任印制 沈心怡		

出版发行 高等教育出版社　**社址**　北京市西城区德外大街4号　**邮政编码** 100120
购书热线 010-58581118　**咨询电话** 400-810-0598
网址 http://www.hep.edu.cn　http://www.hep.com.cn
网上订购 http://www.hepmall.com.cn　http://www.hepmall.com　http://www.hepmall.cn

印刷 人卫印务（北京）有限公司　　**开本** 787mm×1092mm 1/16　**印张** 20.5
字数 360 千字　**版次** 2023 年 12 月第 1 版　**印次** 2024 年 8 月第 2 次印刷
定价 49.80 元

前 言

　　零售业和每个人的生活息息相关。经过多年发展，零售业已经成为中国服务行业中最具活力的行业之一，在国民经济中的作用日益突出。随着信息技术发展、消费者需求品质提升、个性化消费等趋势不断出现，零售业的经营业态和模式都在不断发展和创新，新零售浪潮席卷全球。

　　不管零售业如何发展，也不管未来还会出现哪些新业态和新模式，都不能从根本上改变零售业的基本理论和基本框架，而这些基本理论和基本框架在数字经济时代都会呈现出新形式和新特点。因此，专业建设需要高度重视具有逻辑自洽性的零售基础理论框架，这样才能了解传统零售业的规律和特点，更好地审视和理解零售新业态和新模式的发展。

　　党的二十大报告提出："加快发展数字经济，促进数字经济和实体经济深度融合，打造具有国际竞争力的数字产业集群。"《中华人民共和国国民经济和社会发展第十四个五年规划和2035年远景目标纲要》明确提出："深入推进服务业数字化转型，培育众包设计、智慧物流、新零售等新增长点。"在政策利好和技术推动下，数字经济发展速度之快、辐射范围之广、影响程度之深前所未有，零售业数字化进程已经进入了崭新阶段，其影响不断加深，对有关技术技能提出了新要求。伴随着数字化进入智能化阶段，新零售必将引领未来全新的商业模式，为此，对相关领域的技术技能人才培养就显得极为迫切，零售业需要更能适应行业需求的新零售人才。在《职业教育专业简介（2022年修订）》中，"零售基础"成为电子商务类专业的专业基础课，体现了数字经济时代职业教育的人才培养新需求。

　　鉴于此，在全国电子商务职业教育教学指导委员会的支持和专家论证下，编写团队基于多年的教学经验和研究成果，编写了本教材。基于人才培养要求，在编写本教材时，编写团队努力在理论知识与实际应用之间寻找一个合理的平衡点，既让学生了解并掌握具有一定前沿性和实践性的理论内容，又使其在实践中有条件、有场所、有可行性地践行所学到的知识。同时，编者结合新零售"人、货、场"重构理论，增加了符合零售业发展趋势，能够培养学生创新思维和实践能力的新内容。本教材具有如下鲜明特色：

1. 育教相融，凝练课程思政元素

党的二十大报告提出："育人的根本在于立德。全面贯彻党的教育方针，落实立德树人根本任务，培养德智体美劳全面发展的社会主义建设者和接班人。"本教材坚持价值塑造、知识传授与能力培养的有机统一，将体现育人特色的素养目标置于三维学习目标之首。每章设置"执善向上与坚守"栏目作为课程思政教育的载体，将党的二十大精神融入其中，并设置了"零售调研与践悟"栏目以凸显调查研究是获得真知灼见的源头活水，力求将课程思政建设做到"如盐在水、润物无声"，为社会培养具有良好职业操守、敬业精神、创新精神和专业能力的优秀零售人才。

2. 理实结合，突出能力素质培养

党的二十大报告指出，要加快建设"网络强国、数字中国"，本教材以教育部《职业教育专业目录（2021年）》和《职业教育专业简介（2022年修订）》为依据，适应"数字中国"的零售行业发展变化，围绕新零售时代的人才培养目标，以零售企业工作内容为主线，通过"数实融合新视界""行业发展与瞭望""即学即问"等栏目，让学生在掌握基础知识的同时，通过实际训练来理解、应用所学的理论知识，提升学生的岗位技能水平，实现理实一体化。

3. 编排科学，体现编写体例创新

在体例方面，考虑到零售知识相对晦涩难懂，本教材每章都按照学习目标、思维导图、课前思考、知识讲解、课后巩固的顺序进行编排，在教材中设置多个栏目，使教材内容更加充实，形式更加丰富，增强了教材的趣味性和可读性。

4. 开发资源，推动混合式教学

本教材配套建设了微课、课件、习题答案等类型丰富的数字化教学资源。资源与教材相互支撑、交叉应用，有效推动了线上线下混合式教学。

本教材由安徽商贸职业技术学院郭伟担任主编，安徽商贸职业技术学院的金成龙、刘存、李瑾、李欣担任副主编。具体编写分工如下：第一章由李瑾编写，第二章由李欣编写，第三章由金成龙编写，第四章由金成龙和安徽邻几便利店有限公司的李辉编写，第五章由安徽国际商务职业学院的马洁编写，第六章由郭伟编写，第七章由刘存编写，第八章由安徽商贸职业技术学院的慕芬芳编写。本教材大纲的总体设计以及最后的统稿、定稿、总纂由郭伟完成。本教材在编写过程中，得到了全国电子商务职业教育教学指导委员会及相关行业企业、研究机构、院校专家的指导和建议。在本教材的编辑出版过程中，高等教育出版社的编辑王沛提出了许多建设性的意见和建议，确保了本教材的高质量出版。同时，本教材在编写过程中，参阅了国内外大量的图书、报刊、网站、文献，在此一并表示感谢！由于时间及编者水平有限，教材中难免存在不足之处，敬请广大读者批评指正，以使本教材日臻完善。

编　者

2023 年 11 月

目录

第 一 章

商业与零售认知

思维导图

商业与零售认知
- 商业概述
  - 商业的产生
  - 商业的特点
  - 商业的地位
  - 商业的职能
  - 商业的作用
- 零售概述
  - 零售与零售活动
  - 零售商
  - 零售业
  - 传统零售、电子商务与新零售的比较
- 零售业的发展
  - 零售业态
  - 零售业的变革历程
  - 零售演变理论
  - 零售业的发展趋势

学习计划

■ 素养提升计划

_____

_____

■ 知识学习计划

_____

_____

■ 技能训练计划

_____

_____

引导案例

百年老店新征程

1923 年，几个有创新的民间企业家在上海南京路开设了一家新新公司，1954年该公司改制为第一食品商店（以下简称"第一食品"）。由原来的土产杂货店发展为食品专营商店后，第一食品更加专注在食品的经营上，尤其在计划经济时代，增设敞开式商品专柜，对糖果、糕点、饼干进行议价敞开供应，是无数上海小囡记忆里的美食天地。改革开放后，第一食品逐步形成了以食品为主导，集餐饮娱乐、儿童用品、小家电等于一体的综合商场，凭借着齐全的食品种类、公道的价格和优良的服务，每天吸引着众多顾客前来选购。20 世纪 90 年代，第一食品逐步发展自有品牌，开始探索食品专业连锁店的发展模式。

进入 21 世纪后，无论是商场还是商品都进入了百花齐放的时代，第一食品商店也在不断调整自己的新定位，深耕本土文化和以地域为特色的传统食品品类，同时开拓更广阔的视野。在定位成综合性美食购物中心之后，第一食品于 2012 年重新改造，还原大楼外观的历史风貌。改造后，商场由原 3 000 平方米增至万余平方米，引进全球知名食品品牌，集聚国内外数万余种食品，将美食、餐饮、体验、互动融为一体，并于隔年引进自助收款机，率先将便捷高效的结算服务引入南京路步行街。

"走出去，引进来"也是第一食品在新世纪的创新举措。第一食品走出了南京路，将影响力扩大至上海各区各县，全市门店总数达到 15 家，进一步走出上海，合作覆盖至吉林、贵州、云南等地。在"引进来"上，2017 年第一食品南京东路旗舰店"一地一味"地方特色专区亮相。集聚北京、江苏、安徽、云南、贵州等地区 350余种当地采购的特色商食品，风味纯正、特色鲜明、价格实惠，"足不出沪"品尝全国美食。历经风雨的第一食品，此时已经不只是一家商店，更把传承中国传统饮食文化的责任呈现在每一个橱窗中。功德林的酥饼、杏花楼的八宝饭、老香斋的袜底酥……第一食品充分发挥"首家国潮非遗主题商店"价值，集成诸多老字号的旗舰产品，并主动探索跨界联名开发，推动老字号和国潮食品的发展和提升。作为上海食品零售行业的知名名片，第一食品在履行社会责任、创造社会价值中发挥了模范带头作用。一代又一代"一食人"的努力，成就了几代上海人民难以忘怀的回忆，也将"上海第一食品"塑造成了全国知名的美食地标。

2023 年，在新方向的引领下，第一食品提出了"三自一提高"战略，扩大自采，强化自营，保障自有商品供应链高效稳定；打造"零售品牌 + 自有品牌 + 服务品牌"的多层级、立体化品牌架构，推动第一食品高质量发展。

为贯彻党的二十大报告中"加快发展数字经济，促进数字经济和实体经济深度融合，打造具有国际竞争力的数字产业集群"的精神。在线下，第一食品发挥自身品牌优势，积极探索新方式、新渠道、新业态，形成多点开花的规模效应，打造"不等待的第一食品"。2023 年新年伊始，中国第一家民营广播电台"凯旋电台"回归了南京路，每天在南京路步行街上来往的市民游客可以第一时间感受来自上海的盛情邀约。第一食品培育出的一代代劳动模范也现身电台，陪伴消费者购物。在线上，第一食品始终与时俱进，主动拥抱新零售，建立线上线下联动发展的食品专业零售模式，打造"不打烊的第一食品"。通过构建电商运营生态体系，依托天猫、京东、拼多多三大平台，以及微商城和抖音卖场旗舰店两大阵地，布局抖音直播基地，以线下从田头到餐桌的优质食品品牌和"供应链 + 线上直播基地"互联互通的模式带动第一食品转型升级。在大浪淘沙的市场竞争中，第一食品历久弥新。一个个新想法，一次次新尝试凝聚成了一句"侬放心"，这句承诺也将继续跟随第一食品奋进新百年。

思考：

1. 近几年，很多实体门店的数量和效益日益下滑，请分析第一食品保持较高竞争力的原因。

2. 为什么说第一食品的发展是我国零售业发展的一个缩影？我国零售业发生了哪些变化？

第一节　商业概述

🔄 课前思考

你知道什么是商业吗？商业是怎样产生的？它的存在对社会经济和人民的生活很重要吗？

商业是商品交换的发达形式，是贸易的一种特殊形态。广义的商业泛指以营利为目的的事业。狭义的商业是指专门从事商品交换活动的营利性事业。一般情况下商业是指狭义的商业概念。

一、商业的产生

原始社会就有了人类的交换活动。最初的交换只是简单的物物交换，后来发展到商品交换，商业由此产生。商业的产生是交换的需要，而交换的产生和发展始终与分工的产生和深化紧密联系在一起。因此，要了解商业，必须了解交换；要了解交换，首先要了解分工。

（一）分工

分工是指人类在经济领域中为进行合理的劳动，对各种劳动进行的社会划分并使其独立化、专业化的做法。分工的不断深化，既是社会生产力发展、劳动生产率提高的必然结果，又对社会经济结构和人类交往、商品交换体系的演化产生着深刻的影响。

分工是一种普遍存在的经济现象，有其存在的客观必然性。一般来说，分工主要是由资源的制约、提高技术熟练程度和提高效率的需要决定的。

（1）从事经济活动的主体往往不可能占有其所需的一切资源，因此受资源条件的约束，进行分工就成为必要。

（2）分工往往可以增进效率，促进经济整体的发展。社会分工的优势就是让专业的人做擅长的事情，做到人尽其才，从而使平均社会劳动时间大大缩短，生产效率显著提高。

（二）社会大分工

分工是交换产生的基础，分工促进交换的发展。内部分工产生内部交换，社会分工产生社会商品交换。迄今为止，在生产力不断发展的推动下，人类共经历了三次社会大分工，每次都推动了生产和交换的发展，进而使交换的形态从物物交换发展到商品交换再发展到现代商品流通。

1. 第一次社会大分工产生了物物交换

第一次社会大分工发生在原始社会后期，游牧部落从其他部落中分离出来。游牧部落出现后，它所生产的生活资料不仅数量比其他原始部落多，而且种类也更加丰富。于是，在农业部落与畜牧业部落之间便出现了物物交换。

2. 第二次社会大分工产生商品交换

第二次社会大分工指手工业从农业中分离出来，发生在原始社会末期。随着原始人劳动经验的积累和农牧业经济的发展，原始农业进入了一个新的发展时期。随着手工业的发展和独立化，第二次社会大分工开始出现，即手工业从农业中分离出来。

由于物物交换受时空的限制，交换双方需求的不一致、数量的不平衡严重影响了交换的顺利进行。随着商品交换的发展，货币作为交换的媒介和一般等价物也随之出现，从而为商品交换的扩大创造了必要的条件。货币的出现，不仅使交换的形式发生了变化，交换的数量增加，而且使交换产生了质的飞跃，将其推进到一个新的阶段，这就为商业的产生创造了前提条件。

3. 第三次社会大分工产生商业

第三次社会大分工即发生在原始社会瓦解、奴隶社会形成时期，商业与农业、畜牧业、手工业分离。这次分工产生了商业。

商品交换起初是由商品生产者自己承担的，农民、牧民、手工业者均自己负责商品的销售与必需品、原材料的购买。随着生产的发展，交换的任务越来越繁重；货币的产生使交换空前活跃。从规模上、数量上、地域上和频率上商品交换都进一步扩大，使得生产和交换在时间、空间上的矛盾以及生产过程与流通过程的矛盾日益突出。生产和交换的三大矛盾如表1-1所示。

表1-1　生产和交换的三大矛盾

三种矛盾	矛盾表现	矛盾存在的原因与客观要求
生产和交换在时间上的矛盾	生产与交换时间不一致	买卖所耗费的时间，就是生产时间的一种扣除。生产的发展受到交换的制约，要求交换职能从生产者、生产部门中分离出来，进行专门的商品交换，让生产者腾出更多时间去从事生产活动
生产和交换在空间上的矛盾	生产与交换空间不一致	交换范围扩大、品种增多，客观上要求交易集中起来由专业的人来担负，这样才有利于社会劳动的节约，促进分工的发展
生产过程与流通过程的矛盾	生产过程与流通过程的不衔接	商品生产的发展，要求实现流通资本的专门化和集中化，通过集中垫付资本，靠规模化和专业化节约社会流通资金，加速再生产过程。这都在客观上促使一部分人从生产过程中脱离出来，去专门从事商品交换活动，实现生产过程与流通过程统一

实际的需要呼唤着专门从事交换的自然人和一种新的行业出现。在这种情况下，社会分工突破了生产的范畴，出现了第三次分工，即商业从产业部门中独立出来。于是，产生了一个专门从事商品交换的独立行业——商业；创造了一个不从事生产而只从事商品交换的社会群体——商人。

商人和商业构成了社会经济运行不可分割的整体，标志着商品交换发展到了新的历史时期。

（三）商品交换

商品交换从产生之日起就经历了简单的商品交换、简单的商品流通、发达的商品流通（即商业）三个阶段。其中，简单的商品交换表现为直接的物物交换，这是商品交换的原始形态。商品交换表现为连续不断的过程，即商品流通。商品流通又分为简单的商品流通和发达的商品流通两种形式。

（1）简单的商品交换。这是物物交换，买卖合一，即买卖同时同地进行，买意味着卖，卖也就意味着买。这种商品交换形式受到很多限制。其流通公式为：W-W，即付出商品的同时换回别的商品。

（2）简单的商品流通。这是以货币为媒介的商品交换。这种交换形式突破了物物交换的诸多限制。这一阶段最终导致了新的商品交换形式——商业的产生。其流通公式为：W-G-W，即卖出商品换回货币，再购买商品。

（3）发达的商品流通（即商业）。发达的商品流通是指以商业资本运动为载体的商品流通形式。其流通公式为：G-W-G'。即以货币投入为起点采购商品，然后将商品销售出去，赚取投资利润，收回增值了的货币。

即学即问

商品交换产生的前提和商业产生的前提分别是什么？

商品交换和社会分工是相互依存、相互促进的。一方面，商品交换随着社会分工的出现而产生，社会分工促进了生产的单一化，为商品交换提供了可能性。另一方面，商品交换也促进了社会分工的不断深化，使生产者专门从事某种商品的生产，提高了生产效率，促进了社会分工的发展。

二、商业的特点

商业的特点如下：

1. 商业所从事的活动是社会再生产过程中专门的中介性经济活动

商业的出现使得原来生产者与消费者之间的直接交换，变为商人与生产者之间、商人与消费者之间的买卖关系。

2. 商业不改变商品的物质形态和性能，但能够提供时空效用

商业部门通过买卖活动使商品所有权在自己和生产者或自己和消费者之间转移。

这种所有权的转移活动一般不改变商品的物质形态和商品性能。但是，商业在组织商品购销过程中，不仅实现了商品所有权的转移，而且通过商业人员的劳动，为生产者和消费者提供时空效用，即通过商品储存为生产者和消费者提供时间效用，通过商品运输为生产者和消费者提供空间效用。

3. 商业所从事的活动是一种与提供服务紧密结合的经济活动

商业提供的服务包括十分广泛的内容。商业服务贯穿整个商品购销过程的始终，整个商品购销过程就是提供服务的过程。

4. 商业经营的综合性。这是由生产的专业化和单一化与消费需求的多样化决定的

各个生产企业所生产的产品越来越专业化和单一化，同时各部门、各企业之间的协作联系越来越紧密，但是消费需求总是复杂多样的。这就要求商业部门的经营范围具有综合性。

三、商业的地位

商业的地位就是指商业在整个社会经济发展的互相关系中所处的位置及其重要程度。商业作为商品交换的发达形式，它在社会再生产中的地位是由交换在社会再生产中的地位所决定的。一般来说，商业的地位包括商业的中介地位和商业的先导地位。

（一）商业的中介地位

商业的中介地位是由交换在再生产中的中介地位决定的，但商业的中介地位又高于交换的中介地位。

（1）交换对生产、消费和分配的影响。交换作为再生产的一个环节，与再生产的其他环节有着紧密的联系。集中表现为交换是其他各个要素之间联系的中介，是一个中间环节，在整个再生产过程中对其他环节有着重要影响。

（2）商业是商品交换的中介。商业出现后，商品交换主要由商人和商业来组织、掌握和运行。这时，商品交换成为一个复杂的体系，商业则成为商品交换的中介。

（二）商业的先导地位

发达市场经济条件下的商业，对生产、分配、交换、消费和再生产等方面不仅起着中介作用，而且起着先导作用，处于先导地位。

（1）商业是生产的先导。在发达市场经济条件下，在生产之前要找到销路，就要有商业的先期介入，有销路、有商业机遇才进行生产。实际上生产是按照商业的要求进行的，因此，商业是生产的先导。

（2）商业是分配的先导。在不发达市场经济条件下，一般是先有分配，再有交换和商业。但是，在发达市场经济条件下，则是先有交换和商业，然后才有分配。不论是国民收入的初次分配还是再分配，都是先有商业流通，实现了商品价值，才能有财政税收的集中，也才能有个人收入分配和再分配。如果没有商业流通事先实现商品的价值，那么国家就得不到税收，工人发不了工资，农民得不到收入，分配和再分配就都会落空。

（3）商业是消费的先导。在不发达的市场经济条件下，商业仅仅是满足消费的手段。但是，在发达市场经济条件下，商业不仅仅要满足消费需要，而且要引导消费需要。在消费之前就进行消费指导，引导消费潮流。尤其是在高科技时代，技术含量高的产品不断出现，消费者对高技术含量的新产品很难一时接受，甚至完全不了解。在这种情况下，商业通过广告宣传，把新产品介绍给消费者，体现了商业对消费的先导地位和作用。

即学即练

以小组为单位（每3~5人为一组），每组自己组织选品，并在班级或宿舍里对某种新商品进行广告宣传，引导消费需要，录制商品宣传视频，然后以组为单位组织评议。

（4）商业是交换的先导。在发达市场经济条件下，商业是商品交换最主要的载体，经济社会先要经过商业先期的商品交换和导向，才能进一步完成生产者与生产者、生产者与消费者之间的商品交换。因此，商品交换也要以商业为先导。

四、商业的职能

（一）商业职能的含义

商业职能指商业本身所固有的内在的特殊功能，即商业作为国民经济的一个独立部门，所具有的功能和承担的职责的统称，其重点在职责和功能上。这是由商业在社会再生产中的地位决定的，是商业实质性的表现。

（二）商业职能的内容

（1）媒介交换职能。媒介交换职能也称联结供求职能，是指商业调节商品供给与商品需求之间的矛盾，使供给与需求相适应，最终完成商品交换，实现商品价值。媒介交换的核心是商品买卖。媒介交换职能是商业最原始、最本质和最主要的职能。

（2）物流职能。商业不仅要完成商品所有权的转移，还要实现商品实体在时间和空间上的转移，这便是商业的物流职能，也被称为实体分配职能。

👥 即学即问

物流对商业产生了怎样的影响？

（3）辅助职能。辅助职能是其在媒介交换职能和物流职能的基础上派生出来的职能，也称派生职能。商业的辅助职能主要是资金融通的职能和风险承担的职能。

五、商业的作用

从总体上来看，商业在社会再生产中的作用主要表现为以下六个方面：

（一）促进社会再生产的顺利进行

社会再生产过程是生产过程与流通过程的统一。商业在社会再生产过程中作为连接生产与生产、生产与消费的桥梁，对生产部门价值的实现发挥着重要作用。商业还通过不断开拓市场，为商品打开销路，扩大商品流通规模，从而推动了生产规模的扩大；商业的独立存在，不仅使生产者拿出时间专门从事生产活动，而且由于商业专门从事商品交换，因此能够缩短流通时间，加速了商品转化为货币的过程，从而使社会生产时间有所缩短。

（二）推进社会资源合理配置

首先，商业的存在本身就是合理配置资源的体现。商业成为专门媒介从事商品交换的经济部门，实现了社会资源在流通领域的集中投入，生产部门不需要再分散地在流通领域投入资源，从而实现了全社会资源在生产领域、流通领域之间的合理配置。其次，商业作为联系供求双方的中介环节，同时拥有供求两方面的信息，商业部门将供给方面的信息传递给需方，指导购买的方向；将需求方面的信息反馈给供方，指导企业调整生产结构，生产适销对路的产品。商业通过对供求的双向调节，引导资源的合理配置。

（三）降低交易费用、节约社会资金

降低交易费用、节约社会资金，这是由商业的专业化和规模化决定的。

（四）推动市场经济完善和发展

商业的存在可以促使市场交易行为程序化、规范化、法律化，推动市场体系的建立与发展，有利于商品经济的高级阶段——市场经济形成与完善。

（五）促进社会分工的深化

商业是社会分工的产物，又是社会分工进一步发展的条件。社会分工必须通过商品交换，才能切实实现生产的专业化和集约化，从而不断地提高劳动生产率。社会分工越发展，越需要交换来加强经济各组成部分之间的联系，所以对商业的依赖性也就越强。社会分工的深化总是和商业的发展联系在一起的。

（六）促进科技进步成果更好地为人类服务

人类社会在其发展历史上，始终在进行科学创新并推进技术进步，在这个过程中，商业对促进科技成果的产业化、商业化、大众化具有极其重要的作用。从第一次产业革命出现机器大生产和技术发明的兴起，到当代新技术革命带来信息化产品的不断更新，商业的推动作用不可低估。没有商业的推动和商业化的发展，就不可能有计算机和互联网的普及。在市场经济条件下，商业对技术进步的促进作用更大。

数实融合新视界

跨界营销实践

王饱饱品牌创立于2017年，2018年在淘宝平台上线，坚持好吃、潮流、无负担的品牌价值观，开发了酸奶果然多烘焙麦片、草莓优脆乳烘焙麦片、蜜桃乌龙烤燕麦等产品。把品牌价值观落到产品上，让产品为品牌说话。让每一位消费者享受真正有纤维、高纤维的麦片，真正实现好吃潮流无负担的健康好麦片。公司自创立以来，发展速度成倍增长。

在王饱饱系列产品中，其麦片品类的销量位居第一，是新消费领域的头部网红品牌，拥有极大的流量基础。但在流量之外如何塑造品牌力，从品牌的角度出发如何提升消费者黏性，如何提升企业的影响力和竞争力，是企业创业团队一直思考努力的方向。

2021年，王饱饱以健康的产品为基础进行品牌升级。如何用全新的内容给麦片赋予精神内核呢？2021年4月23日的世界读书日，王饱饱与单向空间联合开了一场"饱读诗书"展，打造了一款"饱饱精神食粮"，提倡更健康的生活方式。在快节奏生活不断支配人们生活的当下，王饱饱希望通过这场跨界理想书屋单向空间的活动来强调一种"把生活过成诗的意思，酒足饭饱了就读读诗"的慢生活节奏，以更高维度的情感价值共鸣穿透更广阔的年轻用户圈层。

"饱读诗书"展获得单向空间受众群体,以及品牌用户的大量好评,为品牌吸引了一定数量的新用户关注,同时也在大众心目中留下了全新的品牌印象。

在技术和消费升级的背景下,零售企业一定要根据目标顾客的需求来进行产品研发和营销创新,这样才能达到理想的效果。

零售调研与践悟

任务目的:

了解商业的主要经营过程,就所调查的校企合作企业,发现其经营管理中存在的问题,并提出改进意见和建议。

任务条件:

与本地校企合作企业相关部门取得联系,并组织学生集体去该企业参观;智能手机、计算机等。

任务组织:

1. 每4~6人为一组,其中一人担任组长,拍照、记录人员若干。

2. 了解企业的工作流程,观察门店布局、商品陈列及服务规范等,通过与员工和顾客的交谈,发现其经营管理中存在的问题。

3. 整理调查资料,小组成员讨论分析数据与总结,撰写调查报告。

任务成果:

访谈记录一份、调查报告一份。

第二节 零售概述

课前思考

你对哪个零售商比较感兴趣?你为什么喜欢这个零售商?

零售在人们的日常生活中已司空见惯，对于大部分人来说，零售简单到只是一个购买东西的场所。在很小的时候，孩子就知道什么样的商店里有他们想要的东西，并且期待在光顾一家商店或上网时就能找到他们需要的商品。有时候消费者走进一家商店并和销售人员交谈，有时候他们与之互动的唯一销售人员是他们在交付货款时的收银员。在这些店面、互联网、销售人员以及收银员的背后，有大量零售业从业者，他们确保消费者在想要的时间、地点，以合理的价格买到他们需要的商品和服务。

一、零售与零售活动

(一) 零售的概念

人们通常认为零售只是在商店中出售商品，其实零售也包括出售服务。例如，理发店提供的洗头、理发服务；汽车旅馆提供的住宿服务；医生为病人提供的诊断和治疗服务；维修部门提供的修理服务。

因此，可以将零售定义为向最终消费者个人或社会集团出售商品及相关服务的活动。在这一定义里包括下列要点：

第一，零售是针对最终消费者的销售活动。它出售的商品是给消费者用作直接消费而不是用来生产加工或转卖。

第二，零售活动向最终消费者不仅出售商品，而且提供服务。零售活动包含伴随商品出售提供的各种劳务，如送货、安装、维修等。

第三，零售对象不仅包括个人或家庭的购买者，而且包括非生产性购买的社会集团。

第四，零售活动不仅可以在营业店铺中进行，而且可以通过无店铺的方式进行。网络销售、邮寄销售、上门推销、自动售货机售货等，都是将商品出售给消费者，没有改变零售的实质。

(二) 零售活动的特点

1. 交易规模小，次数多

由于零售主要面对的是众多个人消费者，因此每笔交易的数量和金额比较少，在一定时间内交易的次数比较多。据统计，在我国的超市，平均每笔交易额还不到200元，每天发生的交易次数却可能达到上万次。

2. 即兴购买多，且受情绪影响较大

在零售交易中，消费者购买呈现出较强的随机性，经常产生无计划的冲动性购买

或情绪性购买。

3. 进店购物仍是消费者的主要购物方式

尽管近几年邮购、网络销售等方式的零售额在不断增长，2023年上半年，全国网上零售额达7.16万亿元，同比增长13.1%，消费者完全可以选择不出家门购买所需商品，但绝大部分零售额仍然是通过商店销售实现的。这说明，许多消费者仍对亲自购物及在不同品牌和款式之间选择感兴趣，甚至将进店购物当作一种休闲方式。

4. 消费者人数众多，需求差异性强

消费者各自的经济状况、价值观不同，因此对商品的品牌、款式需求不同。这就要求零售经营的商品需要有较多的种类，同类商品应有多种备选品牌，以满足众多消费者不同的需求，给顾客尽可能多的选择余地和权利。

5. 现场选购，一次完成交易

零售交易通常是消费者到商店现场选购完成的交易，所以零售商店必须存有一定数量的现货。

二、零售商

（一）零售商的概念

零售商是以零售活动为基本职能的独立的中间商，是介于生产商、批发商和消费者之间，以营利为目的从事零售活动的经济组织。

以零售活动为基本职能的零售商，在商品的流通过程中发挥着至关重要的作用。作为生产商、批发商和消费者的中介，可以提高流通效率、促进生产、引导消费。例如，为了实现效率最大化，许多生产商往往只生产一种商品，而消费者却需要生产多种商品，并想从种类繁多的商品中选购数量有限的品种。因此，零售商大批量采购来自不同生产商的商品，后再销售给消费者，这使得生产商和批发商可以集中精力专注于商品生产和流通中的某一个环节而获得更高的效率，消费者也因为零售商提供了品种繁多的商品和便利舒适的购物环境而感到满意。

零售商的
职能

（二）零售商的职能

1. 组织商品职能

为了满足消费者的多种生活需求，零售商需要按消费者的需求分类、组合、配货，提供衣、食、住、用、行等多方面的生活用品。

2. 服务职能

为了方便消费者购买商品，零售商在销售商品的同时还要向顾客提供各种服务，比如导购、包装、免费送货、电话预约、安装、维修等与商品销售直接相关的服务。有的零售商还提供顾客休息室、儿童游乐室、停车场、临时保管顾客物品等服务。

3. 储存商品职能

为了满足消费者随时购买商品的需要，零售商需要储备一定量的各种商品现货。

4. 信用职能

零售商采用的信用销售方式主要有赊销、分期付款等。对于消费者来说，信用销售方式可以避免每次购物都要支付现金的麻烦。而且，即使手头现金不足，也可以购货，使消费者能用将来的收入购买到现在需要的消费品，对消费者起到了融资作用，促进消费。

5. 信息传递职能

作为生产商与消费者的中介，零售商能够较快地获得消费市场上的信息，并不断地将需求信息反馈给生产商，使它们能够及时生产适合消费者需求的商品。

6. 娱乐职能

零售商通过商店的外观和内景装饰、色彩运用、橱窗展示、商品艺术陈列，以及霓虹灯的彩色照明等，创造出独具魅力的环境与气氛，使消费者在购买商品的同时，获得美好的感受。

数实融合新视界
借智慧门店
打造"价值零售"

数字化是安踏"价值零售"最关键的组成部分之一。围绕消费者的需求，安踏通过提升数据价值、融合价值、体验价值、文化与团队价值为消费者创造优质的零售体验。安踏在武汉、福州和天津开设了三个旗舰型智慧门店，以数字化赋能零售，为消费者带来更加人性化和智慧化的购物体验。

作为安踏数字化产业链的"排头兵"，安踏智慧门店在洞悉消费者的偏好上下足了功夫。通过人工智能（Artificial Intelligence，AI）图像识别技术，消费者进店之后，在店内做出的"拿起—试穿—购买"等一系列行为都会被感知，安踏运用准确及时的数据对接消费者需求，从而更精准地为其提供服务。

作为安踏在全国设置的第三个智慧门店，天津滨江道步行街的智慧门店采用了更多的智能技术。

（1）进店。门店内设置了多个优Mall系统（腾讯开发的一款集定位技术与大数据分析能力于一体，致力于线下商圈数字化运营、精细化管理的智慧门店系统）的高清摄像头，主要作用是精准洞察消费者结构，包括男女性别比例、年龄构成等，从而为门店进行商品总体结构优化做支撑。门店的门口设有两个高清摄像头，消费者一进入门店，系统就能判断出其性别和年龄区间。

（2）逛店。门店顶部分布着多个摄像头，能够时刻捕捉每一位消费者的购物路线和轨迹，从而诊断出店里的冷区和热区，帮助门店进一步优化商品陈列，并调整门店动线规划的合理性。

（3）选品。安踏在店内设置了具有智能性的互动屏，利用RFID互动技术来判断商品对消费者吸引力的大小。当消费者从互动区域的鞋墙上拿起一款鞋时，压杆互动屏上就会显示该款鞋的相关信息，包括鞋码和推荐搭配等。这样一方面能让消费者更加清晰地了解商品的各项信息，另一方面安踏后台可以采集到这款鞋的"拿及率"，然后结合实际售出的数据进行分析，为未来优化商品设计和研发提供信息支撑。

消费者既可以在店内选购实物商品，也可以在安踏智能云货架的大屏上通过扫码进入微信小程序商城来选购商品。在云货架上，消费者可以挑选门店中没有的商品，完成付款后，该商品可以被直接送到消费者家中。

（4）试穿。在试穿区域也设有相应的数据感应器，安踏后台可以通过记录商品的试穿频次和频率来收集现场数据。

（5）结算。在结算方面，安踏智慧门店既设有收银一体化的移动设备，也设有人工收款结算台，消费者可以选择移动支付，也可以选择现金支付。

完成结算之后，消费者的此次消费就进入了安踏后台的客户关系管理（Customer Relationship Management，CRM）系统，消费者在线上线下所有渠道的消费记录、消费特征都将被记录到该系统中，为安踏开展精准营销提供数据支持。

智慧门店能够帮助安踏洞察消费者，转化数据，提升运营效率。从以上五个方面升级人性化和智慧化的体验，同时让安踏基于大数据及时改善消费者的线下体验，提升管理效率。通过数据分析实施精准营销，进而提升消费者的到店率。

（三）零售商经营管理的主要内容

零售商作为一个组织，在日常经营管理中需要对各项内容进行有效管理，这些内容主要包括以下几方面：

1．选址管理

选址管理指零售商决定选择在哪里开店经营的管理。选址是零售商经营关注的重要内容，这是因为：首先，位置决定了人流，人流决定了消费购买力；其次，位置一旦选定后，前期在装修、租期、客流运营等方面会有较大的时间和成本投入，短期内如果改变经营地址，经营者需要承受较大的损失。

2．采购管理

采购管理是指零售商对购买并销售给消费者的商品的管理。商品是零售商实现企业利润的根本载体，零售商是否拥有稳定的货源，能否采购到适销对路、物美价廉、独具特色的商品，直接决定着企业利润的高低。零售商在采购实施过程中，可以采用分散采购或集中采购的策略。

3．定价管理

定价管理是指零售商对商品销售价格的管理。商品价格直接决定着商品的市场竞争力。商品定价是零售商最重要的决策之一，零售商在定价时，要考虑商品自身成本、市场竞争、消费者的价格承受力，以及法律法规和政策要求等因素。

4．商品管理

商品管理是指零售商对向消费者提供的商品组合的管理。商品组合直接影响着消费者消费选择的丰富程度，是零售商经营管理的重要内容。在商品管理中，零售商需要考虑各种商品品类的有机组合。

5．促销管理

促销管理指零售商通过实施不同形式的促销活动，向消费者传递各种信息，吸引并说服消费者尽快做出与零售商的希望一致的购买行动。零售商在促销管理过程中，可以设置不同的促销目的，如吸引更多的消费者来购买、提升消费者的单次购买件数、提升消费者的单次购买档次、增加消费者的购买次数等。

6．订单管理

订单管理是指零售商对消费者的购买行为进行记录、跟踪、执行和控制的管理。订单不仅是零售的业务处理源，而且是零售经营整体协同的起源单据和最终目标，在整个零售业务中非常关键。订单管理的内容包括订单拆分、合并、修改、取消、查询、分析、异常处理等。

7. 物流管理

物流管理是指零售商对商品的存储和配送管理。物流管理主要包括仓库管理、收发货、盘点、配送等具体内容，它是零售商的内部运营环节，物流成本是零售商经营成本的重要组成部分。高效率的物流管理对零售商的经营业绩会产生直接影响。

8. 会员管理

会员管理是指零售商对客户进行系统的维系和服务，以提高这些客户的消费黏性。研究表明，吸引一个新客户需要付出的成本是维系一个老客户付出成本的5倍。做好会员管理是提高零售商经营效益的重要内容。会员管理的内容包括确定入会标准、确定会员等级、进行会员激励、描绘会员画像等。

9. 服务管理

服务管理是指零售商为消费者提供的一系列无形的活动，是零售商吸引消费者，提升消费者满意度和忠诚度，树立品牌形象的重要手段。服务按照消费过程可以分为售前服务、售中服务和售后服务。服务管理的内容主要包括服务项目、服务流程、服务质量和服务价格。

即学即练

选择一个你熟悉的零售商，搜索其官网，了解这个零售商的主要职能及经营管理的工作内容。

三、零售业

（一）零售业概述

零售业是一个向最终消费者提供所需商品及其相关服务的行业。人们衣食住行用的需要大部分是从零售业获得满足的。零售业是一个国家最古老的行业之一，沿街叫卖是最早的零售活动。人类最早的商业就是从这种沿街叫卖的行商中起步的，并逐渐发展成后来的坐商形式，即现在的店铺零售。20世纪90年代以来，随着人们生活水平的提高，零售业呈现出前所未有的发展，零售业态异彩纷呈。零售商店聚集了世界各地的最新产品，让消费者充分享受到人类文明智慧的结晶；超级市场为消费者提供了整洁舒适的购物场所，让人们告别了肮脏、杂乱、潮湿的集市贸易；邮购商店和网络商店让消费者足不出户就能满足所需。零售业这个既古老又年轻的行业，其旺盛的发展潜力和充满活力的零售组织成为人们普遍关注的热点。

👤 **即学即问**

我国零售业发展有哪些特点？

（二）零售业的作用

零售业是流通产业中的重要行业，它对国民经济的发展起着重要的作用。

1. 零售业承担着把商品从生产领域转移到消费领域的重要任务

社会生产的目的是消费，商品要进入消费领域，主要经过零售业。零售业将社会生产的商品迅速、顺畅地送至消费领域，是社会再生产得以顺利进行的重要保证，对产品生产起到很大的促进作用。

2. 零售业税收在国家财政收入中占有相当大的比重

零售业税收是国家税收的主要来源。零售业把生产部门创造的全部商品价值通过向最终消费者销售，实现了商品的价值，并向国家缴纳利税，为国家提供用于经济发展的资金积累。

3. 零售业为社会提供大量就业机会

零售业是各个国家和地区的主要就业渠道。零售业是劳动密集型行业，容纳就业人口数量多，因此成为一个对就业有特别贡献的行业。

4. 零售业是反映国民经济发展状态的晴雨表

零售业完成的社会商品零售总额反映了国民经济发展的动态，为国家实行宏观调控提供了依据。国民经济是否协调发展，社会与经济结构是否合理，首先会在流通领域，特别是在消费品市场上表现出来。

5. 零售业对社会安定起着保证作用

零售活动与人们的生活息息相关。零售业通过自己的活动，积极组织消费者购买其需要的商品，及时解决人们的后顾之忧，满足人民生活稳定、安居乐业的需要，保障社会稳定。

执善向上与坚守

将中国饺子文化带向世界

创立于2012年的广东省袁记食品集团有限公司是一家集自主研发、生产、配送、销售于一体的现代化美食企业，主营生鲜饺子、云吞及面制品的餐饮公司。到2022年，其旗下的"袁记云饺""袁亮宏""袁记味享"等品牌，在全国已有近3 000

多家连锁门店，覆盖广州、北京、上海、南京、深圳、成都、杭州、武汉、苏州等149多个大中城市，是全国规模较大、发展较快的广式饺子餐饮连锁品牌，员工2 000余人。目前，公司在广东佛山、江苏苏州与天津和平等地设了6个运营管理中心及4个现代化生产工厂。

袁记集团的企业愿景是让袁记饺子成为世界美食。从创立距今，让中华传统美食"走出去"，这是袁记人多年来不变的梦想；袁记集团的企业使命是传承饺子文化，传递中国名片。袁记未曾中断对饺子文化传承和创新的热情。随着时代的变迁，饮食在中西方文化碰撞和食客消费习惯差异化中不断变化，必须要有勇于创新的精神，才能满足食客差异化的需求，让这沉淀了上千年的中国饮食文化继续发扬光大。

袁记集团在研究传统饮食文化的基础上，不断探究现代不同饮食习惯的新面貌，研发出新鲜、健康、营养、皮薄馅大的饺子、云吞，在坚守原材料品质的基础上，坚持手工制作、现包现卖，保证产品的新鲜和口感。在其他水饺品牌市场不断萎缩的情况下，袁记云饺的市场却不断扩大，成为全国生面行业的领军品牌。

启示：零售企业的最终发展还是要回归零售的本质：品质和服务，袁记云饺正是靠着自己的坚持与创新，在激烈的市场中赢得了消费者的青睐。

四、传统零售、电子商务与新零售的比较

《中华人民共和国国民经济和社会发展第十四个五年规划和2035年远景目标纲要》将培育新零售作为发展目标。新零售是一种新的零售模式，它通过运用大数据、云计算、物联网、人工智能等新兴技术来重新构建零售业的生态系统，促进线上和线下实现深度整合。新零售的核心内容是"以人为本"，将消费者放在第一位，体现了全心全意为消费者服务的思想。新零售是与传统零售、电子商务完全不同的一种零售模式。

（一）传统零售与新零售的对比

传统零售是以传统的现金、现货、现场的交易方式把商品或服务卖给最终消费者的零售模式。在这种模式下，消费者必须要到商店、商场等实体门店才能进行消费并将商品拿回去，除此之外没有其他渠道。

新零售的核心要义在于推动线上线下的一体化进程，其关键在于使线上的互联网

流量和线下的实体门店终端形成真正意义上的合力，从而完成电商平台和实体门店在商业维度上的优化升级，同时促成价格消费向价值消费的全面转型。

具体来说，新零售和传统零售的区别主要表现在以下几个方面：

1. 渠道布局：单一渠道VS全渠道

在传统零售模式下，零售企业或者在线下布局的实体门店，或者在线上开设的网上店铺，其运营渠道相对单一化。而新零售打破了传统线上线下的壁垒，实现了线上线下的融合。消费者不仅可以通过互联网在线上完成消费，而且可以在线上下单后，到线下门店去体验商品和服务。

新零售模式的渠道布局，从单一渠道到多渠道，再到全渠道的协同，使消费者购物的渠道不断增加。

2. 场景：单一化VS多样化

在传统零售模式下，消费者在线下门店的消费场景通常是到店、拿货、付款、离店，在线上网店的消费场景通常是浏览、下单、付款、收包裹。无论是线下门店还是线上网店，消费场景都是比较单一的。

在新零售模式下，线上与线下实现了深度融合，消费场景无处不在，包括线下门店购物场景、App购物场景、店中店触屏购物场景、VR购物场景、智能货架购物场景、网络直播购物场景等，消费者既可以在线上浏览商品后到线下实体门店购买，也可以在线下实体门店体验商品后通过App购买，还可以通过在网络直播中直接点击链接来购买商品。

新零售的消费场景因为时间和空间的变化更加复杂，其线上线下应该是紧密融合在一起的，偏重其中任何一方都可能导致战略上的失衡。线上平台搭建，线下沉浸式消费场景，是新零售区别于传统零售的一个较大优势。

3. 消费时间与空间：固定VS灵活

在传统零售模式下，消费者只能在规定的时间、固定的场所购买商家在货架上的商品。而在新零售模式下，消费者可以在任何时间、任何地点，用任何方式购物，还可以选择到店自提、门店配送、快递配送、定期配送等多种配送方式。

4. 经营思维：以商品为中心VS以消费者为中心

传统零售偏重以商品为中心，零售企业依托真实的线下实体场景向消费者提供商品，最后通过差价获得收益。在新零售模式下，零售企业更加注重消费者。零售企业将由出售有形商品变为体验、服务和场景的提供，通过搭建个性化场景、提供多样化服务的方式促使消费者做出消费选择。同时，零售企业还会对消费者进行更细化的分类，根据他们的特点和需求提供相应的商品和服务，以满足消费者的个性化需求。

5. 消费者分析：以主观经验为准 VS 以大数据分析为参考

在传统零售模式之下，零售企业很难收集到消费者的行为数据，也无法准确洞悉消费者的需求，只能依靠自身的经验来推测和判断，然后进行商品的采购、营销推广等一系列活动，因此很难实现企业收益最大化。

在新零售模式下，企业可以借助大数据、云计算等技术对消费者的行为进行分析，从中挖掘出消费者精准的需求，从而开展更加精准、有效的营销活动。此外，零售企业还可以通过线上线下数据的深度融合，借助大数据分析结果及其他信息构建消费者画像，从而为消费者打造个性化、精准化、智能化三位一体的消费体验。

（二）电子商务与新零售的对比

电子商务的诞生颠覆了传统零售模式，商品价格低是电子商务最大的优势，但是电子商务忽视消费者体验的经营理念使其不能永保热度。同时，随着电子商务流量获取成本的不断上升，其发展也进入瓶颈期。

新零售是一种区别于电子商务的新事物，如果新零售只是一种"换汤不换药"的新型电子商务模式，最终必将陷入与电子商务相同的困境。具体来说，新零售与电子商务的区别主要表现在以下三个方面：

1. 推动力不同

互联网是推动电子商务发展的主要动力。依托互联网，零售企业将商品在网上展示，吸引消费者浏览并购买，最后在网上完成交易。电子商务的优点在于它能为商品供求双方提供有效的对接渠道，让商品供求双方以一种非常便利的方式完成交易。互联网为电子商务的发展提供了技术支撑和渠道，但是它并未参与到商品的生产过程中，不能改变商品生产和流通中存在的痛点和难题。

在新零售模式下，大数据、云计算、物联网、人工智能等新兴技术是零售业发展的主要推动力。这些新兴技术的作用并不是通过优化零售业已经形成的供求两端的对接渠道来实现的，而是通过深度介入商品的设计、生产过程中，从而提升零售业的整体运作效率来实现的。这些新兴技术的应用能真正将零售业的发展带入一个全新的发展阶段。

2. 商品销售模式不同

通常来说，电子商务的商品都是成批生产的，当然商家也可以与制造商进行合作来生产商品，在这种模式下，商品很难满足消费者的个性化需求，商品更新的速度总是落后于市场需求更新的速度。商品的销售模式是商家或制造商生产出商品后，采取各种营销手段向消费者推销，说服消费者购买。

在新零售模式下，大数据、云计算、人工智能等技术为商品的生产提供了技术支持，商家始终关注市场需求，可以根据不同消费者的需求生产个性化商品。商家或制造商先寻找目标消费人群，并了解目标消费人群的需求，然后根据目标消费人群的需求来生产商品，其整个过程从以经营商品为中心转变为以经营消费者为中心。

3. 商品交易的场景不同

电子商务主要是通过商家入驻各大电子商务平台，或者商家自己搭建电子商务网站来形成零售活动中的"场"。电子商务的交易场景主要在线上，商家要做的主要工作是将消费者从线下吸引到线上，在线上完成交易。

在新零售模式下，商家通过线上的电子商务平台、小程序、App 等工具，结合线下的实体门店，实现线上与线下各类交易渠道的集合，形成了覆盖范围更广的"场"。商品交易的场景不仅体现在线上，而且体现在线下，新零售更加注重线上和线下的深度融合，消费者无论是在线上还是在线下，都可以享受到同等待遇，以此进一步提升零售业的运作效率，更好地服务于消费者。

此外，在新零售模式下，依托各类先进技术的支持，商家可以为消费者创造更加丰富的消费体验场景，让消费者可以在不受时间、地点限制的情况下获得良好的购物体验。

执善向上与坚守

**绿动生活计划
促进绿色消费**

2022年4月15日至5月8日，由王府井集团发起，联合人民创意、中华环保联合会、京东科技等机构共同开展了"人民甄选·王府井聚国潮绿动生活计划"活动。截至活动结束，线上线下累计近1 700万人次参与本次活动。此外，活动多渠道倡导、传播绿色、健康生活理念，相关曝光总量超7 550万次，触达粉丝总计超2 160万人，活动搭建的#绿动生活有你有我#话题曝光总量超620万次。

王府井集团通过认购761吨企业用户践行绿色行为的自愿减排量，用于抵消2022年4月15日至2022年5月8日"人民甄选·王府井聚国潮绿动生活计划"线下消费者出行部分所产生的761吨二氧化碳当量温室气体排放，实现部分碳中和。这一成果不仅实现了零售企业通过大型活动推动公众践行绿色消费和绿色低碳行动的目标，也为今后政府和企业开展的大型活动、自身实现碳中和提供了初步经验范式。

此次活动期间，王府井集团百货、奥莱、购物中心各业态门店结合活动主题，围绕"运动健康""天然环保"等概念，开展一系列线上线下联动的主题消费活动。

除此以外，王府井集团联合多个家居生活类品牌，以健康作息、生活用品循环利用、低碳科技为理念，推出水杯、床品、节能家电等商品，并推出了相应的绿色营销活动；联合餐饮类品牌，围绕"无糖０卡""空盘行动""小份餐""外卖无餐具"等主题，进行商品推荐，并推出相应的营销活动。

党的二十大报告提出："积极稳妥推进碳达峰碳中和。实现碳达峰碳中和是一场广泛而深刻的经济社会系统性变革。"王府井集团也着手进一步践行双碳战略，持续推动绿色企业和绿色消费行动，从绿色建筑、节能环保、低碳消费等多方面有所实践和突破。

零售调研与践悟

任务目的：

通过对学校所在地区某知名零售企业经营管理模式的考察，了解我国本土零售企业的经营管理方法，并写出考察报告，给出改进建议。

任务条件：

数码相机、录音设备等。

任务组织：

1. 每4~6人为一组，事前做好小组分工，做好计划，合理分配人力、物力。

2. 到该零售企业总部和各个分部进行考察，找出问题。

3. 考察结束后及时讨论、总结，写出调研报告并制作PPT。

任务成果：

调研报告一份。

第三节　零售业的发展

说出常见的零售企业分类方法。

纵观零售业态的发展史，从农业社会的集贸市场到工业社会的百货商店，再到后工业社会的新业态——超市、大卖场、购物中心等，可以看出零售业态发展和提升的历史过程就是业态与人的消费行为、消费需求相互促进、相互适应的过程，是一个从简单到复杂、从低级到高级、从单体到复合体、从单纯买卖到多功能化，不断适应社会需求的过程。

我国零售业态的变革，总体上反映了零售业发展的一般规律，但也有其独特的社会经济背景和发展轨迹。我国零售业在长期激烈的竞争与实践过程中变得日益成熟，锐意变革，不断创新。一方面，新的零售业态不断涌现，满足了人们日益增长的物质文化需求；同时，传统零售业态也不断进行战略调整，并焕发出新的生机与活力，从而形成了目前的传统零售业态与新型业态共生共存的格局，并出现新老业态经营模式相互融合的现象。

一、零售业态

（一）零售业态的含义

零售业态是指零售商为满足不同的消费需求而形成的不同的经营形态，是零售商经营方式的外在表现，它是由零售商的目标市场、选址策略、卖场规模、商品结构、价格水平、购物氛围、服务功能等多种要素组合构成的。

要准确理解零售业态的概念，还要将其与零售业种的概念区分开来。零售业态是现代意义上的零售词汇，它是由零售业种发展演变而来的。所谓零售业种，就是按所经营的商品类型划分或组建的零售商店的类型。这种商店自古有之，诸如古代就存在布店、粮店、肉店、鞋店、杂货店等。那时候，商店规模小，经营品种有限，人们进入一家店仅能买到一种商品，这种商店的存在是与当时手工业作坊的生产方式、消费需求的单一化和偶然化、商业资本的小规模条件相适应的。零售业态与零售业种的区别体现在以下几方面：

（1）目的不同。零售业种商店的主要目的是推销自己所经营的商品，而零售业态商店的主要目的是满足目标顾客的需求。

（2）核心不同。零售业种商店的经营以商品为核心，而零售业态商店的经营以顾客为核心，体现了营销观念由销售导向向消费导向的转变。

（3）经营重点不同。零售业种商店强调的是卖什么，零售业态商店强调的是怎么卖。

在零售竞争中，许多零售商竞相采取不同的零售策略组合以加强企业形象，避免陷入与竞争者过于雷同的境地，从而使零售经营形式多样化。零售业态的内在组合要素包括目标顾客、价格策略、商品结构、商品时尚性、服务方式、购买便利、店铺环境等要素，如图1-1所示。由于各要素的选择余地大，组合变化多，这就使现代零售业态的经营内容精彩纷呈，即使同一业态的零售商店也表现出不同的经营特色。

细分化市场顾客	目标顾客	大众化市场顾客
低价策略	价格策略	高价策略
经营品种少，挑选范围窄	商品结构	经营品种多，一次性购足
保守性商品	商品时尚性	时尚性商品
服务有限或自助服务	服务方式	服务项目多，设专业人员
远离居民区，固守营业时间	购买便利	靠近居民区，全天24小时营业
装饰简朴，商品陈列简单，橱窗偶尔更换	店铺环境	装饰豪华，商品陈列富于变化

图1-1　零售业态的内在组合要素

在零售业态的内在组合要素中，目标顾客是指零售商所选择的服务对象；价格策略是指零售商所采用的高价或低价策略；商品结构是指零售商为满足目标顾客需求所确定的经营各类商品的比例；商品时尚性是指零售商的商品是否具有审美性、潮流性甚至艺术性，是保守性商品还是时尚性商品；服务方式是指零售商采取的售货方式和提供的服务内容；购买便利是指零售商的选址是靠近居民区还是远离居民区，营业时间是有时间段还是全天候的；店铺环境是指店铺的内部装饰与商品展示所营造的购物氛围。缺少其中任何一个要素，零售活动就不能正常进行，也无法确定它的业态类型。因此，零售业态的实质就是这些要素的组合，其组合不同，业态就不同。

（二）零售业态的分类

中华人民共和国国家标准《零售业态分类》（GB/T 18106—2021）根据有无固定营业场所，将我国零售业态分为有店铺零售和无店铺零售两大类。有店铺零售按店铺的特点，根据其经营方式、商品结构、服务功能，以及选址、商圈、规模、店堂设施、目标顾客等单一要素或多要素进行细分，可分为便利店、超市、折扣店、仓储会员店、百货店、购物中心、专业店、品牌专卖店、集合店、无人值守商店10种零售业态。有店铺零售业态分类和基本特点见表1-2。无店铺零售分为网络零售、电视/广播零售、邮寄零售、无人售货设备零售、直销、电话零售、流动货摊零售7种零售业态，无店铺零售业态分类和基本特点见表1-3。

> **🙋 即学即问**
>
> 近几年，国内很多大型零售企业关闭大型超市门店，却在加速拓展仓储式会员店，你认为主要受哪些因素影响？

二、零售业的变革历程

零售业自诞生以来，经历了以下四次变革：

（一）零售业的第一次变革：百货商店的诞生

1852年在法国巴黎诞生了世界上第一家百货商店，名叫 Le Bon Marche 商店。这在世界商业发展史上是一个里程碑的事件，具有划时代的意义，它标志着现代零售业发展的开端。

引发第一次零售业变革的百货商店，其业态的先进性是划时代的，它坐落在城市繁华地段，建筑富丽堂皇，体积巨大，内部有许多不同的商品部，品种繁多，价格统一，营业员彬彬有礼，服务周到。这个空间对于所有消费者来说，自由出入，自由观赏，自由选购，买与不买都没有限制。消费从此进入大众时代和平民时代。百货商店的革新性体现在以下几方面：

表1-2 有店铺零售业态分类和基本特点

序号	业态		选址	商圈与目标顾客	规模	商品（经营）结构	服务功能
1	便利店	社区型便利店	位于社区周边	主要顾客为社区内常住人员，客流稳定	门店面积一般在50～199 m²，货架组数为15～25组	以日常生活用品、饮料、应急性商品以及部分生鲜商品为主。根据社区档次的不同，商品结构有所不同	营业时间通常16小时以上，可提供线上订货及多种便民服务。有些便利店提供送货上门服务或顾客自提服务
		客流配套型便利店	位于火车站、公交站、码头、地铁站等公共交通枢纽以及景点、商业中心等人流量较为密集的区域周边	顾客群体以上班族和出游人群为主	门店面积一般在50～120 m²；货架组数为15～25组	以饮料、即食品、休闲食品、报纸杂志为主，位于旅游景点的店铺销售旅游纪念品	以提供即食品服务（早餐、盒饭），手机充电、ATM取款、上网等服务为主
		商务型便利店	位于写字楼集中的区域及周边	顾客群体以收入较高的商务人士为主	门店面积一般在20～80 m²；货架组数为10～20组；设置就餐简易设施	以鲜食盒饭、即食商品、现冲饮料、新鲜水果、功能性饮料、蜜饯糖果、时尚小商品为主	提供早、中、晚即食商品，以及信用卡还款、上网等服务。有些提供线上订货服务
		加油站型便利店	加油站内	顾客群体以司乘人员为主	门店面积一般在10～120 m²；货架组数组不等	以食品、饮料、应急商品、汽车养护用品为主	提供ATM取款等金融服务，以及洗车等汽车相关服务

续表

序号	业态		选址	基本特点			
				商圈与目标顾客	规模	商品（经营）结构	服务功能
2	超市	按营业面积大小分类	大型超市	市、区商业中心或城乡接合部、交通要道，以及大型居住区	辐射半径2 km以上，目标顾客以居民、流动顾客为主	6 000 m²及以上	各类生活用品、包装食品及生鲜食品，可一次性购齐，注重自有品牌开发	通常设不低于营业面积40%的停车场，营业时间达12小时或以上。可提供线上订货服务
			中型超市	市、区商业中心、居住区	辐射半径2 km左右，以商业区目标顾客、社区便民消费为主	2 000~5 999 m²	日常生活用品、包装食品、以及生鲜食品，单品数少于大型超市	营业时间达12小时或以上。可提供线上订货服务
			小型超市	市、区商业中心、居住区	辐射半径1 km左右，以社区便民消费为主	200~1 999 m²	以包装食品及鲜食品为主，提供日常生活必需品	营业时间达12小时或以上。通常提供便民服务。可提供线上订货服务
		按生鲜食品占比分类	生鲜超市	社区周边、大型购物中心的配套业态	辐射半径2 km左右，以商业区目标顾客、周边居民为主	一般为200~6 000 m²	以生鲜食品、包装品为主，配置必需的非食商品，总经营品种在0.7万~1.5万种	营业时间达12小时或以上，提供生鲜食品简单处理、加工服务。可提供线上订货服务
			综合超市	市、区商业中心、居住区	辐射半径5 km左右，以商业区目标顾客、周边居民为主	一般为2 000~10 000 m²	非食品类商品单品数较多，经营品种齐全，在1.5万~3万种，满足顾客日常生活用品一次购齐	营业时间达12小时或以上。可提供线上订货服务

序号	业态		基本特点				
		选址	商圈与目标顾客	规模	商品（经营）结构	服务功能	
3	折扣店	居民区、交通要道等租金相对便宜的地区	辐射半径2 km左右，目标顾客主要为商圈内的居民	营业面积一般为300~500 m²	商品平均价格低于市场平均水平，自有品牌占有较大的比例	用工精简，提供有限服务。有些可提供线上订货服务	
4	仓储会员店	城乡接合部的交通要道	辐射半径5 km以上，目标顾客以中小零售店、餐饮店、集团购买和流动顾客为主	营业面积一般在5 000 m²以上	以大众化衣、食、日用品为主，自有品牌占相当大部分，商品种类通常为0.4万~1.2万种，实行低价、批量销售	设相当于经营面积的停车场。有些可提供线上订货服务	
5	百货店	市、区级商业中心，历史形成的商业集聚地	以追求时尚和品质的顾客为主	营业面积一般为10 000 ~ 50 000 m²	商品种类齐全，以服饰、鞋类、箱包、化妆品、家庭用品、家用电器为主	注重服务，逐步增设餐饮、娱乐、休闲等服务项目和设施	
6	购物中心	都市型购物中心	城市的核心商圈或中心商务区、街区型或封闭型建筑型结构	商圈可覆盖甚至超出所在城市，满足顾客购物、餐饮、社交、休闲娱乐等多种需求	不包含停车场的建筑面积通常在50 000 m²以上	购物、餐饮、休闲和服务功能齐备，时尚、休闲、商务、社交特色较为突出	提供停车位、导购咨询、个性化休息区、手机充电、免费无线上网、ATM取款等多种便利措施

序号	业态	基本特点				
		选址	商圈与目标顾客	规模	商品（经营）结构	服务功能
6	购物中心	区域型购物中心：位于城市新区或城乡接合部的商业中心或社区聚集区，紧邻交通主干道或城市交通节点，以封闭的独立建筑体为主	辐射半径约在5 km以上，满足不同收入水平顾客的一站式消费需求	不包含停车场的建筑面积通常在50 000 m²以上	购物、餐饮、休闲和服务功能所提供的商品和服务种类丰富	提供停车位，通常还提供导购咨询服务、个性化休息区、手机充电、免费无线上网、免费针线包、ATM取款等便利措施
		社区型购物中心：位于居民聚居区的商业中心或周边，交通便利。以封闭的独立建筑体为主	辐射半径约在3 km以内，满足周边居民日常生活所需为主	不包含停车场的建筑面积通常为10 000~50 000 m²	以家庭生活、休闲娱乐为主，配备必要的餐饮和休闲娱乐设施，服务功能齐全	提供停车位，通常还提供休息区、手机充电、免费无线上网、免费针线包、ATM取款等便利措施
		奥特莱斯型购物中心：在交通便利或远离市中心的交通主干道旁，或开设在旅游景区附近。建筑形态以街区型或封闭型	辐射所在城市或周边城市群，目标顾客为品牌拥护者	不包含停车场的建筑面积通常约在50 000 m²以上	以品牌生产商或经销商开设的零售店为主体，以销售打折商品为特色	提供停车位
7	专业店	在交通便利或远离市中心的交通主干道旁，或者市、区级商业中心以及百货店、购物中心内	目标顾客以有目的选购某类商品的流动顾客为主	根据商品特点而定	以销售某类商品为主，体现专业性、深入性，品种丰富、选择余地大	现场售卖人员可提供专业建议。无人值守专业店由消费者自助完成购物

序号	业态	基本特点				
		选址	商圈与目标顾客	规模	商品（经营）结构	服务功能
8	品牌专卖店	市、区级商业中心、专业街以及百货店、购物中心内	目标顾客以中高档消费者和追求时尚的年轻人为主	根据商品特点而定	以销售某一品牌系列商品为主，销售量少、质优、高毛利	注重品牌声誉，从业人员专业知识丰富。提供专业服务。无人值守专卖店由消费者自助完成购物
9	集合店	市、区级商业中心、专业街以及百货店、购物中心内	目标顾客为品牌特定消费者	面积通常为300~1 500 m²	汇集多个品牌及多个品类的商品，商品之间有较强的关联性	注重品牌声誉，从业人员专业知识丰富，提供专业服务
10	无人值守商店	位于大卖场周边、社区、办公楼周边、购物中心内等可以补充其他业态销售的区域	主要顾客群体为周边客群，追求快捷、方便	经营面积一般为10~25 m²	以饮料、休闲食品、应急性商品为主。根据商品区域不同，商品结构有所不同	可24小时营业

表1-3　无店铺零售业态分类和基本特点

序号	业态	基本特点			
		目标顾客	商品（经营）结构	商品售卖方式	服务功能
1	网络零售	追求便捷、省时、省力	根据目标顾客设定商品结构	在线交易	送货到指定地点或指定自提点
2	电视／广播零售	以电视观众、广播听众为主	商品具有某种特点，与市场上同类商品相比有一定差异性	通过电视、广播向消费者推介商品，消费者通过电话订购	送货到指定地点
3	邮寄零售	商品目录，或报纸、杂志的阅读者	商品适宜储存和运输	用商品目录、报纸、杂志向消费者进行商品宣传，消费者事先打款，通过邮购或快递收到货物	邮寄或快递到指定地点
4	无人售货设备零售	以交通节点、商业区等流动顾客和固定区域（如办公区、生活区）顾客为主	以饮料、预包装食品和简单生活洗化用品为主，商品单品数通常在30种以内	通过自助售货机、无人货架、智能货柜等设备，消费者自助购买	自助服务
5	直销	根据不同的商品特性，目标顾客不同	商品以某一类或多品类为主，系列化	销售人员直接与消费者接触，销售其产品	送货到指定地点或自提
6	电话零售	根据不同的产品特点，目标顾客不同	商品单一，以某类品种为主	通过电话完成销售	送货到指定地点
7	流动货摊零售	随机顾客	商品单价较低，满足即时性、冲动性购物需求	面对面销售	立刻获得商品

（1）销售方式的根本性变革。顾客可以自由自在地进出商店；商店陈列处大量商品供顾客任意挑选；实行明码标价，在商业史上第一次出现了价格标签，对所有顾客都实行同价销售；顾客不满意可以退换商品。

（2）经营方式上的根本性变革。百货商店是以销售生活用品为主，实行大量综合性经营的销售组织，即店铺把许多商品按照类别分设为不同的部门，并由部门来负责进货和销售，实行综合经营。

（3）组织管理上的根本性变革。百货商店按照商品系列实行分部门、分层次的组织与管理，经营活动由各部门分解完成，实行分工与协作；其管理活动按层次进行，有统一的计划和组织原则，各职能部门分头执行。

百货商店是世界商业史上第一个实行新销售方法的现代销售组织，被誉为现代零售业发展的开端，它是零售商业领域对以机械化为基础的大量生产的迅速发展，以及城市化进程加快在组织上的直接反映。19世纪中叶，蒸汽机的广泛应用使得西方国家爆发了第一次产业革命，随着大机器生产广泛运用于纺织业、制造业等生产领域，劳动生产率有了极大的提高，社会上的物质迅速丰富起来。一方面，这种机械化大生产的结果造成了"商品庞大的堆积"，传统小商店根本无法满足社会化大生产的需求，这就在客观上要求有一种大型零售组织来大量销售日益堆积的商品。另一方面，在大量生产方式走向成熟的同时，城市化进程的加快，把越来越多的人口和现代化产业积累在大城市，从而使得大量消费成为普遍的社会消费格局。在大量生产和大量消费之间，越来越需要流通部门加快组织创新和经营方式创新，从而使其有机地衔接起来，实现协调运转。百货商店正是在这种发展的格局下出现的。它表明商品流通系统通过自身的发展变革，能够在大量生产与大量消费之间，通过创造大量销售的组织形式，充分发挥协调功能。

（二）零售业的第二次变革：超级市场的诞生

1930年8月，世界上第一家超级市场金·库伦（King Kullen）超市在美国纽约开业。超级市场的诞生被称为零售业的第二次变革，它带来了零售业销售方式的变革，这种方式既方便了顾客购买，又节约了流通费用，符合市场发展的内在要求。

1. 第二次变革的特点

（1）开架售货方式流行。开架售货尽管不是超级市场的首创，但它因超级市场的诞生而发扬光大。超级市场采用的自选购物方式，作为一个重要的竞争手段不仅冲击了原有的零售业态，而且影响了新型零售业态，后来出现的折扣商店、仓储式商店、便利店等，都吸收了超级市场的这种开架自选或完全自我服务的销售方式。

（2）消费者的购物时间大大节省。超级市场是以经营食品、日常用品为主的综合性经营场所，所采用的众多商品汇集、关联性商品陈列和统一结算等方法大大节省了消费者选购商品和结算的时间，迎合了消费者购物更方便、更快捷的需要，满足了消费者一次性购齐的需求。

（3）舒适购物环境的普及。一是超级市场用整洁明亮、宽敞有序的店内环境取代了人们传统印象中脏乱嘈杂的生鲜食品市场；二是自助式购物使消费者在店内可以自由选购，不受打扰，从而在心理上产生了一种自主感，营造了一种宽松舒适的购物环境。

（4）促进了商品包装的变革。包装是无声的促销员，开架自选倒逼厂商进行全新的商品包装设计，展开包装、标志等方面的竞争，由此出现了大中小包装齐全、装潢美观、标志突出的众多品牌，这也使商场显得更整齐，更美观，造就了良好的购物环境。

2. 超级市场出现和发展的经济社会背景

超级市场的出现和发展有如下经济社会背景：

（1）经济危机是超级市场产生的导火线。20世纪30年代，席卷全球的经济危机使得居民购买力严重不足，零售商纷纷倒闭，生产大量萎缩，店铺租金大大降低，超级市场利用这些租金低廉的闲置建筑物，采取节省人工成本的自助购物和薄利多销的经营方针，降低了售价，因此受到了当时被经济危机困扰的广大消费者的欢迎。

（2）生活方式的变化促成了超级市场的出现。第二次世界大战后，越来越多的妇女参加了工作，人们生活、工作节奏加快，加上城市交通拥挤，原有零售店停车设施落后，许多消费者希望能到一家商场，停车一次就购齐一周所需的食品和日用品，超级市场正是适应了消费者的这种要求而产生的。

（3）技术进步为超级市场创造了条件。制冷设备的发展为超级市场存储各种生鲜食品提供了必要条件，包装技术的完善为超级市场中顾客自选提供了极大的方便，而后来的电子技术在商业领域的广泛运用更是促进了超级市场利用电子设备来提高经营效率。此外，冰箱和汽车在家庭中的普及使消费者的大量采购和远距离采购成为可能。

（三）零售业的第三次变革：连锁经营的兴起

零售业第一、第二次变革着重反映的是零售业经营方式的重大变化，而以连锁经营为主要内容的零售业第三次变革，则是反映零售业组织方式和内部管理的变革，它在更大范围内和更高层次上，推动着零售业向现代化产业转变。

连锁经营是现代化大工业发展的产物，其实质就是工业化、标准化的大生产原理在流通领域的体现，达到提高协调运作能力和规模化经营效益的目的。连锁经营的基本特征体现在以下四个方面：

（1）标准化管理。在连锁门店中，各门店统一店名，使用统一的标志，进行统一的装修，在员工服饰、营业时间、广告宣传、商品价格方面均保持一致性，从而使连锁商店的整体形象标准化。

（2）专业化分工。连锁企业总部的职能是管理，而门店的职能是销售。表面上看，这与单店没有太大区别，实质上却有质的不同。连锁企业总部的作用就是研究企业的经营战略，并直接指导门店的经营，这就使门店摆脱了过去靠经验管理的影响，大大提高了企业管理水平。

（3）集中化进货。连锁企业总部集中化进货，商品批量大，可以得到较低的进货价格，从而降低了进货成本，易取得价格竞争优势。而且各门店在进货上克服了盲目性，不需要过多的商品库存，库存成本又进一步降低。各门店不负责进货，就有更多的精力集中于销售，从而加快了商品的周转。

（4）简单化作业。连锁门店的作业流程、工作岗位的商业活动尽可能简单，以减少经验因素对经营的影响。连锁企业一般体系庞大，在各个环节的控制上都有一套特定的运作规程，要求精简不必要的过程，达到事半功倍的效果。

连锁经营的真正普及是在20世纪40年代以后，故将其称为零售业第三次变革。

要深入理解连锁经营所带来的革命性变化，需要将它与传统单店经营进行比较分析。连锁经营和传统单店经营的优劣势比较如表1-4所示。

表1-4　连锁经营与传统单店经营的优劣势比较

	连锁经营	传统单店经营
优势	（1）整合资源，获取规模效益； （2）形象、商品和服务统一，易于维持消费者的忠诚度； （3）网络化组织带来迅速扩张； （4）实行制度化规范管理，消除人为因素的影响	（1）商店自主性、主动性强，能调动管理者的积极性； （2）商店具有较高的灵活性，能随时根据消费者需求的变化调整经营策略； （3）管理层级少，沟通容易，能迅速做出决策； （4）特色经营，能弥补市场空缺
劣势	（1）门店独立性有限，缺乏灵活性，难以完全满足当地消费市场的特殊需求； （2）门店无法单独核算，盈利水平难以体现，影响了员工的积极性； （3）容易出现总部与门店沟通不足与决策延误的现象	（1）辐射有限，难以获得规模效益； （2）无法采用现代管理技术，仍是人工操作的粗放型管理； （3）以经验管理为主，容易受个人因素的影响； （4）规模小，难以吸引消费者和合作者

即学即练

以小组为单位（每3~5人为一组），选择一家便利店（超市、专卖店）进行调查，了解其选址、产品经营范围、顾客的类型及特征，并制作成PPT在课堂上展示交流。

（四）零售业的第四次变革：信息技术的兴起

在信息时代，网络技术的发展对零售业产生了广泛而深远的影响。网络技术引发了零售业的第四次变革，它甚至改变了整个零售业。这种影响具体表现在以下几个方面：

（1）网络零售对传统零售形成冲击。随着淘宝、天猫、京东、当当等网络零售店的兴起，越来越多的消费者从网上甚至移动端购物，这给传统零售业造成了非常大的分流。中国互联网信息中心（CNNIC）发布的第52次《中国互联网络发展状况统计报告》显示，截至2023年6月，我国网民规模达10.97亿人，较2021年12月增长1 109万人，互联网普及率达76.4%。我国网络购物市场依然保持着稳健的增长速度。与此同时，我国手机网络购物用户规模增长迅速，截至2022年12月，我国网络支付用户规模达9.11亿人，较2021年12月增长781万人，占网民整体的85.4%。

移动互联网开启了互联网的下一次变革，对传统零售业进一步造成了影响和冲击。基于移动互联网的零售能够以位置为基础、以用户需求为核心、以社交营销为手段实现零售创新。PC端与移动端不断融合，PC端只是互联网的终端之一，智能手机、平板电脑、电子阅读器已经成为重要终端，电视机、车载设备正在成为终端，冰箱、微波炉、抽油烟机、照相机，甚至眼镜、手表等穿戴设备都可能成为移动互联网终端，由此实现了消费者全时间、全空间、不受任何时空限制的购物。

（2）互联网技术催生消费者主权时代。在信息技术高速发展的今天，消费者主权时代已经到来，体现在消费者购物生命周期里，一是消费者拥有自由选择线上线下渠道的权利，消费者会综合利用线上线下各种渠道完成购物；二是在实施购买行为之前，消费者拥有选择接收信息渠道的权利，在购买之后可对商品和服务进行监督、评价。过去"以产品为中心"的单渠道零售模式，已经被新一代"以顾客为中心"的全渠道体验模式所取代。

另外，通过移动互联网和社交网络，每个消费者都可以开设自己的个人微店，自由地选择喜欢的零售店、自己喜欢的品牌和商品。购物本身就是社交，借由社交网络，各个消费者的个人微店被自主地连接起来，成为所有消费者的社交商店。消费者第一次大规模地通过社交圈子建立连接关系，每个人都可以逛自己朋友的私人微店，分享他们的购物见闻和发现。

（3）信息技术助推全渠道零售变革。随着网络购物市场交易规模的节节攀升，以及网络商店的广域覆盖，全天候和高互动性的优势被越来越多的零售商所认同，网络零售市场成为传统零售商扩大市场份额的重要领域，吸引着传统零售企业纷纷开展线上业务；而网络零售的虚拟化、高竞争、信任危机、物流不畅等不利因素也迫使纯粹的电子商务企业开始向线下延伸。结合了实体门店与在线商店的全渠道零售模式已经成为全球零售业发展的趋势。全渠道零售不仅可以利用原有的品牌效应和顾客忠诚度，减少市场营销的成本，而且可以为顾客提供更方便的渠道选择机会和更多样化的服务，如顾客可以在线上搜索商品后再到实体店购买，或者先到实体店试用再到线上订货，这样更有助于培育顾客对零售商的忠诚度。

（4）信息技术的应用助力零售业迈入技术商业时代。当前，信息技术正在渗透至零售业的全过程中，大数据、无线网、电子标签、智能货架、自动收银、自动打包等新技术都在推动零售业的革新。而在门店的收货、检验、上架、价签管理、订货、销售等方面，也开始使用移动采集设备来提高采集数据的实时性和准确性。

与技术商业时代密切相关的就是大数据时代的来临。大数据最大的特点就是量大及多样性。各种智能终端、传感设备等数据采集工具的爆发性增长引发了数据爆炸式增长。零售业大数据、社交数据、视频数据、物联网数据、车联网数据、智慧城市数据等各类数据呈井喷式增长。零售企业可以结合经济学、人口统计学和天气数据对消费者大数据进行分析，从而决定在什么店选择什么商品上架，基于这些分析结果预测在何时何地进行促销活动，实现精准营销。

数实融合新视界

"盒区房"

盒马鲜生是阿里巴巴对线下超市完全重构的新零售业态，是一个线上与线下结合的新零售平台。2016年，首家盒马鲜生店上海金桥店开业，自此快速扩张，布局全国，截至2022年年末，盒马鲜生店累计数量达300多家。

盒马鲜生开店以来，不仅在悄悄地改变消费者逛超市的习惯，而且创造了一个新名词——"盒区房"，特指盒马鲜生门店周边3公里以内的房子，可以享受最快30分钟送达的上门配送服务。以首家盒马鲜生门店的上海金桥店为例，金桥店周边3公里范围内拥有众多小区，有数据显示，该门店覆盖了78.14万人口，是上海盒马鲜生门店中辐射人口数量排名前列的门店。当然，如果消费者住的不是"盒区房"，下班前通过盒马鲜生App下单，也能享受到"盒区房"的便捷。据说，"盒区房"范围内的地产项目由此受益。

盒马鲜生在线下门店选址方面有自己的标准。首先，盒马鲜生会根据网购用户数量、客单价等淘宝系数据，以及线上、线下消费数据等来深挖消费者习惯，继而瞄准开店区域；其次，商圈内以"80后""90后"消费者作为消费主力，盒马鲜生通过大数据发现这个消费群体对菜价并不敏感，他们更关注购物的舒适度、商品质量及品牌的影响力等。另外，盒马鲜生制定了"3公里考量标准"。在实际选址决策前，盒马鲜生以3公里为考核标准，对范围内的人群数量、质量、商业配套、区域特点等整体考量后再做判断，以实现3公里范围内30分钟内送货上门的目标，提出让消费者享受"新鲜每一刻"的高品质生活的口号。

盒马鲜生发布的《"盒区"生活报告》显示，18.6%的"盒区"妈妈会提前一晚预订次日的鲜奶；不少"盒区"爸爸会在下班路上购买晚餐的食材；5.4%的订单下到停车场或路口，再被"盒区边缘人"（是指居住在盒马鲜生服务范围之外但距离相对较近的消费者）接力回家。看来，"盒区房"的吸引力还真不小。

三、零售演变理论

零售演变理论揭示了一个国家或地区零售业不断创新、演变、更替的轨迹，反映出该国家或地区零售业发展的规律。

总体来看，零售演变理论主要从外在环境变化及内在业态本身发展的特点方面提出了相应的概念和观点，尽管没有一个单独的理论能够解释零售业发展的所有规律，但至少揭示了零售业发展某一方面的规律。

（一）零售轮转理论

零售轮转理论又被称作零售车轮理论或零售之轮理论。该理论被认为是零售业发展变革较权威的理论。

零售轮转理论认为，零售业发展有一个周期性的、像一个旋转的车轮一样的发展规律，如图1-2所示。

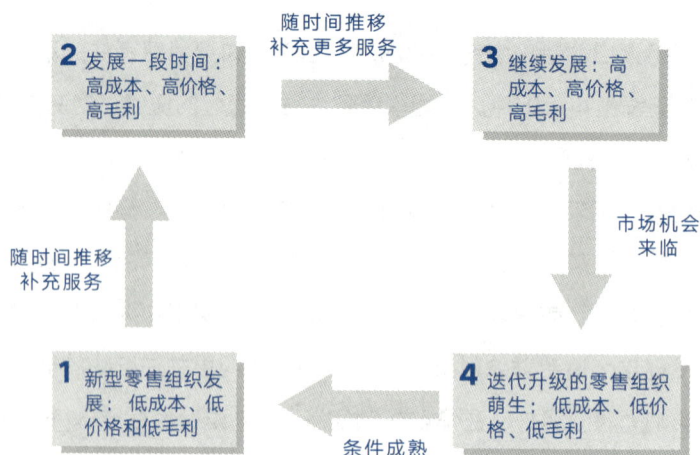

図 1-2 零售轮转理论

图 1-2 显示，新型零售组织最初都采用低成本、低价格和低毛利的经营模式，以低价来吸引消费者，形成自身的竞争优势。但随着新兴业态市场份额的扩大，必然会引起模仿者的效仿，市场竞争加剧。结果，无论是初始创新者还是模仿者，都只能采取除价格以外的其他营销策略来形成差异化，诸如增加商品组合、提高服务水平、改善购物环境等。随着成本的不断增加，初始创新零售业态逐步演变为高成本、高价格和高毛利的业态，从而被低成本、低价格和低毛利的新业态取代。零售市场上的新旧零售业态之间，就这样不断地以轮转的方式循环下去。

零售轮转理论解释了自19世纪中期以后出现的新兴零售业态的发展过程，如百货店、连锁店、超级市场、折扣商店等零售业态最初都是以低成本、低价格、低毛利作为竞争手段出现在市场上，之后为了适应成长的需要，逐步扩充各种商品组合或服务项目内容，并提高价格。因此，该理论得到了普及。但从零售实践看，发展中国家的超级市场和其他现代化商店都是面向中高收入阶层，以高价格进入市场的，并不符合零售轮转理论中创新型零售业态都是以低价格开始进入市场的条件。这是零售轮转理论所无法解释的现象。其实，成本和价格并不是影响一种零售业态存在的决定因素，而且不能忽视科技发展等其他因素对零售业产生的重要影响。

(二) 零售手风琴理论

零售手风琴理论又称为"综合化-专业化-综合化"循环理论或伸缩理论。零售手风琴理论从商品组合的角度来论述零售业的发展规律，主要以商品组合宽窄幅度的变化来说明零售业态的演变，如图1-3所示。

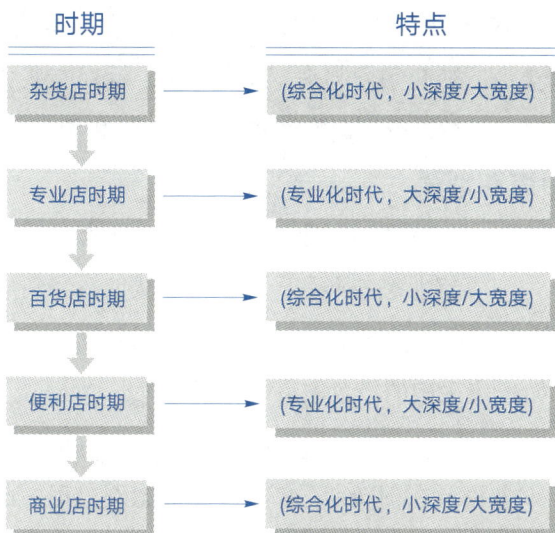

时期	特点
杂货店时期 →	(综合化时代，小深度/大宽度)
专业店时期 →	(专业化时代，大深度/小宽度)
百货店时期 →	(综合化时代，小深度/大宽度)
便利店时期 →	(专业化时代，大深度/小宽度)
商业店时期 →	(综合化时代，小深度/大宽度)

图 1-3　零售手风琴理论

零售手风琴理论认为，零售企业的经营范围是不断从综合化向专业化再向综合化方向循环发展的，每一次循环不是简单地重复过去，而是赋予其新的内涵，从而出现了不同的零售组织。零售组织提供的商品组合由宽变窄，再逐渐由窄变宽，就像拉手风琴一样，从综合到专业，再从专业到综合，一直循环往复下去。

事实上，零售业态的变迁过程并非像零售手风琴理论所描述的那样是"综合化-专业化-综合化"的反复交替。有时，综合化与专业化是并存的。同时，该理论既没有对商品组合为什么扩大或缩小进行解释，也没有考虑到消费者对业态的反应及偏好问题。

（三）辩证过程理论

辩证过程理论是用黑格尔哲学中的"正""反""合"原理来说明零售业态的变迁。他们把现有的零售业态看作"正"，"反"就代表它的对立面，"合"指两者的统一或混合。有"正"必然有"反"，还会出现"正"与"反"的统一体——"合"，而"合"又会重新转变为"正"。辩证过程理论认为，零售业态的变迁过程正是对传统业态不断扬弃的过程。

辩证过程理论认为，新兴零售业态的出现，必然是对现有零售业态的否定或者修正："否定"就是出现与之不同的零售业态；"修正"就是从中吸取好的部分，淘汰落后的或不利于企业发展的部分，从而形成一种新的零售业态。

辩证过程理论揭示了零售业态演变的一般规律，即从肯定到否定，再到否定之否定的变化过程。但是，这一理论过于抽象，与"进化论"一样具有明显的哲学色彩，并把不同程度、不同类型的变化等同起来。在实践中，针对有些"正""反""合"的变化，只是各种零售组织自身进行了调整，并没有引起零售组织形式的更替。

（四）零售生命周期理论

零售生命周期理论用产品生命周期理论来解释零售业态从产生到衰退的发展过程。零售生命周期理论认为，零售业态与产品一样，存在从创新期到成长期，再到成熟期，直至衰退期的生命周期过程。这四个时期的销售水平和利润水平均有一定的差异，因此，零售组织在各个阶段应采取的经营策略也有所不同。

1. 创新期

根据零售生命周期理论，在创新期，新兴零售业态刚出现，此时，同类竞争者很少，而新兴零售业态相对于传统零售业态来说具有差别优势，因此，新型零售组织的销售额、市场占有率和投资收益率均能得到大幅度的提高。

2. 成长期

新型零售组织经过一段时间的发展，获得了较大的竞争优势，并取得了一定的市场地位，因此，引来大批模仿者的效仿，而最早进入市场的新型零售组织也开始进行组织规模和数量的扩张，从而导致市场竞争异常激烈，市场占有率和投资收益率达到最高值。

3. 成熟期

进入成熟期的零售组织，越来越多地受到处在创新期的新型零售组织的挑战，市场占有率和投资收益率均有慢慢下降的趋势。虽然处在成熟期的零售组织的销售数量很大，但是销售增长率处于缓慢上升或停滞状态。对于大多数零售组织来说，成熟期一般都比较长。在该时期，零售经营者对零售组织针对市场环境的变化做出调整是十分必要和有效的，可以使零售组织保持稳定的增长，大幅度地延长零售组织的成熟期，避免零售组织过早进入衰退期。

4. 衰退期

在衰退期，零售组织逐渐被市场淘汰，市场范围明显萎缩，销售额、市场占有率和投资收益率急剧下降，最终退出市场。而处在创新期的新型零售组织正处在高速发展的时期，会逐步取代传统的零售组织。

零售生命周期理论主要说明了零售业态发展的一般规律，不同的零售组织的生命周期到底有多长，因各种环境的差异而有所不同，尚需要进行进一步的分析和研究。

零售组织经营者可以根据该理论调整各时期的经营策略。

（五）真空地带理论

真空地带理论根据消费者对零售组织的服务水平和价格水平存在的偏好空隙来解释零售业态的发展过程，即新零售业态是在既有零售业态未能涵盖的市场真空地带之中出现的。

真空地带理论首先假设经营同种商品的各种零售业态的特性是由店铺选址、店铺设施、商品组合、附加服务、销售形式等综合性服务水平和与此相对应的价格水平共同决定的。综合性服务水平越高，价格水平也就越高，即零售业态的服务水平与价格水平之间存在正相关的对应关系。其次，真空地带理论假设存在一组由高到低的服务与价格的组合带，以及消费者对不同水平的服务与价格组合的偏好分布曲线。零售组织经营者提供的价格水平和服务水平是"低低""中中""高高"等组合中的某一种，假定消费者偏好的价格水平和服务水平的分布呈单峰形分布，则希望"低低"和"高高"组合的消费者分布区域要比希望中等价格、中等服务的区域相对狭小。现有的零售业态只能满足其中的部分需求，因此在零售市场上存在一些空缺或真空地带，从两端加入的业态受业态内竞争的压力，被挤向消费者偏好分布的中心，两端部分则形成了"真空地带"。新进入者就以这个真空地带为自己的目标市场而进入零售业，从而产生了新的业态。也就是说，低成本、低价格、低毛利店铺和高成本、高价格、高毛利又作为新的业态诞生了。

真空地带理论解释了零售轮转理论无法解释的"高成本、高价格、高毛利也可能是新兴业态"的事实，明确引进了消费者的偏好分布曲线，解释了高成本、高价格、高毛利的新兴零售业态产生的原因。但是，该理论是以消费者偏好分布曲线的存在为前提的。在现实生活中，消费者是否真的存在这样的偏好分布曲线，是很难确定的。

四、零售业的发展趋势

目前，零售业的发展具有以下四种趋势：

（一）行业整合加速

近年来零售业的整合不断加速。互联网龙头企业大规模向线下渗透，向拥有成熟销售渠道和明显区位优势的实体零售企业不断靠拢，实现线下扩张常态化，线上线下融合向业务性融合转变。

(二) 百货店购物中心化

传统百货业态不仅受到电子商务的强势冲击，还面临着多业态竞争的加剧（如零售新形态不断崛起），以及人力、租金等经营成本的攀升。此外，随着消费水平的提高，消费者的购物习惯正在发生改变，更倾向于多元化的购物体验。在此背景下，百货店引入时尚品牌旗舰店、进行商场扩容改造、增加商场体验性元素等，为消费者营造类似于购物中心的消费体验，集合更加丰富的业态和功能，以满足消费者的各项需求。未来的百货店业态将越来越多地注入购物中心元素，并最终形成以购物中心为特色的综合百货店业态。

(三) 信息化推动智慧零售的建设

目前，信息技术在中国零售行业的应用越来越被重视，应用水平亦有较大提升。零售新科技、信息化建设、电子商务等新技术已成为零售商发展的重要方向。

新技术在营销、仓储、物流、门店运营技术方面的应用将有力提升零售企业的运营效率。同时，信息系统的不断升级，可帮助企业实现商品进、销、存管理与财务管理一体化；通过与供应商的信息共享。降低零售企业与供应商的费用成本并实现价值共享；通过大数据分析计算，充分挖掘信息的价值，以实现有效的品类管理和客户管理，以此支持企业制定战略决策。

(四) 线上线下的全渠道深度融合

消费者需求的变化驱动了零售业线上线下的融合发展，而技术的发展、基础设施的完善和开放则为零售业的转型升级提供了强有力的支撑。线上线下存在互补与相互促进的关系，线上线下融合已成为零售业的发展趋势，线下传统零售企业开始接受并拥抱互联网，线上零售商也积极开展与线下零售企业的合作，线下零售企业与网络零售企业的合作愈发紧密，零售企业跨行业进入线上线下融合新阶段。

全渠道深度融合向消费者提供了多场景、多种方式的购物体验，丰富了零售供给中的服务内容，促进居民消费结构由商品消费向享受/服务型消费转型。零售业将发展成面向线上线下、各业态门店全客群，提供全渠道、全品类、全时段、全体验的新型零售模式，为消费者提供最佳的购物体验。

行业发展与瞭望

近年来，我国国家层面与零售行业相关的政策如表1-5所示。

国家层面与零售相关的政策

表1-5   近年来国家层面与零售行业的相关政策

发布时间	发布部门	政策名称
2020年4月	商务部	《商务部关于进一步完善重点零售企业联系制度的通知》
2020年5月	国家发展改革委等部门	《数字化转型伙伴行动倡议》
2020年9月	国务院	《国务院办公厅关于以新业态新模式引领新型消费加快发展的意见》
2021年1月	商务部	《国务院办公厅关于以新业态新模式引领新型消费加快发展的意见》
2021年3月	全国人大	《中华人民共和国国民经济和社会发展第十四个五年规划和2035年远景目标纲要》
2022年3月	商务部	《关于促进老字号创新发展的意见》商流通发[2022]11号

零售调研与践悟

任务目的：

通过对零售企业的调研，了解其线上与线下相融合现状，并写出考察报告，同时给出改进建议。

任务条件：

智能手机、摄影机、录音笔等，做好相关的录音、拍照记录。

任务组织：

1. 每4~6人为一组，事前做好小组分工，做好计划，合理分配人力、物力。

2. 分别到零售企业的几家门店进行考察，找出问题。

3. 做好考察的全程记录，最后用充足的证据论证考察报告。

任务成果：

访谈记录一份、调研报告一份。

课后巩固

一、不定项选择题

1. 第三次社会大分工发生在（　　　）。

   A. 原始社会中后期　　　　　　　　　　B. 原始社会末期

   C. 原始社会瓦解、奴隶社会开始形成的时期　　D. 奴隶社会中期

2. 以下选项中不属于零售活动特点的是（　　　）。

   A. 交易规模小，交易频率高　　　　　　B. 即兴购买多，且受情感影响较大

   C. 属于专家购买　　　　　　　　　　　D. 进店购物仍然是顾客的主要购物方式

3. 零售业是反映国民经济发展状态的晴雨表，下面关于零售业作用的选项中，描述正确的有（　　　）。

   A. 零售业承担着把商品从生产领域转移到消费领域的重要任务

   B. 零售业税收在国家财政收入中占有相当大的比重

   C. 零售业为社会提供大量就业机会

   D. 零售业对社会安定起着保证作用

4. 商圈范围小，顾客步行 5 分钟内到达；商品有即时消费性、小容量、应急性等特点，售价高于市场平均水平，营业时间 16 小时以上。这段话描述的是（　　　）业态的特点。

   A. 便利店　　　　　B. 大型超市　　　　　C. 专业店　　　　　D. 专卖店

5. 下列选项中关于业态的判断不正确的是（　　　）。

   A. 在上海开业的开市客（Costco）是百货店　　B. 淘宝天猫平台上的店铺都是网店

   C. 7-11 是便利店　　　　　　　　　　　　　　D. 永辉超市是大型超市

二、思考题

1. 商业的作用是什么？

2. 零售商的职能有哪些？

3. 零售业有哪些零售业态？每种零售业态的基本特点是什么？

4. 零售业的第一次和第二次变革是什么？其革新性的特点有哪些？

5. 新零售与传统零售、电子商务的区别是什么？

三、案例分析

家家悦线上线下一体化运营

　　家家悦是以超市连锁为主业、以区域一体化物流为支撑，以经营生鲜为特色的全供应链、多业态

的综合性零售企业。目前拥有874家直营连锁门店，年营业额超150亿元，从一个区域零售品牌发展成全国性布局的零售品牌。多年来，家家悦坚持区域密集发展、多业态发展战略和商品战略，依靠生鲜核心竞争力和物流区域一体化布局，打造了企业发展的优势。

家家悦的优秀生鲜供应链能力，主要凸显在采购端：企业前身为山东省威海糖酒采购供应站，为国内首批农超对接企业，杂货直采比例达90%，生鲜直采规模超85%，领先同行，从采购端首先奠定满足消费者高性价比多元化需求的基石，并为到家服务打下基础。

随着数字经济和实体经济的深度融合，在零售企业发展的过程中，数字化成为其变革的主要动力。传统商超品牌如何能够实现数字化升级，已成为当下多数零售企业面临的"转型新焦虑"。

2018年上半年，家家悦试点新开了38个以无人智能售货机为主体的智慧微型超市，在门店中进一步推广移动支付、自助收款、人脸识别等新技术手段。

2020年，家家悦在提升供应链、加速区域扩张的同时，一方面优化业态，对老店升级，优化商品结构，加强门店精细化管理，增强精准服务和顾客体验；另一方面，全力打造新一代数字化平台，落地数字化战略，不停探索全场景营销。

面对"宅经济"，2020年年初，家家悦火速推出优鲜小程序，加强新零售业务推广，推动O2O及社区团购业务全覆盖。家家悦优鲜小程序是家家悦集团打造的O2O线上购物平台，围绕家庭生活消费需求，将线上与线下、到店与到家服务全面融合，顾客只需关注家家悦优鲜小程序，通过线上平台下单，以门店为中心的3公里范围内，30分钟"闪电达"服务到家，让顾客足不出户体验品尝美食的感觉。

在线下，家家悦于2022年在门店内推出了"家家悦生活港"。作为家家悦全力打造的新业态，"家家悦生活港"汇聚了全球100多个国家和地区的上千种优质食材，通过"精品超市+特色餐饮+营销新概念"的全新组合，打造即买即食的新消费体验。在线上，顾客关注家家悦优鲜小程序后，在线上选择餐饮熟食、新鲜水果、安心蔬菜、肉禽蛋奶、粮油调味等十大类生活必需品的众多品牌，即可享受送货上门服务。

目前，家家悦形成了生活港业态、O2O到家业务、社区团购、直播电商四大板块的全渠道服务，并将以此为基础继续推进渠道端的线上线下联动，满足顾客全场景服务需求和体验，努力构建中国一流领先的零售企业。

思考题：

1. 家家悦是如何做到线上线下一体化的？

2. 家家悦的零售创新经营给你带来哪些启示？

第 二 章

零售企业战略与
组织结构

学习目标

素养目标

■ 培养学生的坚毅品质、创新精神和战略规划意识

■ 在零售企业经营中树立低碳、绿色、节能、环保的意识

知识目标

■ 了解零售企业战略的定义以及在零售企业经营中的作用

■ 熟悉零售企业战略的类型

■ 掌握零售企业组织结构的类型和建立程序

技能目标

■ 能够制定零售企业战略目标

■ 能够对零售企业战略进行适当的实施和控制

■ 能够根据零售企业的规模来设计合适的组织结构

思维导图

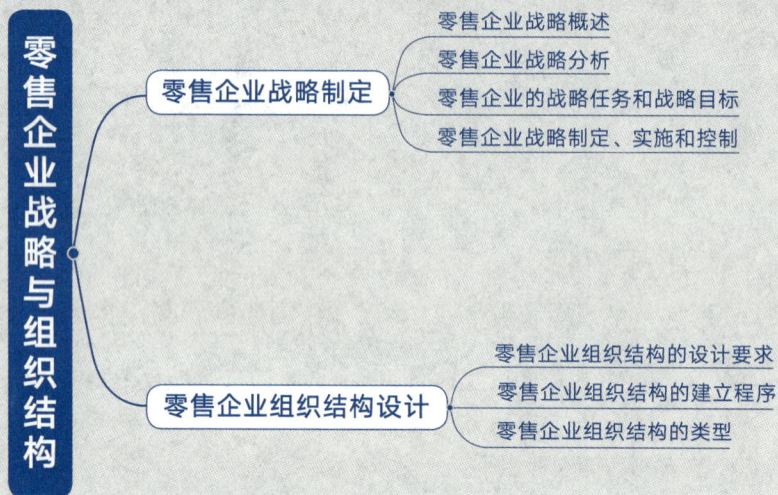

零售企业战略与组织结构

- 零售企业战略制定
  - 零售企业战略概述
  - 零售企业战略分析
  - 零售企业的战略任务和战略目标
  - 零售企业战略制定、实施和控制
- 零售企业组织结构设计
  - 零售企业组织结构的设计要求
  - 零售企业组织结构的建立程序
  - 零售企业组织结构的类型

学习计划

■ 素养提升计划

_____

_____

■ 知识学习计划

_____

_____

■ 技能训练计划

_____

_____

引导案例

国民品牌的发展战略

2002 年，海澜之家在南京建立第一家线下门店。不同于传统男装销售模式，海澜之家引入"量贩式"自主选购模式，迅速为中国男装市场注入了新的气息。20 年后，这家伴随新世纪发展浪潮而生的中国品牌，已经成为中国男装行业知名度较高、实力较为雄厚的代表品牌之一。如今，海澜之家在全国范围内拥有门店超 5 700 家，2022 年营业收入超过 180 亿元；自 2019 年起，连续三年蝉联 A 股上市公司服装行业营业收入第一名，位列 2022 年"中国 500 最具价值品牌"纺织服装行业前 10 名。

百年来有之大变局的到来，深刻改变了中国市场的环境与竞争法则。习惯了高增长节奏的中国品牌，必须在短时间内做出并完成升级改进的变革。而海澜之家新战略的发布，就是快速开启新一次主动求变。

如果说"超级国民品牌"是海澜之家对未来构思的整体映射，那么"三大未来发展战略"则清晰勾勒出这一宏大愿景最终成真的现实路径。一是开启数智化零售新征程——通过"数智化"改造强化产品力、提升品牌力、扩容渠道力，实现线上线下协同共振，拉长品牌增长曲线，全面激活品牌的数字生命力。二是精研门店战略布局——以全新品牌价值赋能渠道拓展，革新门店业态，以"精布局、高品质、强体验"为指引，加速进军地标性商业综合体，打造满足全家人所需的一站式购衣体验。三是发展海澜云服实验室——持续加码研发与技术突围，从面料研发、服装设计、智能制造等方面整体升级，向"科技、时尚、绿色"转型升级，为服装注入科技力、为产业注入生命力。

思考：
海澜之家的战略发展给了我们哪些启示？

第一节　零售企业战略制定

课前思考

什么是零售企业战略？零售企业应该如何制定战略？

战略（Strategy）一词起源于军事活动，其含义是通过对战争全局做出准确的判断而制定的方略。战略是一个被广泛应用于各领域的概念，从最初被应用于军事领域，继而又陆续被应用到政治、经济、外交等各个领域。在现代市场经济环境中，零售企业要生存、发展，关键之一就是要重视零售战略，零售企业战略是零售企业以未来为基点，为赢得持久的竞争优势而做出的事关全局的重大筹划。

一、零售企业战略概述

零售企业战略（Retail Strategy）是零售企业为了长期生存和发展，根据外部条件及内部资源和能力状况，规划未来的发展方向，制定发展目标，并确定经营活动的总体计划和行动纲领。零售企业战略将零售企业在战略方面的经营宗旨、目标、重点的具体活动及控制机制简明扼要地提出来，通过制定零售企业战略，明确目标市场，确定满足目标市场需求的零售方式，并以此建立持久的竞争优势。

（一）零售企业战略的特征

零售企业战略有以下显著特征：

1. 全局性

零售战略是从零售企业的全局出发，根据企业整体发展的需要而制定的。它是有关企业发展的综合性、总体性和全局性的基本方针和总体部署，使零售企业的全部经营活动在其指导下协调进行。零售企业战略要符合整个世界和所在国的政治、经济、技术发展趋势，要符合零售行业的发展趋势，还要符合本零售企业的发展趋势。因此，没有全局观念，就无法制定零售战略。

零售战略
特征

2. 纲领性

零售战略是一种计划，用以指导未来的行动纲领。制定零售战略必须要对未来一定期限的企业外部环境及企业内部条件变化做出预测，成功的零售战略往往是预测准确的战略，精准的战略能够为企业的进一步发展指明方向，指导和激励着企业全体员工为之努力。

3. 稳定性

战略是长期的行动模式，而不是当前的战术问题。零售战略只有在一定时期内保持相对的稳定性，才能在企业经营实践中具有指导意义，不能因为在企业经营中发生了一些枝节性的问题，就随便去修改战略。

4. 动态性

随着科学技术和经济发展速度越来越快，零售企业经营的内外部环境的动态性增强，许多事物具有不可预测性，环境的不确定性因素增多，零售战略的制定和实施只有随时观察企业内外部环境的变化，并及时修改调整，才能实现战略目标。

（二）零售企业战略的类型与层次

1. 零售企业战略的类型

（1）经营战略。经营战略涉及零售企业的业务主题，阐明组织未来的业务经营方针、经营商将服务于哪些类型的顾客、目标顾客需要什么思想和理念等。简言之，经营战略要解决零售企业的经营方向、思想与方针，明确目标市场与定位等基本问题。实践证明，清晰的市场定位对零售企业未来10年乃至更长时间的行动都有基本的指导意义。

（2）发展战略。发展战略与零售企业的盈利能力有关。企业的发展能力取决于盈利能力。在市场竞争中，零售企业要想获得生存和发展，必须创造经济效益，即每个零售企业都必须通过经营活动获取维持生存和发展需要的利润。零售企业的发展战略主要包括财务目标、社会目标和个人目标。

（3）竞争战略。竞争战略涉及零售企业在市场中的竞争地位及要采取的策略。一般来说，竞争地位受组织规模、市场份额、销售额、管理水平、经营效益等因素的影响。

按照零售企业在市场中所处的地位不同，可以把零售企业分为领导者、挑战者、追随者和补缺者四种类型。

（4）扩张战略。扩张战略就是零售企业将来要达到的规模。该战略阐明零售企业在未来5年或更长时间内应该取得多大发展、达到何种规模、选择何种业态、在哪些地区发展、采取怎样的资本运作战略等。扩张战略的核心是规模发展问题。该战略包括地理扩张战略、品牌扩张战略、多元化扩张战略和国际化扩张战略。可供零售企业采用的扩张路径包括滚动发展和收购兼并。

数实融合新视界

数字化助力下沉市场
竞速"万店计划"

新茶饮市场的竞争尤为激烈。从喜茶宣布降价、开放加盟并进入下沉市场以来，原本盘踞在下沉城市的茶饮品牌都有了危机感。在主打加盟的新茶饮品牌中，目前达到5 000家的除了古茗、茶百道，还有沪上阿姨。

2023年4月25日，沪上阿姨宣布了万店计划：计划2023年新增门店3 000家，年底营业门店数预计将会突破8 000家，签约门店超过10 000家。近两年来，沪上阿姨的产品线开始增多，自2021年起，沪上阿姨补充了鲜果纯茶等品类，品牌定位也变成了"沪上阿姨鲜果茶"。官网显示，目前沪上阿姨产品有六大系列，40多款热销单品。

数字化在新茶饮品牌中的地位很高，尤其是尝试鲜果茶这一品类之后。其原因在于鲜果茶让新茶饮成为"劳动密集型"的工种，处理鲜果的方式与效率决定着品牌鲜果类产品推陈出新的效率。在近十年的积累中，沪上阿姨已经实现了小程序点单系统、智能ERP系统等，这些业务系统大多基于第三方SaaS系统开发。收集了大量数据之后，沪上阿姨发现维护系统、打通数据需要的人力成本与时间成本过高。在开启鲜果茶品类之后，沪上阿姨对数字化的需求增加了，因此在2022年，上线了飞书，并实现了数据打通：主数据分发，让收银系统、小程序、外卖系统、业财系统、供应链系统等六大系统都能共用一套数据。

以产品为例，在此之前，沪上阿姨的鲜果茶研发流程不完全固定，上线了飞书多维表格之后，一系列测试过程在飞书上有了完整留存，为品牌研发新品提供了沉淀与标准化路径。沪上阿姨的爆款"鲜炖梨"就是其数字化标志性爆款产品，上市7天，该产品平均每天卖出12万杯。

产品研发的更前端是库存。此前，沪上阿姨总部对库存的进出数据并不完全掌握，引入飞书后，沪上阿姨鲜果茶发起了"100个机器人计划"，在销量之外，还能下钻[①]一层看到门店的库存。供应链部门每早7点准时收到机器人消息，了解各个仓库、各个SKU[②]的进销存数据，合理采购、合理分销、避免积压。

---

① 下钻：是指从当前数据下展到下一层数据。
② SKU：英文为Stock Keeping Unit，即库存进出计量的基本单元，可以以件、盒、托盘等为单位，在零售业中一般指单品。

2. 零售企业战略的层次

（1）企业总体战略。企业总体战略关系到零售企业的资源配置和发展方向，是企业最为重要的战略举措，一家零售企业的成功与否首先在于它的总体战略是否正确，对于大型零售企业来说尤其如此。当一家企业要进入零售行业的时候或者一家零售企业要进入新发展的时候，首先面临的是总体战略的制定，如进入零售业的哪个业态、采取何种组织形式、在什么城市和地区发展等。企业总体战略关系着公司的投资方向和资源配置，关系着公司的组织架构、人力资源，其意义非同一般。

（2）企业竞争战略。企业在市场上必须对基本的经营活动（业务单元）有一个设想，这一经营活动将决定企业经营活动的大致范围，采取哪些经营品种，商品线的宽度、深度和关联度，履行哪些服务职能，以及建立什么样的企业组织形式，确定经营活动所在的城市、区域分布和具体选址。在企业竞争战略制定中可以考虑三种战略：成本领先战略、差异化战略和目标集聚战略。

①成本领先战略。成本领先战略也称低成本战略。当成本领先企业的价格相当于或低于其竞争企业时，它的低成本地位就会转化为高收益。尽管一个成本领先的企业是依赖其成本上的领先地位取得竞争优势的，而它要成为经济效益高于平均水平的领导者，就必须与其竞争厂商相比，在产品别具一格的基础上取得价值相等或相似的有利地位。企业可以通过如经济规模、技术创新、获取最低产品进价等途径，成为一个地区成本较低的零售企业。

②差异化战略。差异化战略是指为使企业产品、服务、企业形象等与竞争对手有明显的区别，以获得竞争优势而采取的战略。这种战略的重点是创造被全行业和顾客都视为独特的产品和服务。在实际生活中，零售业的差异化战略反映了零售业动态和其竞争性的特征。差异化战略可以从形象差异、商品差异、营销差异、选址差异和服务差异等方面着手。

🔲 即学即问

你知道哪些差异化战略？它们由哪些零售企业提出？

③目标集聚战略。目标集聚战略是企业可以选择的第三种基本竞争战略，是指企业通过设计一整套行动来生产并提供产品和服务，以满足某一特定竞争性细分市场（特定的购买群体、特定的产品细分市场、特定的地理市场）的需求。近年来，我国消费者群体中消费偏好多样化的趋势非常显著，零售业内存在大量可细分的市场，每

个细分市场有不同需求，只要选择合适的目标市场，并持之以恒地服务好目标市场，就有可能建立竞争优势。因此，以市场细分为基础的目标集聚战略对于我国零售企业，尤其是中小零售企业应对外来零售企业竞争具有重要意义。

二、零售企业战略分析

战略分析是企业实施战略管理的基础阶段，是制定有效战略的关键环节。零售企业战略分析主要从三个方面展开：一是零售企业的宏观环境分析；二是零售企业的行业环境分析；三是零售企业的内部条件分析。其中，前二者作为零售企业的外部环境，既为企业提供发展的机会，又给企业带来威胁；而对零售企业的内部条件分析在于使企业了解自身的实力，以判断其能否很好地应对外部环境所带来的机遇与威胁。

（一）零售企业的宏观环境分析

宏观环境是指企业所面对的产业外的外部环境，是影响企业的间接环境因素，是各类企业生存发展的共同空间。对于宏观环境的分析主要采用PEST分析模型，即对政治法律环境、经济环境、社会文化环境与科技环境四个子环境进行分析。

1. 政治法律环境

政治法律环境是指对企业生产经营活动具有现存和潜在作用与影响的政治力量，以及对企业生产经营活动加以限制和约束的法律法规等。具体的政治法律环境是指企业所在国家或地区的政局稳定状况、政治经济制度与体制、执政党的路线方针政策，以及所在国家或地区的法律法规等。政治法律环境是影响零售企业发展的重要因素，零售企业必须重视国家和当地政府已经颁布的有关政策和法律，这些政策和法律对零售企业的活动有很大的影响。它既可以使零售企业的经营活动受到保护，也可以使零售企业的经营活动受到制约。

与零售经营有关的政策及法律约束一般体现在对经营商品、价格和零售企业开展促销活动的约束上。

2. 经济环境

经济环境是指一个国家的经济制度、经济结构、产业布局、资源状况、经济发展水平，以及未来的经济走势等。构成经济环境的关键因素包括：利率、税率、汇率、通货膨胀率、失业率、可支配收入，以及GDP的变化趋势等。这些因素共同构成了企业所面临的经济环境，它们相互结合，在整体上影响企业的生存与发展。

对零售企业影响最大的经济环境主要包括国民经济发展状况、消费者收入、消费者支出等。经济环境是影响零售企业经营最重要的外部力量之一，零售企业营销战略的制定与实施，都必须建立在正确认识和把握经济环境的基础上。

3. 社会文化环境

社会文化环境是影响零售企业战略的一个重要因素。社会文化环境包括社会阶层的形成和变动、人口的地区性流动、人口年龄结构的变化、社会权力结构、生活方式、工作方式、价值观、宗教信仰等，这些因素共同作用的结果会影响顾客最终的消费习惯。进行消费者消费习惯的研究对于零售企业而言非常重要，这样有利于零售企业针对自己的目标顾客制定相应的战略。社会文化环境一般包括人口环境、社会环境、消费习俗、道德规范和审美观念等。

（1）人口环境。人口是构成市场的基本因素。哪里有人，哪里就有衣、食、住、行等各种消费需求。在收入水平一定的条件下，一个国家总人口的多少决定了该国市场容量的大小。但是，任何企业都不可能面向所有的人口。因此，除了分析一国或一个地区的总人口以外，还要研究人口的地理分布、年龄结构、性别、家庭单位与人口数等因素。

（2）社会环境。每个人都生长在一定的社会文化环境中，并在一定的社会文化环境中生活和工作，其思想和行为必定要受到这些社会文化的影响和制约。社会文化指在一种社会形态下已经形成的信念、价值、观念、道德规范，以及世代相传的风俗习惯等被社会所公认的各种行为规范。社会文化作为一种适合本民族、本地区、本阶层的观念，强烈地影响着消费者的购买行为，使生活在同一社会文化范围内的各成员的消费需求具有相似性，它体现了消费者购买行为的习惯性和相对稳定性。零售企业必须注意分析、研究和了解社会文化环境。

（3）消费习俗。习俗就是指风俗习惯。一般来说，风俗是指世代相袭固化而成的某些风尚。习惯是指由于重复或练习而巩固下来并变成需要的行为方式。消费习俗是重要的习俗之一，是人类历代传递下来的一种消费方式，也是人类在长期经济活动与社会活动中所形成的一种消费风俗习惯。例如，我国居民每逢农历新年，都要大量购买各种食品、礼品、鞭炮等节日用品，家家户户贴着吉祥如意的春联，有些地方举办庙会、灯会等进行庆祝。在西方国家，人们在圣诞节前会大量购买圣诞树、礼品、各种食品和日用品，互送圣诞贺卡。不同的消费习俗具有不同的消费需求。研究消费习俗，不但有利于组织好消费习俗用品的生产与销售，而且有利于正确、主动地引导健康消费。

（4）道德规范。道德规范是一种社会意识形态，也是一个社会中调整人与人之间、个人和社会之间关系的行为规范的总和。道德规范对消费也有重要影响，不同的道德规范既决定人们不同的交往行为，也决定不同的家庭模式及消费方式。我国向来以"礼仪之邦"著称，我国人民对人与人之间的关系和感情极为重视。个人行为往往习惯与周围环境或他人保持一致。这种重人情、求同步的心理，在消费行为中表现为向多数"看齐"。

（5）审美观念。人们的消费行为归根到底是为了维护每个社会成员的身心健康和不断追求生活的日趋完美。消费者在市场上挑选、购买商品的过程，实际上也就是一次审美活动。这个审美活动的全过程完全由消费者的审美观念来支配。消费者个人的审美活动，表面上看起来纯属个人行为，但实质上却反映了一个时代、一个社会中人们共同的审美观念和审美趋势。近年来，我国人民的审美观随着生活水平的提高，发生了明显变化，消费者逐渐开始追求健康美、形式美、环境美。

4. 科技环境

科学技术在零售业的普遍应用，已经成为现代零售企业创造竞争优势的一个重要来源。毫无疑问，科学技术的应用使整个供应链条的信息流通更为顺畅，从而提高了供应链条的管理效率。同时，电子商务也使零售商有了更广泛的发展空间。科技发展使产业调整、产品更新技术创新的节奏明显加快，产业结构产品结构迅速发生变化，社会生产发展的速度加快。这一方面使社会产品极大地丰富起来，给零售商经营提供了坚实的物质基础；另一方面，也使一些传统的商品经营艰难。另外，科技的发展还深刻地影响着人们的生活方式以及消费需要和消费行为，影响市场商品的供应，进而对零售商的经营产生影响。

科技发展对零售商的物质技术设施、经营管理手段和管理思想更是产生直接的影响。科技对零售企业经营管理的直接影响可以分为三类：创造零售新趋势、使零售交易更有效率、改善零售经营控制。

即学即练

以小组为单位（每4~6人为一组），假设你们经营一家水果专卖店，请分析一下门店外部环境，并写出调研报告。

（二）零售企业的行业环境分析

零售企业的行业环境是对零售企业直接作用最大的外部环境。进行零售行业环境分析的目的在于使零售企业能清晰地判断行业的总体情况、发现行业中所存在的机会和威胁，帮助零售企业把握行业竞争态势，以便帮助企业确定在行业中有利的竞争地位。零售行业环境分析通常采用著名战略专家迈克尔·波特（Michael E.Porter）的五种力量分析模型，具体分析如下。

1. 现有零售企业之间的竞争

目前零售企业之间的竞争是非常激烈的，这主要是源于零售业具有进入壁垒较低、退出壁垒较高等特点。众多势均力敌的大中型零售企业的竞争决定了零售业的利润率水平较低。例如，在我国部分经济发达地区，大中型零售企业的分布已经饱和，由于这些零售企业无论是在经营布局，还是在经营商品品类、档次，甚至服务水平上都极其相似，因此竞争手段只能是采取"价格大战"。同时，大量对利润率预期较低的小零售企业的存在使行业的收益水平进一步降低。

2. 潜在进入者的威胁

由于零售业的进入壁垒低，潜在进入者进入该行业不需要太高的资金要求，对于投资者来说，只要其具备了一定的资金和有经验的管理人员后，就可以轻松地进入，这无疑将加剧目前国内零售企业间的竞争。同时，随着经济全球化趋势的加剧，国外的零售企业也纷纷进入国内市场，与国内零售商展开全方位的竞争，这对于我国零售企业来讲，更具有杀伤力。

3. 替代服务的威胁

对于现有零售企业而言，替代服务的威胁同样不可忽视。替代服务的威胁主要体现在零售业的业态随着社会经济的不断发展，一直在更新。零售业发展至今，已经历了百货业、超级市场、便利店、仓储超市等经营业态，每种业态都是适应当时社会经济发展水平而产生的，在当时的环境下具有竞争优势。

4. 来自顾客的压力

在当前的零售市场上，顾客的力量越来越强，给零售企业带来了巨大的压力。这些压力主要体现为随着顾客自身素质的提高，他们对于商品与服务的要求越来越高。一方面，顾客不但要求零售企业提供物美价廉的商品和较好的服务，而且个性化需求越来越多。另一方面，顾客自我保护意识也显著提高，"顾客是上帝"的意识已经深深地扎根于顾客心中，再加上顾客选择不同零售企业的成本比较低，信息透明度比较高，这对零售企业提出了更高的要求。

5. 供应商的实力

供应商处于供应链的上游，其实力包括生产设计能力、品牌知名度、市场竞争能力、管理水平、市场适宜能力、讨价还价能力，以及与零售企业的合作关系等对供应链的价值创造有直接影响。

（三）零售企业的内部条件分析

零售企业的内部条件是相对于外部环境而言的，是指影响零售企业生存和发展的内部因素。对于零售企业内部条件的分析，其目的在于确定和评价零售企业内部战略要素，从而发现其能力与不足，进而结合外部环境的分析确定其应当采取的战略。零售企业的内部条件分析主要有三种方法：经营资源分析法、企业能力分析法和价值链分析法。

1. 经营资源分析法

企业资源是企业竞争优势的根本源泉，是零售企业参与市场竞争的根本条件。企业资源是指贯穿于企业经营、技术开发、市场营销等各个环节的一切物质和非物质要素，包括有形资源和无形资源。有形资源包括人力、财务、物质、组织等资源；无形资源包括技术与商誉等。资源分析法用于确定企业的资源状态，发现企业在资源上所表现出的优势与劣势，从而找出在资源使用中所需要进行的变革。其主要分析的内容包括现有资源及其利用情况、资源的应变力、资源的平衡性与适应性等。

2. 企业能力分析法

企业能力是企业将资源加以统筹整合以完成预期任务和目标的能力。零售企业的任何单独资源并不能产生实际能力，必须将各项资源进行有效整合与配置才能够产生真正的能力，因此，企业能力实际上是各项资源有机组合后的结果和表现。企业能力往往是多样的，同时是多层次的，存在于企业经营的各个环节和各职能领域。一般把能够帮助企业赢得持久竞争优势的能力称为企业的核心能力。

对于零售企业而言，其能力分析主要集中在以下几个方面：一是企业的管理能力，包括有效的财务控制系统、强有力的领导、各部门的协调、企业文化、企业激励机制等；二是管理信息能力；三是研究与开发能力，包括开设新店的能力、引进新产品的能力、开发新应用技术的能力等；四是门店运营能力；五是分销配送能力。企业能力分析法的目的在于了解企业在各个方面的能力，发现其能力的优势与劣势。

3. 价值链分析法

零售企业为顾客创造的价值大小，满意程度高低实际上是由企业一系列链条的各个活动共同创造的，包括采购、营销、陈列、交货以及起辅助作用的各种活动。这些价值创造活动共同组成的链条称为价值链。

价值链活动可以分为两大类：基本活动和辅助活动。基本活动是企业经营的实质性活动，这些活动与商品实体的流转有关，是企业的基本增值活动。对于零售企业而言，其价值链上的基本活动包括进货分类整理配送、上架陈列、促销宣传、售后服务等。辅助活动是配合基本活动用于完成产品增值目的的活动，包括商品采购、技术开发、人力资源管理，以及零售企业总部的计划、财务、行政和质量管理等活动。

三、零售企业的战略任务和战略目标

（一）零售企业的战略任务

零售企业的任务是其总的经营宗旨，它表明了企业存在的意义。为了确定企业使命，必须认真回答两个问题：现在企业的任务是什么？企业的业务应该是什么？

所有零售企业都必须满足市场的需求以获得生存和发展，但每个零售企业满足这些需求的方式各不相同，这些方式反映了每个零售企业的经营思想以及经营风格。零售企业的任务概括了零售企业将进行的活动类型、范围和指导这些活动的经营思想。

零售企业的任务不应随时间和商品的不同而变化，应相对固定。也就是说，不仅在今天是适用的，而且在今后一段时间仍然是适用的。例如，化妆品商店的任务不应是出售某些品牌的商品，甚至也不是出售化妆品，而是帮助消费者实现美的需要。顾客光顾商店不是为了获得商品本身，而是为了获得某种需要的满足。因此，女装店的主要任务是使女士们更加美丽动人；书店的主要任务是帮助各年龄段的人们拥有丰富的精神世界；礼品店的主要任务是帮助人们更好地表达心意；摩托车店的主要任务是使人们的交通变得快捷、舒适和安全。

（二）零售企业的战略目标

零售企业的战略目标是零售企业在一定时期内，根据外部环境变化和内部条件情况，为完成使命所预期达到的效果或完成的任务。零售企业的战略目标是零售战略的重要组成部分，它为零售企业指明了发展方向和评价绩效的操作标准。零售企业制定的战略目标往往是一个目标体系，包含了对零售活动不同环节所规定的目标。

零售企业的战略目标主要有以下五个：

1. 经营目标

经营目标是指确定企业的经营范围，如零售企业将会服务于哪些类型的消费者、目标顾客需要什么、企业要经营哪些商品等。由于资源和能力的限制，面对众多的消费需求，零售企业只能选择部分消费者作为自己的目标市场，并据此确定经营范围。零售企业决策者必须通过各种方式进行细致的市场调查，通过分析市场选择适合于自己进入的目标市场，最后进行商品定位。

2. 财务目标

财务目标是针对零售企业经营活动的效益、经营达到的效果，以及在市场中的地位提出的目标。零售企业的财务目标主要包括：①利润指标，如销售利润率、资产利润率、资本利润率、每股收益等；②运营效率指标，如单位面积营业额、人均销售额、商品周转率等；③市场地位指标，即企业在当地市场零售额中所获得的销售份额，它反映了零售企业的销售业绩和行业地位，一般用市场占有率表示。

3. 社会目标

社会目标是指零售企业满足消费者选购商品需要、履行社会责任的目标。社会目标包括：社会公平，是指零售企业在经营活动中不能欺骗生产厂家、供应商和消费者，不诋毁竞争者；社会责任，是指惠泽社会所应承担的企业责任。零售企业的社会目标具体包括满足消费者需要、向顾客提供服务、依法纳税、提供就业机会、积极支持各种公益活动等。

数实融合新视界

科技战略驱动高质量发展

2023年，永辉超市（以下简称"永辉"）平台多品类产品受益消费回暖趋势，销量持续走高。稳步复苏的经营成果是外部环境改善，叠加科技永辉战略驱动下，永辉全渠道业务融合加速、供应链数字化转型有效推进、组织变革卓有成效等诸多因素共同作用的结果。

2022年，永辉科技投入约7亿元，"科技永辉"战略取得显著进展。截至2022年年底，永辉规模化投入的包括数据中台在内的基础设施已基本搭建完成。同时，永辉技术团队自主研发的全链路零售数字化系统"YHDOS"也已成为全渠道发展战略、数字化能力建设的系统基石，在2022年已完成全国门店覆盖。

在数字化技术的支持下，永辉继续推进线上线下全渠道业务融合。在线上，永辉通过到家业务，聚焦仓配、商品、用户，不断打磨夯实基础业务能力，更好地服务偏好线上消费的年轻群体。此前业绩预告显示，2022年永辉线上业务销售额保持了21%的增长。在线下，永辉持续对门店进行迭代升级，优化商品及营销，提升线下门店服务和效率。

与此同时，永辉还以数字化为手段，加速对供应链、组织等的变革赋能。在数字化供应链建设方面，永辉持续进行升级，建设稳定、柔性、高效、透明的数字化供应链。此外，借助数字化力量，永辉基本完成了组织架构优化，加强了平台能力建设，自主灵活性和经营效益不断提升。

未来，围绕助力推动线上线下消费深度融合、发展城市社区便民商业、完善农村快递物流配送体系等目标，永辉将以满足用户多场景消费需求为导向，发力品牌年轻化，营造"好逛、好玩"的新型门店，并坚持以科技赋能供应链，以数字驱动增长，建立起质量更高、效率更高的全渠道运营体系。

4. 个人目标

个人目标是指零售企业提供的与员工有关的、满足其工作和生活需要的目标。它包括员工生活与工作基本条件满足目标、员工发展机会目标等。

5. 形象目标

零售企业形象是公众对零售企业的印象和评价。良好的企业形象是企业的一笔重要无形资产，也是企业竞争优势的来源。良好的企业形象主要表现为高知名度、高美誉度等。

零售战略目标以财务目标为核心，相互联系，构成有机整体。在实践中，这些目标可以分解到各个经营环节和经营部门，甚至经营单位。

四、零售企业战略制定、实施和控制

零售企业战略是指导零售商的整体经营规划或行动框架，它考虑的是零售企业如何确定一系列行动从而对环境及时做出反应，内容涵盖零售企业的使命、目标顾客、整体经营计划和具体行动方案，以及控制方法。

（一）零售企业战略制定

有效的战略规划能够保护零售企业免受竞争性攻击的伤害，零售企业战略的制定一般包括以下五个阶段：

1. 定义零售企业使命

零售企业使命是零售企业对业务类型及其在市场中的独特角色的承诺，反映了企业对消费者、员工、供应商、竞争者、政府及其他相关者的态度。主要回答以下三个问题：

一是业务应基于商品和服务种类，还是基于目标消费者的需求？

二是企业打算在市场上充当领导者还是跟随者？零售企业可能制定一种独特的战略，成为市场领导者；也可能效仿竞争者的方法，但比竞争者做得更好。

三是市场范围确定为广泛的顾客群还是较窄的顾客群。大型连锁商店因其资源和品牌认知度所致，通常追求广泛的顾客群；小型零售商集中于一个较窄的顾客群通常是较好的选择。

2. 制定零售企业目标

零售企业目标，指零售企业所希望达到的长期或短期绩效标准，它来自零售企业使命，并能够对零售企业使命进行详细、精确的描述和指导。零售企业目标不仅有助于制定战略，而且有助于将企业使命转化为行动。零售企业追求的目标一般分为两种：市场绩效，即将一个企业的市场行为与它的竞争者进行对比；财务绩效，即分析企业是否可以获得一个能够维持运营的利润水平。此外，有些零售企业可能也会建立社会目标及个人目标。

行业发展与瞭望

我国各省份零售业发展目标

"十四五"期间，我国各省份零售业发展目标如表2-1所示。

表2-1 "十四五"期间我国各省份零售业发展目标

省份	"十四五"发展目标
江苏	到2025年，消费贡献显著提升。社会消费品零售总额年均增速保持在6%以上，消费对经济增长的年均贡献率提高到60%左右。跨境电商等模式加快发展
浙江	到2025年，全省网络零售额超过3.2万亿元，年均增长约8%，网络零售规模占全国零售规模的份额稳中有升，继续走在前列
上海	消费规模稳步提高，社会消费品零售总额率先超过2万亿元，电子商务交易额达到4.2万亿元左右，保持全国城市首位

省份	"十四五"发展目标
北京	到2025年，社会消费品零售总额年均增速4%左右。网络零售规模持续增长。网络零售年均增长率保持在15%左右；实现每百万人口拥有连锁便利店（社区超市）330家，全市连锁化、品牌化、规范化早餐、便利店（社区超市）、蔬菜零售等8项基本便民商业服务功能的全市社区覆盖率100%
福建	到2025年，社会消费品零售总额达到25 520亿元，年均增长率达到6.5%
天津	到2025年，社会消费品零售总额突破4 500亿元，商品销售总额突破4万亿元
湖南	力争"十四五"期间，全省社会消费品零售总额年均增长7%左右
山东	到2025年，社会消费品零售总额力争达到3.9万亿元，年均增长6%；新型消费不断壮大，实物商品网络零售额占社会消费品零售总额的比重达到全国平均水平
河南	到2025年，社会消费品零售总额年均增长7.5%左右，达到3.23万亿元左右
广西	争取到2025年，广西电子商务交易额年均增长20%，交易额超过10 000亿元；网上零售额年均增长25%，超过2 800亿元；电子商务相关从业人数超过150万人
云南	到2023年年底，建成25个省级文旅融合示范区、夜间文旅消费集聚区
河北	到2025年，力争网络零售额达到4 400亿元，年均增长率达到10%以上
安徽	力争到2025年，全省社会消费品零售总额达到2.8万亿元以上，网络零售额达到3 600亿元
内蒙古	实体商业加速转型，电子商务交易规模持续增长，新技术、新业态、新模式蓬勃发展
海南	到2025年，社会消费品零售总额3 340亿元，年均增长率10.5%，消费拉动经济增长的基础作用更加凸显。网络零售额年均增长率25%
四川	到2025年，社会消费品零售总额达到3万亿元，网络零售额达到9 000亿元
青海	"十四五"时期，全省社会消费品零售总额年均增长6%左右，全省网络零售额、实物网络购物交易成交额、跨境电子商务交易额年均分别增长10%
宁夏	到2025年，电子商务网络零售额达到350亿元以上

3. 进行战略分析

战略分析是对即将或已经开业的零售企业所面临的机会和威胁并结合零售企业的优势和劣势进行客观评价的过程。常用的分析工具是SWOT分析，它把PEST分析和竞争力分析的成果结合在一起，并和零售企业的战略能力结合起来。

优势（Strengths）：零售企业拥有哪些重要的竞争性优势（更低廉的价格、更恰当的店址、更勤奋的员工等）？擅长什么？顾客如何理解零售企业的强项（例如，钱花得最值）？

劣势（Weakness）：竞争者拥有哪些本企业不具有的竞争优势？竞争者在哪些方面做得比本企业好？本企业最大的内部缺点是什么？

机遇（Opportunities）：什么样的环境趋势能够使本企业受益？本企业所面对的市场竞争情况如何？与本企业紧密相关的行业领域中有哪些还没有发展起来？

威胁（Threats）：本企业将来的经营会受到哪些不利环境趋势的影响？市场中将会出现哪些影响本企业的新技术？

4. 选择目标市场

目标市场是指零售企业希望吸引和满足的消费群体。零售企业在选择目标市场的过程中，可供选择的策略有三种：大众营销，即向范围广泛的消费者销售商品和服务；集中营销，即圈定一个有限的消费群体；差异化营销，即以两个或更多有明显差异的消费群体为目标市场，并对其采取不同的零售策略。

超市和药店一般选择大众营销，小型高档女装店一般选择集中营销，百货商店一般选择差异化营销。各类零售企业成功的关键在于确定目标顾客群，并拥有以独特的方式满足顾客需求的能力。

5. 确定零售整体战略

零售企业在对本企业可以直接加以影响的变量及本企业无法控制而只能适应的变量进行研究之后，确定零售整体战略。这一战略主要包括三个任务：设法让消费者走进本企业的实体新店或网站（店）；通过他们购买商品，把这些购物者转变为顾客；在保持顾客期待的服务水平的同时，尽可能地降低上面两步（使购物者进入你的商店，并把他们转变为顾客）所需的运作成本。

数实融合新视界

大卖场的新发展

2022年，在跌宕起伏的外部环境下，大润发顶住压力，经历了各种挑战。在供应商的支持下，大润发最终在大卖场行业的市场份额达到28.6%，增长了1.1%。在数字化运营方面，2022年大润发首次推出会员积分活动，会员可参与免费抽奖、积分换购、品类满减、积分翻倍、品牌加码等活动，通过用户数字化运营，大润发精准刻画用户画像，洞察消费者习惯与爱好。

通过精准的用户分层与需求洞察，大润发将聚焦"带娃一族""银发一族"，以及有"银发"帮忙带娃的三代同堂家庭，为目标用户提供价值，并落地四大发展战略。

第一战略是以性价比为基础，为用户提供差异化商品。大润发将给予该类商品分销、商品陈列、内容营销、试吃试用等全链路的支持，目标是在2024财年，差异化商品占比达到10%。

第二战略是打造线下体验中心，提供场景化体验和服务。大润发将在200家门店做出一元体验店、差异化商品的免费试吃点，以及升级化的门店杀鱼宰肉和切水果服务，目标在于让消费者购物的过程能多10分钟，从而达到更多的购买转化。

第三战略是打造线上履约中心，提供确定性、稳定性的品质体验服务。为此，大润发建设了16个生鲜仓和品质控制部门。希望通过生鲜非标商品的标准化，在门店推出系统性的效期管理，实现品质的提升和稳定性。

第四战略是坚持多业态展店，为企业业绩增长创造第二增长曲线。新的财年，大润发还将通过多业态、全渠道的展店拓展覆盖半径和覆盖用户数，坚持做到"场景上小就是大，商品上少就是多"。

（二）零售企业战略实施

当零售企业制定了自身发展和竞争战略后，就要付诸实施，只有这样才能够实现企业的战略目标。由于在实施战略的过程中，企业的外部环境和内部环境都在不断变化，因此需要对整个战略实施过程进行监督控制，以便进行必要的信息反馈和调整。

实践证明，零售企业战略实施并不能轻而易举、水到渠成地对资金、时间和人力进行安排。因此，零售企业战略实施较之战略分析和战略选择来说，可能涉及面更广，问题也更多。

1. 零售企业战略实施涉及的因素

零售企业战略实施涉及的因素很多。实践证明，只有当影响零售企业战略实施的各种因素相互匹配时才会成功。根据麦肯锡公司的研究，战略实施与几个重要因素密切相关，构建了著名的"麦肯锡7-S模型"。它认为，卓越企业非常重视7个管理因素的协调，即战略（Strategy）、结构（Structure）、制度（System）、作风（Style）、人员（Staff）、技能（Skill）和共同价值观（Share Values）。将上述7个"S"因素在组织中相互结合，组成一个互补互助的管理体系，才能够保证战略的顺利实施。在这个模型中，7个"S"分别表示以下内容：

（1）战略：企业取得竞争优势的长远发展筹划。

（2）结构：组织结构。

（3）制度：规定的制度和例行程序，如会议方式、业务流程、财务预算系统等。

（4）作风：主要领导人为实现组织目标所采用的方法、技巧，以及企业的传统。

（5）人员：企业内部人员的分工与安排，尤其是重要员工的分工。

（6）机能：主要员工或整个企业独特的能力。

（7）共同价值观：企业长期形成的宗旨和经营哲学等。

2. 零售企业战略实施的内容

（1）建立完成零售企业战略计划的组织。根据零售企业的战略要求，建立与之相适应的、分工合理的组织结构来执行与其战略要求相一致的各种短期计划。

（2）围绕零售企业战略目标有重点地配置资源。按照战略要求，合理地分配资源，使零售企业能够将有限的资源集中用在战略实施上，为此要搞好零售企业各部门战略项目规划及预算。

（3）创造良好的零售企业战略实施环境。零售企业战略实施必须要有良好的实施环境，为此应当树立和调整企业文化，使其与零售企业战略要求相适应，从而保证零售企业战略能在和谐有序的内部气氛中彻底贯彻。

（4）设置零售企业战略管理支持系统。制定有助于零售企业战略实施的政策和程序，建立零售企业战略信息报告系统，完善内部控制机制，以保证战略方向不偏离预定目标。

（5）发挥零售企业战略实施中的领导作用。在零售企业战略实施的过程中，企业领导人要发挥重要作用，坚定不移地推动战略实施，同时要协调内部各部门的关系，激发员工的潜力。

（三）零售企业战略控制

零售企业战略控制是监督零售企业战略实施过程，及时纠正偏差，确保零售企业战略有效实施，使零售企业战略实施结果基本符合预期计划的必要手段，也是零售企业根据其战略决策的目标对战略实施过程进行的控制。之所以要进行战略控制，主要原因在于企业内外部环境在不断变化，致使原有的企业战略不大符合实际；或者由于企业战略本身有重大缺陷或目标不明确，在实施过程中难以贯彻，偏离了战略计划的预期目标；或者在企业战略实施过程中，受企业内部某些主客观因素变化的影响，偏离了战略计划的预期目标。

零售企业战略控制主要包括以下几个步骤：

1. 制定控制的定量和定性标准

控制标准是零售企业进行战略控制的关键项目，项目控制需要采用定量和定性相结合的方式，体现出企业一定的期望。

2. 测量执行过程中的实际效果

实际效果是零售企业在执行战略过程中实际达到的水平。零售企业一般通过信息渠道把各种战略目标执行情况汇集起来并进行整理。为了准确衡量实际效果，零售企业必须制定出具体的衡量方法以及衡量范围。

3. 比较控制标准和实际效果的差异

由于零售企业本身是一个开放、动态的系统，因此企业内部条件和外部环境因素是在不断变化的，也就有可能导致实际结果与预期目标之间出现差异。为此就必须将实际效果与控制标准之间进行对比，确认两者之间的差异程度。找出差异度大的，尤其是影响到零售企业战略总目标的差异，对导致这种差异出现的原因进行分析，找出真实原因。

4. 判断差异情况，采取纠正措施或维持现状

零售企业将实际结果与控制标准进行比较，可能出现以下三种情况：

（1）实际效果达到或超过控制标准，但在合理范围内，属于弱偏差，表明企业战略执行正常，零售企业可按原计划继续执行。

（2）实际效果尚未达到控制标准，但仍在合理范围内，属于弱负偏差。如果判断是具体零售企业战略计划执行中出现的问题，则一般采取战术纠正措施，以确保战略目标的顺利实现。

（3）实际效果偏离控制标准较大，如果判断是外部环境引起的重大原因，还是原先制定的战略目标不当，应视具体情况进行综合分析，必要时采取战略纠正措施，或调整目前的战略目标。

执善向上与坚守

以创新为内核提升行业服务标准

家居业作为重要的民生行业，是满足人民对美好生活向往的重要载体，是实体制造业不可或缺的一部分。居然之家作为行业领军企业，在原有基础上，提出将继续把握好家居企业发展的大趋势，在"融入、绿色、健康、智能"等方面下功夫，加大技术研发力度，加强数字化应用创新，加快人才培养。同时积极按照党的二十大精神中关于建设"网络强国、数字中国"的要求，在家居资源共享网络平台上下功夫，在产品质量溯源上下功夫，在"线上+线下"的销售渠道上下功夫，不断引领行业技术创新，推动产业链、价值链协同融合发展。

从"先行赔付"的服务首倡到"洞窝"数字化产业服务平台的转型升级，创新是居然之家从小卖场到大品牌的成功之匙。居然之家以创新为内核，不断迭代行业服务标准，持续推动数字化转型。未来居然之家以数字化为牵引，提升全链路线性服务能力，完成新时代家装家居产业服务的闭环，为行业打造数字化转型模板。居然之家在坚持做好主业的同时，联合众多行业知名品牌共同为"双碳"事业发出倡议；与中国标准化研究院达成合作共识，加强科研项目开发、技术服务推广、绿色低碳标准研究；加强绿色卖场建设，打造绿色卖场样板；建立员工绿色环保基金，支持绿色环保公益事业，全面推进绿色环保产业的发展变革。

居然之家始终秉持"改善人民家居环境和提升人民美好生活"的使命与初心，积跬步，至千里，以大格局、大思维、大战略，推动行业发展，打造大国大品牌。居然之家的企业使命是：为推进新型工业化，加快建设制造强国、质量强国而不懈努力。

党的二十大报告强调坚持"两个毫不动摇""坚持把发展经济的着力点放在实体经济上"等论述，为零售企业的发展明确了方向，坚定了零售企业的信心和决心。

零售调研与践悟

任务目的：

让学生全面、准确认识零售企业战略的基本知识，能够根据企业不同业态类型来设计合理的战略。

任务条件：

计算机、访谈提纲设计。

任务组织：

1. 每4~6人为一组，其中一人担任组长，其他人由组长根据任务需要进行分工。

2. 每组选择一家校企合作企业，对该企业现有的战略进行调研分析。

3. 各组汇报调研方案，展示调研成果（限时5分钟内），由每组选出的评委进行评
   价，并提出可行性建议。
4. 注意调研内容的原创性，不允许完全借鉴别人的劳动成果。

任务成果：

零售企业战略调研分析报告一份。

第二节　零售企业组织结构设计

课前思考

选择某一家门店，分析其零售企业组织结构是什么。

一、零售企业组织结构的设计要求

零售企业组织结构是指零售企业从事零售业务的基本形态和结构。一家零售企业
为了维持正常运转，设置不同的部门和机构，建立分工合作的体系是必要的。组织结
构是组织活动的载体，一家零售企业往往同时面临提高内部效率和增强外部适应性的
要求，也就是零售组织结构设计必须满足三方面的需要：目标市场的需要、企业管理
部门的需要和员工的需要。

（一）目标市场的需要

零售企业作为一种企业组织，其经营活动的根本目的以及存在和发展的基本条件
就是保持盈利。零售企业通过向顾客提供品种繁多的商品和适当的服务来谋利。一方
面，这些商品和服务能否满足顾客的需要，将决定该零售企业是否有利可图，或者是
否有存在的价值。另一方面，经营商品的结构和提供服务的内容又影响组织结构的设
置，例如，提供昼夜服务就要求设置店面经营人员轮班。因此，建立零售企业的组织
结构必须认真研究目标市场的需要，例如：能否提供比较舒适的购物环境；能否以适
当的价格水平提供所需要的服务（如送货、昼夜服务或晚间经营）；能否提供品种齐
全的商品，保证随时货源充足；能否适应顾客需求的变化、反馈顾客需求信息、及时
处理顾客投诉意见等。

（二）企业管理部门的需要

从管理的角度理解组织结构，需要注意组织结构的设置应该考虑管理部门提高经营管理水平的需要，主要包括：考虑企业管理幅度、管理层次、管理规模与员工素质的关系；注意处理好集权和分权的关系；注意处理好企业正式组织与非正式组织的关系。

（三）员工的需要

满足员工的需要，实现有效激励，是组织结构设计应考虑的重要方面。

员工的需要通常表现在：工资是否满足基本要求，权责关系是否明确，人际关系是否和谐，联系渠道是否畅通，是否能得到奖励，是否有充分的发展前途，是否具有晋升计划，职务内容是否有挑战性等。

零售企业的员工不仅要掌握相关的商品知识，还要懂得人际关系和沟通技巧。因此，他们的工作绝不是简单的操作，而是技术性的、复杂性的工作。零售业的这一技术特点，要求其组织结构具有一定的灵活性，给员工一定的管理和决策权；同时，零售企业的组织结构强调横向沟通，在这种组织中，有时口头沟通可能比规范的书面沟通更有效。

二、零售企业组织结构的建立程序

零售企业组织结构的建立程序大致可以分为四个步骤：首先，要清楚必须由本零售企业承担的各项职能；其次，将这些职能分解为具体的工作任务；再次，将相关的工作任务进行归类，设计出不同的组织岗位并划分部门；最后，明确各个部门和岗位的权责和信息沟通渠道。具体如下：

（一）明确要履行的商业职能

职能分析是建立组织结构的起点。通常，零售企业的典型职能有以下几类：

1. 战略管理

战略管理包括选择商店位置，确定零售方式，制定零售战略等。

2. 商品管理

商品管理包括采购，运输，接收、检查进货数量，库存管理，价格确定等。

3. 店铺管理

店铺管理包括客户调查、信息交换、顾客接触（如广告、人员推销）、商品修理与更换、顾客回访与抱怨处理，以及橱窗陈列和设施维护（如保持店铺整洁）等。

4. 运营管理

运营管理包括信息管理、销售预测和预算、便利购物条件的创造、账簿管理、送货、商品退换与退还，以及人员管理等。

上述各项职能并不一定全部由零售企业承担，某些职能可以由制造商、批发商、专业人士（第三方企业）或顾客来履行。例如，可以将一部分配送到店铺的商品运输工作交给制造商来完成；可以将市场调研、销售预测等信息收集处理工作交给批发商来完成；可以将运输职能和仓储职能交给第三方物流公司来履行等。

对于零售企业而言，只有目标市场迫切需要的且没有更合适承担者承担的职能才能由自己去承担，这种职能往往也是零售企业的核心职能。将部分工作任务外包，可以使零售企业降低非核心能力之外的运营成本，当然这种外包可能会使零售商失去对某些活动过程的控制力。

（二）把职能活动分解成具体的工作任务

零售企业的组织结构决定了零售企业中每名员工应该承担的具体任务，以及零售企业的权力线和责任线。职能是按业务范围的大类划分的，一种职能可能包括多种具体工作任务。零售战略决策方面的工作任务主要由高层管理人员来承担，他们包括首席执行官、总裁，以及代表股东利益的董事会。战略管理包括制定零售战略、确定目标市场、决定零售方式、设计组织结构。

零售企业运营方面的工作任务由运营经理负责，他们的工作任务包括商品管理和商店管理，并且贯彻执行零售企业的战略计划，制定能够直接影响零售企业经营业绩的日常决策。商品管理包括商品采购、确定评估供应商、采购谈判、订货、控制商品库存数量、制订采购预算计划、分配库存商品、检查开架购物位置和存货位置、商品定价、确定初始零售价格、调整价格。商店管理包括招聘与培训商店人员、制定工作时间表、维护商店设施、评估商店管理人员业绩、确定展示位置并展示商品、向顾客出售商品、维修和更换商品、提供捆绑赠品和送货服务、处理顾客投诉、进行实物盘点、防止存货短缺。

零售企业的行政管理人员提供有关信息来帮助运营经理贯彻执行企业的战略计划，负责制订实施战略的具体计划，并确定计划实施步骤。具备人力资源管理、财务、会计、管理信息系统、广告和市场调研等专业知识的员工为零售企业提供相应的行政支持。

（三）设立岗位，明确职责

零售企业确定了所要执行的任务之后，这些任务便被归集成职位。零售企业应结合自身特点，根据实际工作的需要，坚持"因事设岗，按岗择人"原则，建立岗位规范制度，合理确定岗位职责，明确每个岗位的职责和工作任务，并根据岗位工作的难易繁简程度和责任轻重，确定岗位系列和档次，建立岗位分配制度、培训制度、考核制度、奖惩制度等，发挥组织最佳的整体效益。

（四）建立组织结构

零售企业在建立组织结构时，应明确规定和划分各项职务及其相应职责，还必须规定各项职务之间的关系，不应该孤立地看待各项职务，而应该从系统观点出发，把它们看作整体中有机联系、相互作用的各个组成部分。这样，零售企业就能按照综合、协调的方式，根据各项职务及其相互关系的要求建立相应的组织结构，形成健全、统一、有机协调的零售组织结构，并且以图表形式表示零售组织结构内部的层次、部门和权力分布关系。

三、零售企业组织结构的类型

零售组织有不同的结构类型，本章主要涉及小型独立商店、百货商店、连锁零售商店所采用的组织结构。

（一）小型独立商店

小型独立商店没有分支机构，其业务一般由商店所有者自己打理，由于交易量有限，人员不多，结构简单，一般没必要进行专业化分工。小型独立商店的每一名员工负责的范围都很广，所有者则负责所有的管理任务，也没有分支机构。

图2-1为小型独立商店组织结构图。它的优点是：反应快速、灵活，运营成本低，责任明确。缺点是：只对小型组织适用，当组织规模扩大后仍沿用这种组织结构会导致高层信息超载。

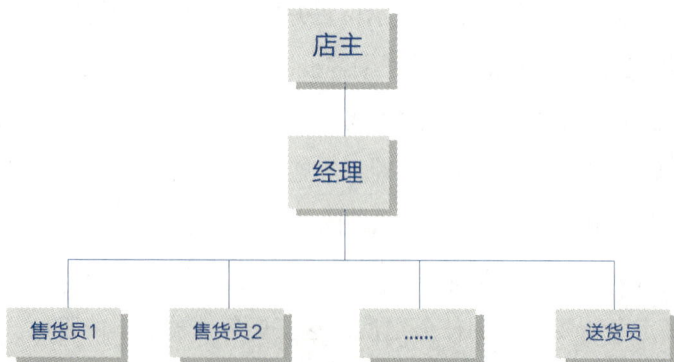

图 2-1　小型独立商店组织结构图

请思考身边有哪些门店采用小型独立商店的组织结构？

(二) 百货商店的组织结构模式

在许多大中型百货商店中整个零售活动分别由财务部、商品部、公关宣传部、商店管理部四个职能部门负责，分管四个职能领域：财务与控制、商品销售、公关宣传及商店管理。这些职能部门的任务如下：财务部负责商品统计、报表编制、销售核查、开支预算和控制，信用审查、薪金发放等；商品部负责采购、销售、库存计划与控制；公关宣传部负责橱窗设计和店内陈列、广告、促销、市场调研、公共关系等；商店管理部负责商品保管、顾客服务等。这四个职能领域依据组织结构和职能结构组织起来，例如，某百货商店的组织结构模式见图2-2。

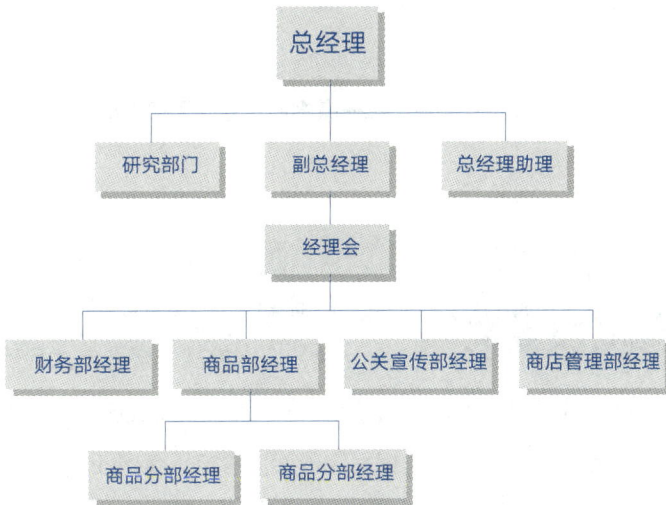

图 2-2　百货商店的组织结构模式

(三) 连锁零售商店的组织结构模式

连锁零售商店通常采用一种平等的组织结构。这种形式的一般特点是：采购职能（如预测、计划、采购、定价、把商品运送到分店、促销）均采用集中管理；销售职能（如商店陈列、推销、顾客服务、商店运营）由各分店管理；各销售点（包括总店）的待遇是平等的；采购人员不受总店人员的监督。

连锁零售商店的组织结构模式如图2-3所示。连锁零售商店的组织结构有以下特征：①划分多个职能部门，如促销、商品管理、配送、商店运营、人事和信息系统等；②权责高度集中，各分店经理负责销售；③运营标准化（固定设备、商店布置、建筑设计、商品服务等）；④完善的控制系统使管理保持一致；⑤为了更好地适应当地的情况，分店实行了一定程度的分权，并增加了分店经理的责任。

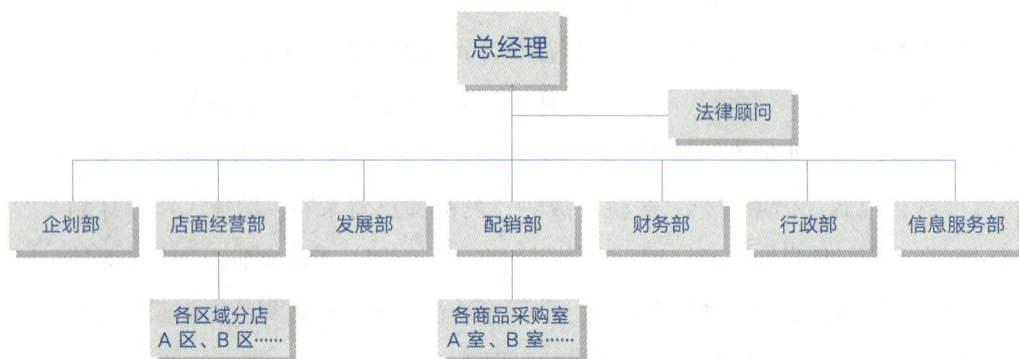

图 2-3　连锁零售商店的组织结构模式

即学即练

以小组为单位（每2~4人为一组），选择一家零售企业，了解其组织结构形式并通过图表形式展示。

执善向上与坚守

创新赋能高质量发展

当下，中国经济向高质量增长转型，品牌影响力愈加彰显。中国品牌抓住机遇，迎接挑战，塑造自主品牌，赶超国际强势品牌，成为企业需要攻克的重要课题之一。品牌建设应该从两方面入手，一是筑牢根基，做好产品和服务；二是发挥品牌价值，勇担品牌责任。

在提升产品和服务方面，企业不能故步自封，要勇于创新，打造核心竞争力。在精准洞察消费者需求的基础上，君乐宝不断打破国外垄断，创新品类，升级产品，先后推出A2型奶牛奶粉、优萃有机奶粉，并推出低温鲜奶悦鲜活、零添加蔗糖简醇酸奶、旗帜鲜活奶粉等，均得到消费者的广泛认可。2021年，投资5亿元的奶业创新研究院投入使用，从土壤研究、牧草种植、奶牛遗传与育种、乳品工艺技术到新产品开发及全产业链研发，推动君乐宝高质量发展。

同时，君乐宝还创新营销模式，与消费者深度沟通，通过投放广告、公关传播、冠名热门综艺、线上线下渠道联动等多种方式，让消费者能够更深刻地了解君乐宝，以全方位的视角去审视消费者多元化、碎片化的需求，通过创新产品产生共情。

在品牌价值塑造上，君乐宝积极承担社会责任，以民族品牌的担当勇担社会责任。作为农业产业化国家重点龙头企业，君乐宝以先进的资源配置打造奶业产业集群、建设奶业"延链补链强链"项目，促进乡村实现产业强、农村美、农民富。在邢台威县、张家口察北、石家庄灵寿、河南正阳等地，君乐宝积极响应党的二十大报告提出的"建设宜居宜业和美乡村"的号召，通过推动乳品工厂、牧场建设带动农民增收，直接帮扶村数200余个，人口18 000余人，增加近4 000多个就业岗位，其中直接吸纳人口就业2 000余人，年人均增收4万~5万元。

君乐宝乳业将责任担当化为企业前行的动力，在推动企业发展的同时坚持为社会和谐发展贡献力量，彰显了君乐宝乳业的深厚责任。未来，君乐宝乳业仍将把责任延续成基业长青的不竭源泉，以实际行动促进中国乳业全面振兴，并为经济社会的高质量发展贡献力量。

零售调研与践悟

任务目的：

让学生全面、准确地学习零售企业组织结构的基本知识，能够根据不同零售业态类型来设计合理的组织结构形式。

任务条件：

具有拍摄功能的手机或其他设备、访谈提纲等。

任务组织：

1. 每4~6人为一组，其中一人担任组长，其他人由组长根据任务需要进行分工。

2. 每组选择某一业态的门店，对其组织结构进行调研分析，并形成调研报告。

3. 各组汇报调研方案，展示调研成果（限时5分钟内），由每组选出的评委进行评价，并提出可行性建议。

4. 注意调研内容的原创性，不允许完全借鉴别人劳动成果。

任务成果：

调研报告及PPT一份。

课后巩固

一、不定项选择题

1. 企业通过设计一整套行动来生产并提供产品和服务，以满足某一特定竞争性细分市场属于（　　　）。

   A. 差异化战略　　　　　　　　　　B. 目标集聚战略

   C. 低成本战略　　　　　　　　　　D. 通用战略

2. 零售企业将会服务于哪些类型的消费者、目标顾客需要什么、企业要经营哪些商品属于零售企业战略的（　　　）。

   A. 财务目标　　　　　　　　　　　B. 经营目标

   C. 社会目标　　　　　　　　　　　D. 形象目标

3. 没有分支机构的零售企业组织结构是（　　　）。

   A. 小型独立商店　　　　　　　　　B. 百货商店

   C. 超级市场　　　　　　　　　　　D. 连锁零售商店

4. 零售企业宏观环境分析包括（　　　）。

   A. 政治法律环境　　　　　　　　　B. 经济环境

   C. 社会文化环境　　　　　　　　　D. 科技环境

5. 零售企业的行业环境分析，除了零售企业之间的竞争，还包括（　　　）。

   A. 潜在进入者的威胁　　　　　　　B. 替代服务的威胁

   C. 来自顾客的压力　　　　　　　　D. 供应商的实力

二、简答题

1. 什么是零售战略？零售战略的主要特征是什么？

2. 零售战略类型有哪些？主要特征是什么？

3. 零售战略目标的主要内容是什么？

4. 零售企业组织结构建立的程序是什么？

5. 零售企业组织结构的类型有哪些？

三、案例分析

请根据以下案例，谈谈门店如何根据市场形势调整发展战略。

深化趋势性商品开发战略，永辉积极开发水产、肉禽类"预制菜"

继2022年5月上新多款小龙虾预制菜后，永辉自有品牌持续扩充产品矩阵，不断丰富商品项，以满足消费者的消费需求。在2022年6月，永辉旗下自有品牌"永辉农场"除了原有的整虾系列产品外，还推出了十三香、麻辣、蒜蓉三种口味的虾尾新品。

凭借价格及品质优势，新品上线后即获得消费者的大量关注，2022年6月以来，三款产品的销售量超10万件，增长势头良好。同时，配合小龙虾的食用场景，永辉也引入了麻辣田螺等趋势新品，销售额持续增长中。

在肉禽类产品方面，永辉目前主要以牛羊肉卷、火锅食材、方便菜/预制菜系列及调理鸡肉系列四大产品线为主。截至目前，在预制菜方面，围绕一人食消费场景，永辉已开发东坡扣肉、干笋烧肉、泡椒鸡杂、鱼香肉丝、卤香干炒5款预制菜，并于2022年7月初在重庆、四川、陕西、云南四省推出。在产品烹饪方式上，消费者只需要取出内包装袋，在沸水中加热8~10分钟即可食用，一包菜搭配一碗白米饭可轻松烹饪出美味一餐。此外，结合年轻人对预制菜多元化口味的需求，永辉也积极、持续性地开发预制菜新品，包括烤串、拌饭料等创新产品。

而对年轻消费者口味的精准洞察及对趋势单品的打造策略，源于永辉背后对建设稳定、柔性、开放、高效供应链的坚持。通过科技赋能业务，永辉不断重塑年轻化、场景化的品类结构和陈列，通过数字化建设、大数据中台，实现商品质与效的大幅提升。

这一能力建设也反馈在季节性生鲜产品的销量增长上。例如，永辉围绕生鲜单品黑虎虾进行的开发，就是建立在活虾分类下的结构增量开发上，整个2022年6月，黑虎虾成为表现较为亮眼的增量单品。

此外，永辉地域属地化商品开发力度也进一步加大。如辐射福建省区的福清花蛤，7月1—13日销售额同比花蛤类目销售增长30%。结合暑期及即将到来的品蟹季，永辉后续还将上线具有属地化特色的大闸蟹、海藻海蜇、活贝、黄蚬、生蚝、鲍鱼等水产类新品。

艾媒咨询数据显示，2022年中国预制菜市场规模为4 196亿元，同比增长20%。2022年53.6%的中国消费者消费预制菜次数增多，43.6%的消费者保持不变。

永辉生鲜供应链负责也指出，永辉将强化生鲜核心优势，完成供应链数据治理模型、机制与规则应用，推动供应链的数字化变革，持续打造稳定、柔性、高效、透明的供应链体系。

思考题：

1. 当前市场竞争压力下零售企业发展的困境有哪些？

2. 永辉是如何进行战略调整的？给你带来什么启示？

第 三 章

消费者洞察

学习目标

素养目标
- 培养学生爱岗敬业、顾客至上的职业精神和服务意识
- 引导学生树立合法经营意识，在会员管理中加强消费者个人信息保护
- 了解消费者真正的需求，在企业经营中培养创新意识

知识目标
- 了解消费者的人口统计特征和消费方式
- 熟悉影响消费者购买行为的因素
- 掌握消费者的数字化管理方式

技能目标
- 能够进行消费者数据收集并描绘顾客画像
- 能够制定精准营销的方案
- 能够制定企业的会员管理制度
- 能够习得顾客洞察能力，具备顾客沟通技巧

思维导图

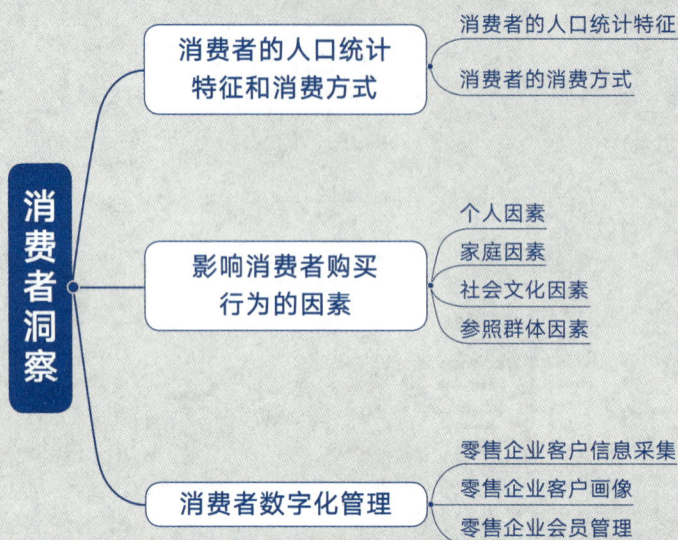

消费者洞察
- 消费者的人口统计特征和消费方式
  - 消费者的人口统计特征
  - 消费者的消费方式
- 影响消费者购买行为的因素
  - 个人因素
  - 家庭因素
  - 社会文化因素
  - 参照群体因素
- 消费者数字化管理
  - 零售企业客户信息采集
  - 零售企业客户画像
  - 零售企业会员管理

学习计划

■ 素养提升计划

_____

_____

■ 知识学习计划

_____

_____

■ 技能训练计划

_____

_____

引导案例

国货老牌自行车的突围

1992 年，"凤凰"牌自行车的营业收入曾一度占到了上海市 GDP 的 1%，这是一项非常了不起的数据。然而，谁也没想到，风光一时的自行车市场没有再创新高，反而日渐低迷起来。

首先，自行车市场经过了几十年的膨胀，已经达到了相当饱和的地步了。其次，随着时代的变化，人们的需求渐渐有了进一步的拓展。再加上汽车开始进入日常生活中来，"永久""凤凰"这些老牌自行车开始退出社会舞台，如果这些企业没有成功转型，没有迎合时代而改变，就存在没落的危机。

令这些老品牌雪上加霜的是，"捷安特""美达利"等中高端外来品牌的自行车开始抢占自行车市场。由于人们对于骑行运动文化的热爱，这些外来品牌早就改变了自行车"代步"功能的定位，自行车已经是一种运动、文化、健康生活的象征。这导致了新一代消费者抛弃了旧观点，吸纳了这些新兴文化和新品牌。

针对消费者需求的变化，这些国货老品牌开始调转方向，重新进行品牌定位，通过线上线下渠道开发新的消费者群体。2011 年，"凤凰自行车官方微博"在新浪微博正式开通。2013 年，微信公众号"凤凰自行车"正式开通。

2018 年，是"凤凰"品牌荣耀的一年。"凤凰"牌自行车中国凤系列"龙翔凤舞"等车型入选国家领导人赠礼。"凤凰"牌自行车将和谐仁礼的东方文化以车为载体，以礼,为精神，至精至微铸就国礼，不仅展示了中华民族的悠久历史和灿烂文明，也体现了不同文明兼容并蓄、共同进步。

思考：

1. 你认为这些传统自行车企业面临的主要困境是什么？
2. 你对国货崛起有什么合理化建议？

第一节　消费者的人口统计特征和消费方式

🔖 课前思考

在新零售背景下，消费者需求发生了哪些变化？

消费者是以个人消费为目的而购买使用商品和服务的个体社会成员。消费者与生产者及销售者不同，他们必须是商品和服务的最终使用者，而不是生产者和经营者。也就是说，他们购买商品的目的主要是用于个人或家庭需要，而不是经营或销售，这是消费者的本质特征。对消费者的关注是一个零售企业成功的起点，也是成功的关键，这就需要零售企业了解消费者的人口统计特征和消费方式。

一、消费者的人口统计特征

消费者的人口统计特征，一般体现在年龄、性别、收入水平、职业、受教育程度和地理区域六个方面。

（一）年龄

消费者的消费行为会随着年龄的变化而呈现出不同的特点，不同年龄层的消费者有着不同的需求结构和消费心理。一方面，不同年龄阶段的生理发育状况会制约消费心理的发展；另一方面，不同年龄阶段的消费者面对的社会环境也有很大差异，其社会化的内容和过程也因年龄而异。一般而言，可以将消费者按年龄划分为四个群体。

1. 少年儿童消费者

少年儿童消费者群体是由初生婴儿到14岁的消费者组成的群体。此年龄阶段的消费者一般不充当购买者的角色，但他们会直接或间接地影响父母的购买行为。他们没有形成成熟的消费观念，往往只关注商品包装的结构、造型和外观，很容易被结构简单（特别是具有仿生结构的商品）、色彩明快鲜艳、图案充满童趣且具有娱乐功能的商品吸引。儿童一般消费经验较少，对商品的认知主要依靠商品的包装外观，对商品的品质、产地、生产日期和包装的功能、材料、环保等问题则缺乏认知。在消费活动中，儿童极易模仿周围其他人的消费行为，且年龄越小，模仿性越强。但随着年龄的增长和消费观念的日趋成熟，儿童的这种模仿性消费行为逐渐被有动机、有意向的消费心理取代。

2. 青年消费者

青年人热情奔放、个性张扬、活力四射，他们追逐时尚，大多喜欢尝试新鲜事物，商家推出的新产品对他们很有吸引力，他们往往也很容易成为这些新产品的消费者。在商品日益丰富的今天，青年人拥有追求时尚、个性的完备条件，选择也更加多元化。针对青年人的商品应多考虑富有个性、时尚的设计，紧跟时代潮流，抓住青年人的消费心理特点。

当今的青年人生活在信息时代，层出不穷的信息、数码和电子产品对他们具有很强的吸引力，最新款的手机、数码相机、笔记本电脑等都是青年人喜爱的科技类产品，且更换频率较高。青年人对新技术的应用很敏感，容易接受新概念。科技类产品包装应多运用现代科技的图形、文字、色彩，以便激发消费者对高科技产品的购买欲望。

3. 中年消费者

中年消费者是指年龄为35~60岁的人群。这一群体收入高，购买力强，购买经验丰富，消费计划性强，冲动消费行为少，购物过程理性化。中年客户由于大多经历丰富，心理状态更加成熟，购物也会更加理性，他们要购买某件商品，就会直接找到这个商品，而不会左顾右盼。他们的资金相对充裕，购买力强。中年消费者事业已基本稳定，收入相对可观，但这不代表他们会胡乱消费。相反，因为有家庭和事业上的责任，他们的投资更加理性和谨慎。

4. 老年消费者

老年消费者是指年龄在60岁以上的人群，他们的消费心理成熟，对商品和品牌的忠诚度高。老年消费者一般生活阅历丰富，对商品和品牌的偏爱一旦形成就很难改变。因此，企业要重视老年人的这一消费心理，要坚持使用商品的包装和商标，要有品牌意识，加强品牌形象宣传。企业在不断改进产品包装设计的同时，还要继续提高产品质量，真正做到表里如一，以此树立良好的品牌形象，赢得老年消费者的支持和信任。

老年消费者购买的商品以实用方便、物美价廉为主，针对老年消费者，企业要有务实精神，多把注意力放在商品质量上。此外，在营销方面，态度要热情诚挚，服务要周到细致；在商品售后方面，商家要对老年消费者进行及时回访，表达问候和关切之情，并认真聆听他们的建议，尽量满足他们的要求。

🗷 即学即问
近几年便利店在我国获得了快速发展，你认为便利店的消费者主要是哪类人群？

（二）性别

男性和女性由于生理和生活需要的区别，导致产生不同的社会心理，从而在消费心理和购买行为上表现出很大的差异性。

1. 男性消费者购买行为的特点

（1）购买行为有明确的目的性和理性。与女性相比，男性常常是在感觉到缺什么的时候再去购买商品，所以他们购买的目的性很强。另外，男性购物比较理性，不会因为商场打折促销而大量购物。

（2）购买动机形成的迅速性和被动性。男性消费者在认识到某种需求之后，会很快将其转化为购买动机，并采取购买行为。同时，男性消费者的购买动机也很被动，其形成往往是因为外界影响，如家里物品缺乏，或者是朋友委托。

（3）购买过程的独立性和自信性。对熟悉的商品，男性消费者在购买时很少货比三家，在购买过程中不喜欢售货员烦琐的介绍，表现得比较自信，较少受到外界因素的影响，也不会轻易改变自己的决定，往往会根据自己的需求和偏好来选择适合自己的商品。

2. 女性消费者购买行为的特点

（1）购买行为的主动性与购买目标的模糊性。与男性消费者购买动机的被动性相比，女性消费者的购买行为具有较大的主动性。一般来说，女性比较喜欢"逛"，女性大多数消费行为是在逛商场或网店的时候产生的，即使事先并不打算购物，但在逛的时候看到合适的商品或者打折商品，也可能会顺便买回来一些，因此产生成就感，购买目标比较模糊。

（2）购买行为受环境因素的影响较大。女性在选购商品时很容易受到外界环境的影响。比如商场环境、购买氛围，以及营业员推销等。在这些环境因素的影响下，女性消费者容易出现从众行为。从这方面讲，女性比男性更容易出现冲动型购买。

🗫 即学即问

如何快速判断进店顾客是有目的的购买者？

（3）注重商品的具体利益。女性消费者更重视所购买的商品能给她带来什么使用价值，商品的具体利益越显而易见越好。大多数女性在购买商品的过程中会货比三家，谨慎仔细地比较利害得失，追求商品的物美价廉。

(三) 收入水平

收入水平是决定居民消费水平的根本因素，不同收入水平的消费者一般具有不同的消费行为及心理特征。

1. 高收入消费群体的消费行为及心理特征

(1) 品牌偏好明显，受文化需求的影响大于价格上的利益。高收入群体多为高学历、高品位、高消费需求的"三高"消费群体，易于接受新事物和大品牌，并会由此产生相应的品牌偏好。

(2) 购买数量较大，购买频率较低。高收入群体忙于工作，他们在生活上很有可能表现出极大的不规律性，没有足够的时间购物。因此，他们每次购物的数量往往较大，而购买频率相对较低。

(3) 购物期望值较高。高收入消费者受其经济收入的影响，在购物时期望买到品质较高的商品，在售前服务和售后服务等方面也要求较高。

2. 低收入消费群体的消费行为及心理特征

(1) 注重价格。对低收入消费群体而言，对价格的关注尤为突出，倾向于购买物美价廉、性价比较高的商品。

(2) 购物数量少，购物频率较高。他们的单次购物金额很小，但是购物频次很多，有时一天就会产生数次购买行为。

行业发展与瞭望

薪酬新变化

智联招聘发布《中国企业招聘薪酬报告》，报告显示，2023年第二季度，38城企业平均招聘薪酬为10 266元/月，同比小幅上升1.6%。可见，在经济恢复期企业用工成本扩张趋于谨慎，招聘薪酬增速放缓。

报告称，在智联招聘监测的全国38个核心城市中，第二季度上海、北京、深圳、杭州、苏州的薪酬处于领先水平。上海以13 486元招聘月薪跃居榜首。北京以13 438元招聘月薪位居第二位。深圳（12 774元）、杭州（9 743元）仍然分列第三位和第四位。2023年第一季度长三角的南京、宁波、无锡、合肥，珠三角的珠海、东莞、佛山，以及厦门、武汉、长沙、成都、重庆等城市招聘薪酬也较高。东北地区哈尔滨、沈阳、长春等城市薪资仍然偏低，太原、石家庄等城市招聘薪酬也缺乏竞争力。

行业方面，2023年第二季度基金/证券/期货/投资行业薪酬最高，达到13 737元。电子技术/半导体/集成电路行业排名升至第二位，招聘薪酬为12 175元。新能源/电气/电力行业招聘月薪9 284元，也进入行业平均薪酬排行榜前十位。在"双碳"目标下，我国新能源行业进入快速发展期，能源企业纷纷加快能源项目建设，新能源汽车市场的旺盛增长带动新能源电池产业的大幅上升，企业人才招聘数量较快增长，行业整体招聘薪酬持续走高。

（四）职业

随着现代经济社会的发展，人们的职业分工越来越细，职业对人们社会生活的影响日益加深，不同行业消费者的消费习惯和消费心理都有所不同，消费者会根据自己的职业做出购买决策。例如，如果一个中学教师需要一套新的运动服，他会以学校的着装要求为指导进行购买；如果一个私人教练需要新的运动服，他会根据雇主的要求进行购买。

（五）受教育程度

对于受教育程度较高的人群来说，购买商品进行消费的边际成本比受教育程度较低的人群要低，这主要是因为受教育程度较高的人群的平均收入较高，因此他们愿意更多地消费。另外，随着受教育年限的增加，人们对于正收入弹性的商品，也就是高质高价商品的需求更高。

教育程度还可以影响人们的消费者偏好，以及消费认知。比如，受教育程度越高的群体，越愿意购买新产品并加快产品的更新换代。

即学即练

选定某种具体产品，如手机、服饰等，以小组为单位进行调查，分析不同职业、收入水平、受教育程度对该种产品消费行为的影响，并分析其原因。

（六）地理区域

地理区域对消费者行为的影响主要体现在以下两个方面：第一，不同地理区域具有不同的气候、文化与民族，因此导致不同的生活形态和偏好。例如，南方吃大米的人比北方要多。第二，地理区域的发展与经济结构可能随着时间的推移而产生巨大的变化。例如，随着西部大开发政策的推进，西部地区的发展速度加快。所以，对于零售企业而言，预测地理区域的发展与经济结构转变并预先做好部署和规划，对于未来的目标达成很重要。

二、消费者的消费方式

广义的生活方式是指人们生存和活动的方式。狭义的生活方式是人们与消费资料结合的方式，即消费方式。消费方式是由生产方式决定的，生产方式的社会性质决定了消费方式的社会性质；生产方式的自然形式决定了消费方式的自然形式；生产方式改变了，消费方式也要相应改变。消费方式反作用于生产方式，与生产方式相适应的消费方式，可以为生产开拓市场，促进生产力的发展和生产关系的完善；落后或超越生产方式的消费方式会妨碍生产力的发展，破坏或损害生产关系的进步和完善。随着科学技术的进步和生产力的发展，人们的消费方式也日趋发展，如方便食品、家用电器、现代交通及信息工具的出现，创造了前所未有的消费方式，改变了人们的生活方式。

（一）消费方式的分类

消费方式可以分为消费者个体直接进行的消费和社会集体统一组织的消费两种基本形式。前者是消费者（包括具有消费决策权利的个人和家庭等）既作为消费的组织者，又作为消费者而进行的消费，它通过直接独立占有和支配消费对象而实现；后者是由社会集体作为消费的统一组织者，组织消费者进行的消费行为。

消费者个体直接进行消费的必要性主要有两方面的原因：一是消费是消费者个人生活中的一部分，消费者的需要千差万别，社会必须尊重其自行安排生活的权利；二是消费者既有独立的物质利益，又有独立的消费权利。

社会集体统一组织消费的必要性，也出自两方面的原因：一是某些消费对象就其自然属性来说，不可能分割为众多单位供消费者单独消费，只能以社会公共消费的形式进行消费；或者以社会公共消费形式进行消费取得的消费效果更佳。这类消费对象往往由社会提供，并由社会规定消费准则，统一组织消费者消费。这类消费对象的消费往往不采取向消费者逐一收费，即不通过商品交换的形式进入消费，如电视、广播等公共消费设施。二是社会为了实现社会政治、经济、文化、福利等社会目标，必须对消费者的某些消费给予一定的统一组织，以保证消费者共同的消费权利并规定相应的消费责任。比如，为了提高人口素质、保障生命财产安全，或为了实现社会成员的全面发展，社会以免费、低价或补贴的形式向消费者提供教育、劳动保险、医疗等劳务和医药卫生用品等物质消费品，使其不完全经过市场交易而具有社会公共消费的性质。

消费者个体直接进行的消费和社会集体统一组织的消费，在满足生活需要上是相互补充、相辅相成的。但在消费基金总量不变的情况下，两者也有矛盾的一面。在分配消费基金时，要统筹兼顾、全面安排，根据这两种基本消费形式的地位与作用，使两者保持适当的比例。

（二）消费方式的制约因素

消费方式是人们生活方式中重要的组成部分。某种消费方式的形成，不是人们主观随意选择的结果，而是受多种社会因素和自然因素的决定和影响。

（1）消费方式取决于一定的生产力发展水平和一定的生产方式。个体的生产方式决定了个体的消费方式。而当个体的生产方式向社会化生产方式转变时，个体的消费方式也就向社会化的消费方式转变。

（2）适应一定生产力的生产关系也决定着一定的消费方式。社会主义制度决定了人们在实现物质文明的同时也要实现精神文明，强调消费要有益于身心健康和社会进步。

（3）消费方式还要受到产品自然属性的制约，每一种特定的产品都采用特定的方法来消费，如观赏电影就要有放映电影的电源、拷贝和相应的放映设施。

（4）消费方式还要受国家或地区的地理环境、资源条件、民族传统、风俗习惯和伦理道德规范等多种因素的影响。

消费方式并不是消极地被生产等因素所决定，良好的消费方式会反过来给生产力和生产方式以积极的影响，促进国民经济良性循环和人民生活需要充分满足。

即学即问

零售企业如何突破社会环境和自然环境因素的制约？

（三）消费方式的变化趋势

人们的消费方式随着时代和其自身经济条件的变化，也在不断地发展变化着，其发展趋势体现在如下几个方面：

1. 男性消费者在购物中角色的变化趋势

随着人们生活条件的改善，男性消费者增加了购物和照看家庭、从事家务的机会，增加了过去只有女性才会购买的清洁用品、母婴用品、儿童食品等的购买机会。

2. 女性消费者在购物中的变化趋势

随着女性社会地位和经济收入的提升，女性消费者可以购买从家庭用品到电子产品、汽车等各类产品，更愿意接受表现女性把握自己生活的广告。

3. "宅"经济的兴起

消费者为了休闲或工作，"宅"经济的生活方式出现了。例如，老年人退休在家，以及信息技术发展带来了居家办公的机会。由此，线上购物、在线教育、生鲜电商、在线问诊、远程办公等新的消费方式得到较快的发展。

4. 时间压力带来新的生活方式

时间压力带来的新消费方式表现在以下几个方面：

（1）快时尚。人们越来越追求快速消费和更新换代，推动了快时尚产业的发展。

（2）外卖配送。由于时间紧张，越来越多的人选择通过外卖平台订购餐饮和日用品，外卖配送业务得到了发展。

（3）在线教育。人们选择通过在线教育平台学习，各种在线教育平台得到了发展。

（4）远程办公。远程办公成为新的工作方式，各种远程办公工具得到了发展。

（5）视频会议。为了降低差旅成本，视频会议软件成为人们工作的必备工具。

（6）自助服务。由于时间紧张和人力成本上升，自助服务成为新的消费方式，例如自助结账、自助咖啡机等。

5. 生活中自我意识的提高

自我意识的提高带来消费方式的变化表现在以下几个方面：

（1）个性化需求。消费者更加注重个性化需求，希望生产者能够满足他们个性化或小众化的需求。

（2）消费者渴望被关注。希望企业可以根据他们的需求定制化生产和开发。

（3）社交媒体的影响。社交媒体让消费者能够更加方便地表达自己的个性化和需求，同时让生产者更加了解消费者的需求。

（4）品牌意识的增强。随着消费者自我意识的提高，他们更加注重品牌形象和价值观，选择与自己价值观相符的品牌。

（5）环保意识的提高。消费者更加注重产品的环保性和可持续性，选择环保型的产品。

（6）服务质量的提高。消费者对服务质量的要求也提高了，他们更加注重产品的品质和售后服务。

执善向上与坚守

以消费者需求
倒推研发

2023年两会期间，全国人大代表、巴彦淖尔市三胖蛋食品有限公司（以下简称"三胖蛋食品"）负责人表示，产品品质是驱动消费的重要因素。未来，高品质产品的消费市场空间更大，因此企业要从源头提升产品品质。此外，企业应加强市场调研，从消费者需求出发倒推研发。

随着国家的经济发展和国民生活水平的提升，消费者对高品质农产品的需求不断扩大。这是三胖蛋食品对市场的判断。位于巴彦淖尔市的三胖蛋食品是一家专注做瓜子的食品企业，该企业打造了从种子研发、种植、深加工到销售、品牌推广的全产业链模式。品质是产品的基础，而对农产品而言，好的品种才是品质的保证。因此，三胖蛋食品希望从源头加强种业创新。

三胖蛋食品强调，做企业坚持全产业链模式，不仅要从上游看下游，也要从下游看上游。其中，"从下游看上游"就是要从消费者需求出发。过去，该企业做产品时没有站在消费端去考虑，习惯性地认为好的品种就是抗病性好、产量高的品种。但实际上，有些自认为高品质的产品并不受消费者青睐，产品在市场上推不开。

为了更适应消费者的需求，三胖蛋食品加强了市场调研，从消费者需求出发，倒推优质品种研发方向。如今，三胖蛋食品每季度至少会调研一次，询问消费者对产品口味、包装等方面的意见。"比如南瓜子市场，很多消费者反映自己并不是不爱吃南瓜子，而是觉得南瓜子味道好但是不好嗑，一嗑就碎了。"经过品种改良，三胖蛋推出了更容易嗑的南瓜子产品。企业生产产品最终都要卖给消费者，满足消费者的需求、解决消费者的痛点才是企业未来的发展方向。

"很多中小企业，尤其是偏远地区的中小企业，其产品产地好、品质好，但就是因为没有把握好消费者需求、品牌意识淡漠，产品卖不出去。内蒙古河套平原有着'世界葵花之乡'的美誉，但长期有品类无品牌。要真正吸引消费者，除了产品好，品牌建设也同样重要，要让消费者能记住你的品牌。"三胖蛋食品负责人说。

谈及做品牌的经验，三胖蛋食品认为，品牌建设需要长时间耕耘，需要企业下定决心，持续投入资金加强品牌推广，同时需要创业者和团队不断学习提升眼界，要有好的品牌策略，钱要花在"刀刃上"。

党的二十大报告中明确提出"创新才能把握时代、引领时代"。零售企业只有分析消费者的购买行为，发掘目标消费者需求，有效细分市场，积极进行产品创新，才能正确地进行产品定位和目标市场定位，从而增强企业的综合竞争力。

零售调研与践悟

任务目的：

能够根据所学知识对消费者进行人口统计特征及消费行为调查和分析。

任务条件：

智能手机、计算机等。

任务组织：

1. 每4~6人为一组，其中一人担任组长。
2. 选定学校周边商业区的某个零售企业，对其商圈的消费者进行调查分析。
3. 分析该零售企业的定位及商品特点，分析该零售企业的定位及其销售商品是否与消费者需求匹配。
4. 针对该零售企业的定位及销售商品提出合理化建议。

任务成果：

分析报告一份。

第二节　影响消费者购买行为的因素

课前思考

消费者行为会对零售企业产生哪些影响？

消费者行为也称消费者购买行为，是消费者围绕购买生活资料所发生的一切与消费相关的个人行为。消费者行为一般表现为五个阶段：①确认需要。消费者受内在的生理活动或外界某种刺激的影响产生某种需要。②搜集资料。消费者通过相关群众影响、大众媒介物宣传，以及个人经验等渠道获取与商品有关的信息。③评估选择。消费者对所获信息进行分析、权衡，做出初步选择。④做出购买决定。消费者最终表示出购买意愿并产生购买行为。⑤购后效果评价。包括购后满意程度和对是否重购的态度。影响消费者行为的因素众多，主要体现在以下四个方面：

一、个人因素

消费者购买行为首先受其自身因素的影响，这些因素主要包括：

（一）消费者的经济状况

消费者的经济状况即消费者的收入、存款与资产、借贷能力等。消费者的经济状况会强烈影响消费者的消费水平和消费范围，并决定着消费者的需求层次和购买能力。消费者经济状况较好，就可能产生较高层次的需求，购买较高档次的商品或服务。相反，消费者经济状况较差，通常只能优先满足衣食住行等基本生活需求。

（二）消费者的职业和社会地位

不同职业的消费者，对于商品的需求与爱好往往不尽一致。例如，一个从事教师职业的消费者，一般会较多地购买书报杂志等文化商品；而对于时装模特儿来说，漂亮的服饰和高雅的化妆品则更为需要。消费者的社会地位也影响着其对商品的购买。社会地位较高的消费者，通常会购买能够显示其身份与地位的较高级的商品。

（三）消费者的年龄与性别

消费者对商品的需求会随着年龄的增长而变化，在不同年龄阶段，相应需要各种不同的商品。如在幼年期，需要婴儿食品、玩具等；在老年期，则更多需要保健品和延年益寿的产品。不同性别的消费者，其购买行为也有很大差异。数码类产品较多为男性消费者购买，时装、首饰和化妆品等则多为女性消费者购买。

（四）消费者的性格与自我观念

性格是指一个人特有的心理素质，通常用果断或犹豫、热情或孤僻、外向或内向、创意或保守等去描述。不同性格的消费者具有不同的购买行为。果断型消费者在购买中表现出大胆自信，而犹豫型消费者在挑选商品时往往顾虑较多。外向型消费者希望导购人员多介绍商品，而内向型消费者则更希望自行选择商品。

二、家庭因素

家庭是消费者个人所归属的基本团体。消费者购买活动一般以家庭为单位，但是购买的决策者通常不是家庭这个集体，而是家庭中的某个成员或某几个成员。不同的家庭成员对购买商品具有不同的实际影响力。在一般家庭做出购买决策的过程中，通常可以发现家庭成员扮演着五种主要角色。①提议者。提出购买建议，促使家庭其他成员对商品发生兴趣的人。②影响者。提供商品信息和购买建议，影响挑选商品或服务的人。③决策者。有权单独或与家庭其他成员一起做出买与不买决定的人。④购买者。购买商品的人。⑤使用者。使用所购商品或服务的人。至于家庭中多少人充当这些角色，什么人充当哪些角色，则要根据每个家庭的不同情况和他们所购买商品的不同而变化。

从所购商品的因素来划分：对于不同的商品，家庭成员发挥的作用也不同。如购买家庭食品、日用杂品、儿童用品、装饰用品等，女性的影响力较大；购买五金工具、家用电器、家具用具等，男性的影响力较大；购买价格高昂、全家受益的大件耐用消费品，以及有文娱、旅游方面的支出时，往往全家人共同协商。家庭中儿童对购买特定类型商品，如点心、糖果、玩具、文体用品等，会产生较大的影响。

三、社会文化因素

社会文化因素是指人类在社会历史发展过程中所创造的各种文化现象的总和，包括民族传统、风俗习惯和价值观念等。

（一）民族传统

各民族都有自己的文化传统。如中华民族一向有勤劳、节俭的传统，在消费上表现为重积累、重计划等。在选择商品时追求实惠耐用，勤俭持家，反对奢侈浪费。

（二）风俗习惯

不同的国家和地区都有其独特的风俗习惯，这些风俗习惯有的是因历史而形成的，有的是因自然环境、经济条件所决定的。例如，在我国，有中秋节吃月饼，端午节吃粽子的传统，因此每年的中秋节和端午节，都会出现对月饼和粽子的购买热潮。

> **即学即问**
>
> **除了月饼和粽子，你还知道哪些节日性食品？你觉得应该如何推广？**

(三) 价值观念

价值观念是指人们对事物的是非与优劣的评判原则和评判标准。在改革开放前,中国消费者认为标新立异是不合群之举,这种观念反映到服装消费上,便是追求朴素、大众化的格调。而改革开放后,人们的价值观念发生了重大变化,在购买服装时更多地倾向于式样、面料、色彩的新颖,注重服装与个性的协调,追求个性化。

行业发展与瞭望

十大消费者洞察趋势

凯度咨询发布了《2023年十大消费者洞察趋势》报告,帮助所有零售企业了解市场及消费者的变化,把握市场增长趋势。

1. 消费持续理性,走向"长期主义"

消费者愈发重视消费的规划性,并不断通过更理性、更谨慎的消费选择来维持生活品质。企业需减少对流量的依赖,转向真正以满足消费者需求为导向。

2. 长期财务规划意识提升

消费者的长期财务规划意识逐渐形成,规避风险成为第一要务。超六成中国消费者的理财风格偏于保守,对理财产品的持有时间也有所上升。

3. "银发经济"持续升温,银发一族消费力旺盛

"银发经济"呈现出更多元的需求趋势,除了传统的日用品、保健品和老龄化产业外,老年消费者的需求也体现在数字化、娱乐、教育和社交层面。

4. 环保意识持续提升,深度贯彻可持续消费理念

消费者的环保意识持续提升,可持续消费已成常态理念。越来越多的消费者在日常生活的各个方面积极履行绿色承诺,愿意为环保付出精力和金钱。二次换新、闲置循环成为新风尚。

5. 数字公益高速发展,助力公益成为社会文明新风尚

基于对社会价值实践和时代使命响应的热切关注,消费者的公益行动力持续提升。在数字技术的扶持下,数字公益的蓬勃发展让人们看到数字技术赋能公益的全新生命力与巨大发展潜力。

6. 全生命周期健康关注突显,消费者争做自己健康的第一责任人

第一,消费者对健康生活的持续向往,专注高质量养生,健康市场正在从"治病"市场向"治未病"市场不断延伸;第二,消费者关注精神健康与自我疗愈,重

视消费体验，对产品仪式感和氛围感有较高需求；第三，消费者对免疫力的关注度持续高涨，提升免疫力成为消费者的长期追求。

7. 人们向往自然逃离倦怠，户外体验沉淀为一种文化符号

消费者渴望摆脱生活倦怠感，回归生活本质。持续多年的户外风潮，作为回归自我、保持松弛的生活方式，逐渐褪去"专业化"和"场景化"门槛，沉淀为一种文化符号。

8. 情感和陪伴需求持续上升，"陪伴经济"持续升温

人们开始重新追求人与人、人与社会的联结和守望，对情绪共鸣和深度陪伴的亲密关系诉求持续上升。消费场景也在人们建立或加深情感连接的过程中逐渐被细化和延伸，带来"陪伴经济"的持续升温。

9. 元宇宙概念持续升温，虚拟偶像、数字孪生业态加速

元宇宙为时下的社交方式注入新活力，许多企业开始致力于研究高级虚拟形象，搭建起品牌与年轻消费者沟通的桥梁。数字孪生也被应用于文化传媒行业，各地政府积极推动搭建与现实世界共生的数字孪生世界，完成现实世界在数字时代的升级和延展。

10. 体验型消费重新焕活，线下业态加速复苏

随着可支配收入的提高，消费者对个性化、差异化消费体验的追求也随之提升。数字经济和实体经济的深度融合更是让消费者重拾"逛街"带来的乐趣，加快了线下消费场景的复苏。消费者期待在线下消费渠道中获得更多元、更具体的服务体验。

四、参照群体因素

参照群体是那些作为判断事物标准或仿效模仿的群体，即任何会成为个人在形成其态度、价值或行为上的参考或比较对象的个人或群体，是对个人的行为、态度、价值观等有直接影响的群体。参照群体可分为两类：一类是个体所归属的成员群体；另一类是个体所倾慕和向往的榜样群体。参照群体因素一般通过暗示、从众和模仿发挥作用。

（一）暗示

用含蓄、抽象诱导的方法对消费者的心理和行为产生影响，从而使人们按照一定的方式去行动或接受一定的意见，使其思想、行为与暗示者期望的相符合，这种现象称为"暗示效应"，而使用这种方式进行的营销叫作"暗示营销"。暗示是一种心理现

象，生活中的每一个人经常使用暗示，或接受别人暗示，或暗示别人，或自我暗示。从中可以看出，暗示营销一旦被深深地植入消费者的意识中，当他们到了这个场景的时候，潜意识就会不由自主地联想到某种产品。

（二）从众

由于行为参照、出于对偏离的恐惧和群体凝聚力等原因，个体会怀疑、改变自己的观点、判断和行为等，以和他人保持一致，即从众。个体消费行为，由此也容易被群体意识同化。

从众的影响因素主要有群体的规模、群体的一致性等。如群体人数的多少、吸引力的大小、个人在群体中的地位、群体中与自己条件相似者的行为，以及群体成员的反从众行为等；从众的影响因素也与个人的个性心理特点有关，如顺从型的人多缺乏主见，在大多数场合下都容易发生从众行为等。

任何一个群体都有一定的群体规范，这种规范会转化为一种无形的心理压力，对其内部的个体产生影响。个体消费者在大多数情况下往往会自觉遵从群体规范，使个体的很多消费行为与群体规范一致。这种一致性主要分为两种情况：内心认可或者因为压力的屈服和顺从。从众心理可以降低消费者的决策成本，使消费者对产品或服务产生信任，影响消费者对品牌的选择。

（三）模仿

个体看到别人的行为以后，便会产生仿效和重复别人行为的趋向，这种仿照一定的榜样而做出类似的言行举止的过程就叫模仿。模仿是学习和习惯形成的方式之一。

人们大多数行为可以通过观察别人的行为学会。比如，看别人买芭比娃娃的小女孩很快就会要求给自己买芭比娃娃。观察者不仅通过观察习得行为，也通过观察看到别人的情绪反应，如恐惧与高兴，并随之对有关事物或情境产生同样的情绪反应，尽管他也许从未和该事物接触过。凡是能引起个体注意和兴趣的新奇的刺激，都容易引起模仿。模仿对消费行为会产生重要影响，它可以帮助人们快速地适应新环境，建立信任和认同感，并获得关于产品、服务和品牌的反馈。

零售调研与践悟

任务目的：
能够根据消费者的行为特点选择合适的在校园内销售的商品。

任务条件：

计算机、智能手机等。

任务组织：

1. 每4~6人一组，其中一人担任组长。

2. 以在校学生为对象，分析学生消费行为的特征。

3. 根据学生消费行为的特征，结合实际分析适合在校园内销售的商品。

任务成果：

可行性报告一份。

第三节　消费者数字化管理

课前思考

选择某一家门店，总结其会员管理体系包括哪些内容？

在数字经济时代，消费者数字化管理是指企业通过数字化渠道和工具，对消费者进行数字化识别、触达、洞察和运营的一系列过程。具体来说，就是通过数字化手段采集消费者信息，进而绘制出零售企业客户画像，并实施零售企业会员管理的过程。

一、零售企业客户信息采集

客户信息采集是时下零售企业使用大数据技术的途径之一，零售企业希望能拥有类似电子商务网站的Cookie一样记录客户的行为模式、偏好和转化率等数据的工具，但是零售企业必须时刻注意不要触碰客户个人隐私这条红线。除了传统的问卷法、观察法、访谈法等，大数据技术在零售企业收据采集客户信息中得到不断应用。

（一）POS系统

POS系统即销售时点信息系统，是指通过自动读取设备（如收银机）在销售商品时直接读取商品销售信息（如商品名称、单价、销售数量、销售时间、销售店铺、购买顾客等），并通过通信网络和计算机系统传送至有关部门进行分析加工，以提高经营效率的系统。POS系统最早应用于零售业，以后逐渐扩展至金融、旅游等服务性行业，利用POS系统的范围也从企业内部扩展到整个供应链。

POS系统可以采集消费者特别是会员的各项信息，汇总各种消费习惯与偏好，如购物时间、购物金额、产品偏好、价格敏感度等。零售企业可以以此为依据来调整门店与产品定位，制定合理的促销政策，对消费者进行分层管理，有针对性地进行促销宣传。

（二）Wi-Fi指纹技术

Wi-Fi指纹是指在固定点（或区域）记录的能观察到的接收信号强度指示（Received Signal Strength Indication，RSSI），每个固定点对应的RSSI序列向量都是不同的，故称为"指纹"。Wi-Fi指纹技术可以追踪店内顾客的手机和平板电脑的Wi-Fi信号强度。该技术通过店内会员的移动应用搭配使用，只有在移动终端上安装会员应用的客户的Wi-Fi信号强度才会被监测到，通过此技术采集到的监测数据有助于零售企业优化商品货架陈设。

（三）MEMS技术

为了获得更精确的客流分析数据，零售企业还可以借助当今主流智能手机上的各种微电子系统（Microelectro Machanical System，MEMS），如加速度计和陀螺仪，配合客户手机中自愿安装的会员应用，可以绘制出精确的客流热力图。

（四）LED照明

LED是绿色照明的代名词，但最新的客流追踪技术巧妙地利用了店内的LED照明系统。不同的LED发光源有着特定的频率，因此专门的智能设备能够通过监测LED发光频率来判断客户所处的位置，从而为零售企业提供客户定位和客流路线分析数据。

（五）蓝牙技术

零售企业首先需要在店内布置电池驱动的传感器，然后鼓励客户下载相关的移动应用，并许可该应用发送客户的位置信息（传输范围约100米）。参与监测的客户可获得商品折扣奖励，而零售企业则能收获精确的客流数据。

（六）NFC会员卡

会员卡是追踪客户行为的最佳方式，支持NFC（Near Field Communication，近场通信）的会员卡虽然不能追踪顾客在店内的行动路线，但可以掌握顾客的访问频率、访问高峰时段，以及所购商品信息。

（七）3D传感+视频设备

采用3D传感器、摄像头和面部识别等技术的店内客流和客户行为分析方案也已引起零售企业的注意。例如，某品牌商已经开始采用三维购物传感器追踪用户与货架上的商品的互动情况，包括触碰、拿取、放回等动作，并生成一个商品的热力图。有的零售企业则利用现有的摄像头设备网络，通过分析视频图像来监测客流。

行业发展与瞭望

精准客流统计系统

利用大数据技术，精准的客流信息统计在多种商业场合得到了应用，举例如下：

1. 零售门店

统计零售门店的进出客流量，分析消费者重点关注、停留的区域，结合消费数据，分析店铺问题及优化方向，提升店铺销售额。

2. 购物中心

统计不同楼层、门店、活动区及广告位的客流数据和趋势（见图3-1），帮助调整商场布局，优化租金结构及广告位设置，提升商场利润。

3. 景区/展馆

实时监控景区、展馆等场景下不同活动或自然日的客流量数据，评估不同区域热度（见图3-2），制定应急方案，评估活动效果，合理调配人手和资源。

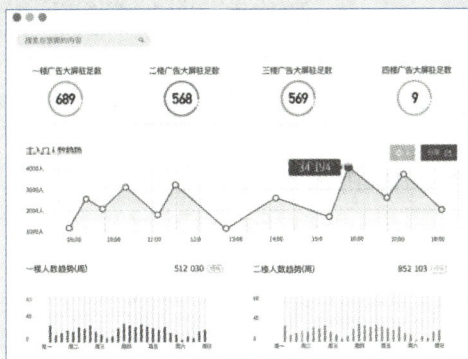

图3-1　统计不同楼层客流数据

图3-2　评估不同区域热度

二、零售企业客户画像

在对客户信息进行采集后，零售企业就可以进一步绘制客户画像。从本质上说，客户画像就是真实客户的虚拟代表，即零售企业通过对客户各方面信息的了解和分析，最终绘制出独具特色的客户画像。早期的客户画像和个人档案信息十分相似，内容并不是特别具体，客户画像的区分度和可用性也都比较差。不过，随着大数据分析技术的不断发展和成熟，零售企业可以捕捉到大量的客户行为数据，从而使客户画像实现其真正价值。一般情况下，比较典型的客户画像包含的维度主要有性别、年龄、偏好、消费习惯、居住地等。当然，如果零售企业想让客户画像更加精准的话，还可以在上述维度的基础上继续细分。细分的客户画像内容如图3-3所示。

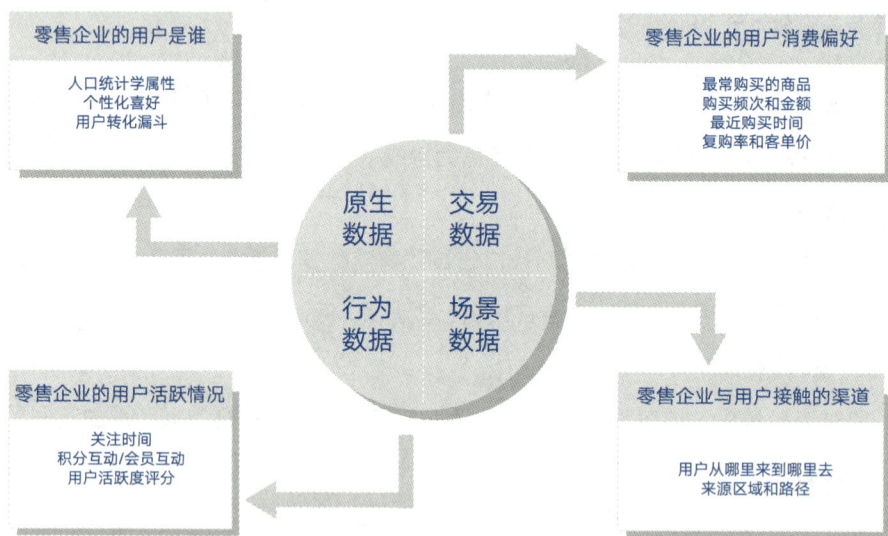

零售企业的用户是谁
人口统计学属性
个性化喜好
用户转化漏斗

零售企业的用户消费偏好
最常购买的商品
购买频次和金额
最近购买时间
复购率和客单价

原生数据　交易数据
行为数据　场景数据

零售企业的用户活跃情况
关注时间
积分互动/会员互动
用户活跃度评分

零售企业与用户接触的渠道
用户从哪里来到哪里去
来源区域和路径

图 3-3　细分的客户画像内容

即学即练

选择一种商品，如××品牌手机，为该商品绘制细分的客户画像。

绘制客户画像应关注以下四个方面：

（一）绘制客户画像的方向或分类体系

"给哪些客户绘制画像？""绘制什么样的客户画像？""为什么要绘制那样的客户画像？"和"有什么样的客户画像分类和结果？"这些问题并不是大数据系统自动产生的，而是由运营者提出来的。如果零售企业不确定客户画像的依据，漫无目的地胡乱收集数据，那么无疑会做很多无用功，大大增加运营成本。

从目前的情况来看，那些比较知名的零售企业都在利用人工与大数据系统相结合的方式来绘制客户画像，也就是人工设计客户画像的方向和体系，先有针对性地获取数据，再用大数据系统做具体分析。建立客户画像的方向或分类体系，具有非常明显的优势。一方面，这种做法可以保证客户画像的系统化和结构化；另一方面，也可以增强客户画像的适用性。

（二）采集客户数据

企业采集客户数据的方法主要有两种：一种是企业通过与各软件厂商合作，从他们手中购买相关数据。这种方法要求零售企业协调各软件供应商并为他们提供数据接口，以实现数据的采集汇聚。第二种是企业自主采集零售数据。这种方法要求零售企业的技术人员利用软件系统的底层数据交换、软件客户端和数据库之间的网络流量包，基于网络分析等技术，采集目标软件产生的所有数据，再将数据转换并重新对其进行结构化排列，输出到新的数据库以供软件系统调用。这种方法的优点是无须软件企业配合，缺点是对技术要求较高。

（三）研究客户标签并进行指数建模

研究客户标签和对其进行指数建模的企业要做到两点：一是要找到有针对性的数据；二是要基于大量数据来做判断。若数据的针对性不强，则不具有代表性，零售企业也无法利用这种数据来为客户贴标签。如果某零售企业的主力消费人群是休闲食品爱好者，它就不能只根据消费者的某一次购物行为来贴标签，而是要根据购物频次、消费比例、购物时间等多方面的信息进行综合建模。

（四）注重保护客户的隐私

零售企业绘制客户画像，是为了掌握客户的需求，实现精准营销，但绝不可以将客户信息挪作他用或卖给其他企业。这是因为客户画像属于客户个人隐私范畴，出卖客户个人信息就是侵犯了客户个人隐私权，这样做既违反法律，又违背道德，是诚信缺失的表现。

鉴于此，企业要在征得用户授权、保障用户隐私安全不泄露的前提下，合理、合法地收集、使用用户的个人信息。零售企业如果要用大数据为消费者画像，就须征得消费者同意，而且还要保证不泄露消费者隐私，真正做到合法合规。在做好上述四个方面后，零售企业才可以绘制客户画像，从而精准地分析出客户需求，为客户提供令他们满意的产品或服务。

三、零售企业会员管理

会员体系是零售企业建立与客户关系的重要途径。因此，做好客户服务，提高客户黏性，做好会员管理，是零售企业获得良性发展的必要条件。

（一）会员制的作用

1. 降低营销成本

调查显示，开发一个新客户的成本是维系一个老客户成本的5倍，确保老客户复购是减少营销成本的最好办法之一。

2. 便于进行精准化、个性化的会员制营销

根据充分的会员信息去了解会员的特点以及其更多的需求，便于为客户提供精准化、个性化的商品或服务，有利于更好地维护客户关系，不断改善客户购物体验。

3. 推动客户进行口碑传播

数据显示，每个满意的老客户都能带来8个潜在的新客户，这就需要她们从购物体验当中感受到零售企业的专业化及差异化，从而自发地进行宣传传播，这种影响力往往要比零售企业的主要营销更容易让新客户接受，引流效果也要远远好于零售企业自身推广宣传。

根据"二八法则"，一般零售企业80%的营业额是由20%忠诚度高的老客户产生的，因此老客户，特别是忠诚度高的会员，才是门店的主要群体，会给零售企业带来连续性效益。

（二）会员的分类管理

建立完善的会员档案是会员管理的第一步，这就需要根据会员的不同需求对其进行有效分类，以便于对会员进行精细化管理。

1. 根据会员的购买品类进行分类

根据会员的购买品类进行分类，可以将会员分为不同的群体，如经常购买化妆品的会员、经常购买保健品的会员等。这种分类方法可以帮助零售企业更好地了解不同会员群体的消费习惯和消费需求，从而提供更加精准的商品和服务。例如，针对购买化妆品的会员，零售企业可以推出一些与美容、时尚相关的活动和优惠；针对购买保健品的会员，零售企业可以推出一些与健康、养生相关的活动和优惠。

2. 根据会员的性别、年龄和收入等信息进行有效分类

不同年龄段的会员对于商品的需求是不一样的，不同收入的会员对于品牌的产品质量及价格的需求点也是不一样的。例如，女性会员通常偏爱购买与时尚、美容护理相关的商品，如服装、鞋子、箱包、护肤品、化妆品等；根据年龄和收入等因素，女性会员又可以细分为多个群体，如年轻白领女性、中年女性等。男性会员通常偏爱购

买生活用品、电子产品、运动用品等；根据年龄和收入等因素，男性会员又可以细分为多个群体，如年轻男性、中年男性等。

3. 根据会员消费金额进行分类

零售企业的大部分销量也是由部分忠诚会员创造的。零售企业可以根据会员消费金额，来给会员进行 ABC 分类，A 为重点会员，B 为一般会员，C 为低效会员，对重点会员要进行重点跟进，体现重点会员的尊贵感与价值。

4. 根据会员的消费频率和消费时间进行分类

根据零售企业会员的消费频率和消费时间，可以将其划分为以下几类：

（1）高价值会员。这类会员在短时间内消费频率高，消费金额也高。针对这类会员，可以提供个性化的服务、特殊优惠和优先待遇，以保持其忠诚度。

（2）高忠诚度会员。这类会员在一段时间内保持高频消费，并且是零售企业的老客户。针对这类会员，可以推出一些新品或特色产品，以吸引其消费，同时提供更好的服务，提高其满意度。

（3）高单价会员。这类会员的单次消费金额较高，消费频率适中。针对这类会员，可以提供高端商品和服务，同时通过营销活动和优惠政策来提高其消费频率和金额。

（4）低价高频次会员。这类会员的消费频率高，但单次消费金额较低。针对这类会员，可以推出一些优惠活动和套餐，以提高其消费频率和金额。

（5）沉睡会员：这类会员在较长时间内没有消费记录。针对这类会员，可以通过营销活动、会员关怀等方式唤醒其消费意识，同时收集其反馈和建议，提高服务质量和产品满意度。

（6）明显流失的会员。这类会员的消费频率逐渐降低，可能会转向其他竞争对手。针对这类会员，需要及时采取措施，如提供专属优惠、加强沟通和关怀等，以吸引其回流。

根据不同的消费特点和行为模式对零售企业会员进行分类，有助于更好地了解客户需求，提高客户满意度和忠诚度，从而提升企业的竞争力和市场份额。

（三）零售企业改进会员管理的方法

零售企业可以从以下五个方面改进会员管理：

1. 完善会员制度

入会规则、积分规则、会员等级、淘汰规则等制度的完善是会员管理成功运行的前提条件和基础框架。以积分规则来说，零售企业在可控的范围内联动区域内的平台和商户，实现积分权益的互通；以会员等级来说，不同等级的会员会配置不同的权益，借力更高的权益吸引客户入会并拉动会员升级。而淘汰规则则是可以通过清理死卡/黑名单客户优化会员质量。

2. 多点接触，转化会员

如图3-4所示，零售企业可以通过线上及线下、内部与外部的会员触达点，完成会员转化。

	内部	外部
线上	Wi-Fi Portal页①、微信、App、POS机、	线上平台植入电子、优惠券推送
线下	地点：服务台、会员中心、DP点 宣传物：会员手册、水牌、广告灯箱 商户：收银台、店员管理、餐饮贴桌、提示牌、门贴、活动转化	地推：写字楼、社区、学校、合作伙伴

图 3-4　会员触达点

3. 会员营销活动

零售企业会员营销活动包括以下几种：

（1）会员日折扣让利。通过会员日折扣让利，让客户可以以优惠价格购买自己需要的商品。

（2）会员日商品营销。零售企业可以借会员日的机会，来推销自己的商品，如选择新上市的商品或依据顾客消费次数和消费喜好来选择商品。

（3）充值赠送活动。通过充值赠送储值金额或充值赠送会员服务来提升会员活跃度。

（4）开展专属会员线下活动。针对线下实体店，零售企业可以通过开展专属会员的主题活动来让会员感受到会员身份带来的便利。

4. 第三方会员合作与积分互换

便利是会员服务的核心，不管是以实体店、自身App为核心，还是依托第三方平

---

① Wi-Fi Portal页：是指移动终端连接Wi-Fi后，系统自动跳转到的无线网络的登录页面，登录后才能正常使用Wi-Fi。

台，会员的便利化功能可实现不同消费场景的串联。目前，已有一部分零售企业与支付宝、京东、美团等平台实现不同层级的联动合作，双向会员系统打通、对方会员平台发卡、积分兑换权益、积分兑换卡券等与第三方会员合作与积分互换，都是提高会员便利性的重要途径。零售企业内部与外部、线上与线下可合作互通的会员服务如图3-5所示。

	内部	外部
线上	线上停车服务； 会员服务：会员换礼、自助积分、电子会员卡； 线上商户服务：排号、电影选位、商户活动； 促销活动：团购、优惠券；	积分联盟、 会员打通
线下	停车优惠、自助停车缴费、刷卡出车； 会员折扣、会员积分换礼、会员活动、 会员服务、会员商户特权、会员促销、 会员卡储值、会员卡信用	商户会员互换、 联名卡

图 3-5　可合作互通的会员服务

零售企业会员服务的趋势是与各个渠道融合，资源共享，只有将实体商业的会员管理向"互联网＋会员体系"的理念靠拢，才能保证客源的稳定。

数实融合新视界

线上线下布局会员体系

在国内，京东是第一个尝试付费会员的平台。2015年10月，京东PLUS付费会员体系上线。此后付费成员体系逐渐成为电商平台的标配。京东对付费会员制的探索具有指导意义，主要表现在以下三个维度：

1. 会员价值的基础搭建

目前，京东PLUS会员体系有以下两条主线：

一是可以对用户的购物行为产生直接影响的"京享值"体系，"京享值"数值与用户消费频率、在京东平台的活跃度、信用分等呈正相关关系。用户想要享受闪电退款、上门换新、以换代修、京享礼包等特权，"京享值"数值必须达到特定的等级，例如5 000分、10 000分、20 000分等。在"京享值"体系内，用户的购买频率越高，消费额越高，所能享受到的会员服务就越多。

二是付费PLUS会员，规定年费是198元，但京东会按照铜牌、银牌、金牌、钻石等不同的等级为用户提供折扣，最低的钻石会员的年费为148元。刚性年费虽然提高了用户门槛，但也可以让用户享受到更多"有设计感"的权益，例如10倍购物返京豆、全年360元运费券大礼包、爱奇艺VIP会员、免费上门退换货等。

2. 联合会员的黏性收益

爱奇艺与京东达成独家战略合作关系，实现会员权益互通，吸引了广泛关注。权益互通上线不足1个月，爱奇艺与京东发展的联合会员数量就突破了100万人。未来，以京东为核心，将有越来越多的合作者加入这个会员体系，通过权益共享共同吸引新客户，并增强老客户的黏性。

3. "无界会员"的场景交叉

京东提出了"无界零售"这一概念后迅速进行线上线下一体化布局，试图打通线上线下数据。在这个过程中，京东会员发挥了极其重要的作用。其实，京东提出的"无界零售"并不是简单的线上线下融合，而是将零售活动融入生活的各个场景。因此，京东PLUS会员体系接下来的重点任务也是线上线下的全场景植入。目前，京东已经在线上进行了很多布局，包括联合会员、"京×计划"等。

京东PLUS会员体系也在努力布局线下。用户在线上领取优惠券之后，可以在线下支付时直接抵扣。对于独立运作的店铺来说，使用线上优惠券到线下消费直接抵扣是最简单的O2O规则。但是对于连锁店铺来说，这种规则需要京东强大的后台数据系统提供支持。

除此之外，京东布局线下还有另外一条路径，就是线下会员联合。未来，京东将和航空、酒店、旅游等领域的企业合作，打通各类会员体系，支持消费者线上领券、线下消费，用相对较低的成本享受高端的线下服务。

执善向上与坚守
客户信息采集要有边界

海底捞在会员系统里给顾客贴标签，不仅涉及客户的个性化需求，还包含客户的体貌特征等信息。

为了持续提升和优化顾客的个性化服务需求，海底捞门店管理人员可以在会员系统中对顾客就餐的个性化需求进行补充。海底捞已于2020年对相关内容持续进行优化，明确禁止对客户个人信息，如体貌特征等信息进行备注。

　　了解并记录老客户的口味偏好和个性化需求，有助于向客户提供更精细化和有针对性的服务，同时可以减少和客户之间的沟通成本。有网友表示，去海底捞就餐时，服务员都能记住自己的习惯和需求，感觉就像回家一样，很暖心。这在一定程度上也证明了海底捞对客户个性化需求的记录对其提供服务所起的正向作用。但是，采集客户信息需要有边界。如果说采集顾客的用餐偏好是合理的，那么记录客户的体貌特征等就未免欠妥。海底捞可以记录客户喜欢麻辣锅还是清汤锅，但是不宜记录客户的高矮肥瘦。

　　党的二十大报告明确提出："加强个人信息保护。"2021年11月1日起施行的《中华人民共和国个人信息保护法》第十四条规定："基于个人同意处理个人信息的，该同意应当由个人在充分知情的前提下自愿、明确作出。法律、行政法规规定处理个人信息应当取得个人单独同意或者书面同意的，从其规定。个人信息的处理目的、处理方式和处理的个人信息种类发生变更的，应当重新取得个人同意。"海底捞收集顾客信息必须取得个人同意并明确告知，否则就构成违规违法。零售企业要树立正确的消费者个人信息保护意识，只有以消费者为中心，才能做到基业长青。

零售调研与践悟

任务目的：

为在校园中开设的门店设计会员管理制度。

任务条件：

计算机、智能手机等。

任务组织：

1. 每4~6人为一组，其中一人担任组长。

2. 以在校园中开设的门店为对象，为其制定会员管理制度。

3. 根据客户画像为其制定一份吸引客户的精准营销方案。

任务成果：

营销方案一份。

课后巩固

一、不定项选择题

1. 以下选项中不能被称为消费者的是（　　）
   A. 商品的使用者
   B. 商品的购买者
   C. 商品的决策者
   D. 商品的生产者

2. 消费者的消费行为不仅受消费动机的驱使，而且受各种文化、社会、经济等的因素影响，这体现了消费者行为的（　　）。
   A. 复杂性
   B. 多样性
   C. 社会性
   D. 独立性

3. 将消费者分为 ABC 类的主要依据（　　）
   A. 年龄
   B. 家庭状况
   C. 消费金额
   D. 消费频率

4. 下列不属于会员管理阶段的是（　　）
   A. 感知
   B. 转化
   C. 流失
   D. 社群

5. 相对而言，消费者的经济状况对（　　）影响较小。
   A. 高档化妆品
   B. 服饰
   C. 交通工具
   D. 饮食

二、思考题

1. 消费者的人口统计特征主要包含哪些？
2. 影响消费者购买行为的主要因素有哪些？
3. 零售企业如何绘制客户画像？
4. 在会员管理中，如何对会员进行分类？
5. 零售企业的会员管理应该如何进行？

三、案例分析

中免集团会员服务助力免税零售数字化发展

随着国内免税市场政策的逐步放开，中国免税品（集团）有限责任公司（简称"中免集团"）利用自身优势，构建起了以移动互联网和大数据技术为支撑的数字化营销服务体系，在注重为消费者提供优质服务的同时，也让会员服务成为其精细化运营的独特亮点。

1. 全域数据打通，构建中免集团核心会员数据资产中心

中免集团打通旗下各独立运营品牌的会员系统及交易系统，收集旗下各品牌在线上线下以及第三方的全渠道会员数据、会员交易数据，以及会员行为数据，将这些数据存储在会员数据平台中，沉淀形成中免集团的核心会员数据资产。

2. 全域会员精细化运营，全方位提高会员忠诚度

充分考虑集团分级分权分域的业务特性，免税店多类多级业务管理架构，以及多语言、多币种等多业务模式的需求，中免集团构建了以会员为核心，可统可分，多业务模式通用的会员体系，实现会员统一、权益统一、运营统一。

3. 丰富会员营销工具，提升会员运营能力

中免集团构建了供集团、门店开展会员精准营销活动的统一营销工具平台，营销方式包括但不限于卡券营销、积分营销、内容营销、事件营销、场景式营销等。营销平台与会员数据资产平台互通，基于会员标签画像、会员全生命周期、会员全购物旅程等圈选目标客群，选择灵活的营销策略规则，进行全渠道营销触达。

4. 跨场景多维度的数据分析，赋能经营者高效决策

中免集团以AI算法模型驱动会员洞察，为数字化高效运营提供支撑，通过RFM模型、促销敏感度模型、商品智能推荐模型、消费者行为偏好模型等算法模型，帮助运营人员更好地洞察会员偏好，为数据化运营提供工具支撑。跨场景多维度会员数据、积分数据、券数据、指标数据、销售数据、营销活动数据、商品/门店经营数据等均可视化呈现，支持自定义选择，保持高并发场景下的稳定性，满足快速响应。用数据辅助运营开展活动，并实现实时的追踪与优化，形成数据闭环，赋能经营者高效决策。

5. 异业合作，实现资源的多级联动，创新业务增长模式

基于中免会员规模和品牌效应，在统一大会员平台的构架布局上，搭建中免集团跨界合作平台，开放会员、权益、积分、券及数据服务，为互联网渠道商、支付服务商、银行、品牌商等合作提供数据与业务支撑。围绕旅游零售服务行前、行中及行后环节。目前，依托会员开展的合作达到几十项，中免集团为客户一站式免税购物服务的良好体验打下基础。

自中免集团大会员平台投入运营以来，借助全新的会员运营体系，在数据分析与决策支持的维度上，中免从会员营销、高端会员分群运营、品牌商赋能、异业合作、智能分析等方面进行了有效的优化和提升。

思考题：

1. 中免集团会员服务的特点是什么？

2. 新零售背景下企业如何做好顾客引流、转化、留存？

第　四　章

商品规划与管理

学习目标

素养目标

- 培养学生的数字化思维和数智化管理意识
- 培养学生在商品开发中的绿色理念和环保意识
- 培养学生在数字化管理中对消费者个人信息加强保护的意识

知识目标

- 了解新零售背景下的商品分类
- 熟悉零售企业自有品牌的发展状况
- 掌握新零售背景下商品数字化的方法

技能目标

- 能够对零售企业的商品进行分类管理
- 能够对零售企业的商品进行淘汰并引进新品
- 能够应用商品信息数字化管理门店商品

思维导图

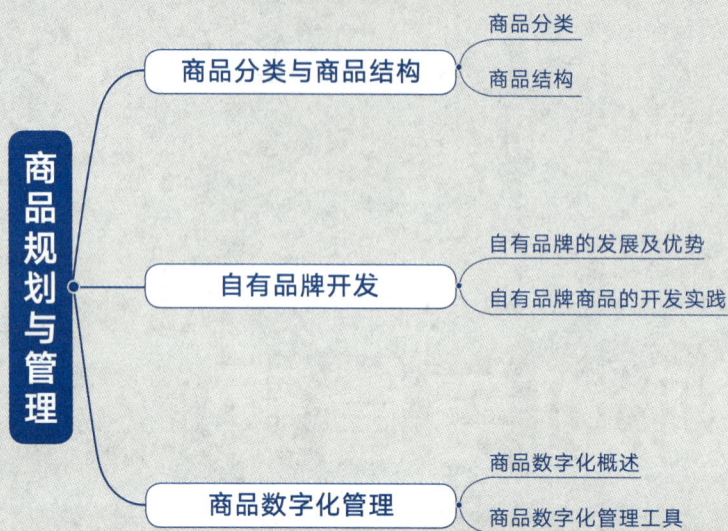

```
                                                        ┌─ 商品分类
                          ┌─ 商品分类与商品结构 ──┤
                          │                           └─ 商品结构
                          │
  ┌──────────┐            │                           ┌─ 自有品牌的发展及优势
  │ 商品     │            │
  │ 规划     ├────────────┼─ 自有品牌开发 ───────┤
  │ 与       │            │                           └─ 自有品牌商品的开发实践
  │ 管理     │            │
  └──────────┘            │                           ┌─ 商品数字化概述
                          └─ 商品数字化管理 ─────┤
                                                        └─ 商品数字化管理工具
```

学习计划

■ **素养提升计划**

_____

_____

■ **知识学习计划**

_____

_____

■ **技能训练计划**

_____

_____

引导案例

饰品产业的数字化增长之路

小黄鸭发卡究竟有多火爆？淘宝数据显示，2021 年 7 月 24—30 日，淘宝平台"奥运冠军同款"小黄鸭发卡单日搜索量暴涨了 4 237.37%，胡萝卜发绳搜索量增加了 2 115.67%。不少淘宝店铺还专门设置了同款小黄鸭发卡和胡萝卜发绳组合套餐，累计销量已过万件。

商家马不停蹄地备货卖货，网友们更是忙得不亦乐乎，先在视频网站发弹幕，接着刷微博转发热搜，再去淘宝搜同款。网友们说，这是大家参与奥运的标准"三部曲"。"用一句流行语，这叫沉浸式看奥运会，看到中国队拿下第一枚金牌，内心非常激动，用奥运冠军同款的发卡好像就离奥运会更近了，希望发卡能给自己带来好运！"

这些爆款商品从酝酿到下线，仅为一个小时。在浙江义乌，如此的"小时级"定制，成为产业链上的常态。而像这样，"与时间抢销量"的打造畅销产品的事件天天都在上演。

除了发饰、服饰外，奥运健儿们的名言金句、破世界纪录的时间等，也成为商家的灵感源泉，并快速拓展出引人注目的"国潮"新品。目前，义乌至少有 2 000 多家优质工厂商家，15 万人饰品从业人员随"热搜"而动，中国工厂的"能"加互联网的"快"，诠释着产品制造的中国速度。

义乌饰品产业发展的背后，也是整个产业带的变革。义乌的产品开发速度改变了饰品行业原有的生产关系和贸易模式，为传统产业找到了一条新的数字化增长路径，具有可复制性。

但与电商平台火爆的销售局面不同，线下饰品店的反应略显滞后。在线下的饰品店，很难找到奥运冠军同款的小黄鸭发卡以及胡萝卜发绳。店内的工作人员表示，确实有不少消费者前来询问，但由于进货需要一定的周期以及成本问题，他们不考虑售卖同类的商品。

思考：

1. 新零售背景下商品开发有何变化？

2. 分析上述案例，有哪些途径可以打造网红商品？

第一节　商品分类与商品结构

📖 课前思考

在新零售模式下，畅销商品有何特点？

零售企业的管理者需要对所经营的商品进行适当的分类，根据各类商品的特点，制定零售企业的商品经营策略，以扩大商品销售，增加企业利润。

一、商品分类

（一）商品分类的目的

1. 商品分类是进行信息和统计工作的基础

企业运营状况的分析必须依赖各种统计数据，客流量、销售量、库存量和价格指数等是判断企业运营状况的重要指标。而这些指标只有建立在商品分类的基础上，统计数据才具有可比性和实际意义。

2. 商品分类是合理编制商品目录的前提

商品分类有利于商品标准化的实施和商品质量标准的制定，科学的商品分类可使商品的名称和类别统一化、标准化，从而避免同一商品在不同部门由于名称、计量单位、计算口径等不统一而不一致，这样有利于提高管理水平。

3. 商品分类有助于商品的经营管理和消费者选购

在企业经营活动中，不论是批发、零售还是仓储运输，无一不是在商品分类基础上进行的。即使是同一商品，其销售卖场或网店布局也是在商品分类的基础上规划和陈列的。消费者可以在陈列某一商品的柜台前或网店中将各种花色、规格、型号的商品进行比较，选出自己满意的商品。

4. 商品分类有助于实现管理现代化

现代企业管理离不开计算机，而计算机的应用必须有商品代码。商品代码是在商品分类的基础上通过编码形成的。利用计算机和商品信息系统，可以随时查询商品的性能、产地、价格、存量、发货地点等，以实现商品的信息流和物流管理的现代化。特别是在连锁零售企业，总部与分店在采购，储运、财务等方面实行统一管理，这些都是依靠科学的商品分类以及商品分类编码系统来实现的。

（二）商品分类的方法

商品分类的方法很多，可以按照消费者的需求及特征划分，如按照消费者的衣、食、住、用、行划分，有食品类、服装类、鞋帽类、日用品类、家具类、家用电器类、纺织品类、五金电料类、厨具类等；按照消费者的需要层次划分，有基本生活品类、享受品类和发展品类等；按照消费者购买行为划分，有日用品类、选购品类和特殊品类；按照消费者的年龄和性别划分，有老年用品类、中年用品类、青年用品类、儿童及婴儿用品类，或女士用品类、男士用品类等。

在实际运营的过程中，零售企业既要考虑自身管理的需要，也要考虑消费者、竞争对手、环境变化等因素。跨品类分类法被零售企业普遍采用，常将商品划分为四大类别：目标性商品、常规性商品、季节性/偶然性商品和便利性商品。

1. 目标性品类

目标性品类是指能代表零售企业特色和形象、最能满足消费者需求，实现良好销售业绩的品类。目标性品类是零售企业的标志性品类，当提到这个品类的时候，顾客会在第一时间将该零售企业作为首选。

目标性品类的特点是：该品类代表零售企业的形象；该品类对目标顾客群非常重要；在销售增长方面居于所有品类的领先地位；拥有比其他品类更多的资源。

2. 常规性品类

常规性品类一般是指那些销量比较大，消费者日常生活中必不可少的商品，如乳制品、肉制品、水果、蔬菜、食用油等。

常规性品类的特点是：该品类在销售额和利润之间提供了平衡；该品类是消费者每日需要的重要品类；销售及利润占比与其所获得的相关资源比较接近。

3. 季节性/偶然性品类

季节性/偶然性品类是指那些在特定季节或偶然情况下，为满足消费者需求而销售的商品类别，如夏季的防暑降温商品、冬季的保暖用品等。

季节性/偶然性品类的特点有：该品类在某个时期处于领导地位；帮助加强零售企业在目标顾客群心目中的形象；在利润、现金流和投资回报率方面处于次要地位。

4. 便利性品类

便利性品类是指满足消费者随时购买、具有增进消费者从事某项活动的便利性的品类。如纸制品、卫生用品、电池等。

便利性品类的特点有：该品类为额外的便利性购买提供机会；加强该零售企业的

"一站式"购物形象；为利润的增长提供机会。

即学即练

选择学校周边的某家零售企业，对其所销售的商品进行调查统计，归纳总结该门店的商品是如何分类的。

二、商品结构

（一）商品结构的类型

零售商品组合通常从商品宽度和深度维度来分析。商品宽度一般是指商品大类的多少，商品深度是指某一类商品的品种多少。比如，超市洗化区有洗发水、沐浴液、洗衣粉、柔顺剂、牙膏牙刷、化妆品等，所有的品种应有尽有，就是从商品宽度的维度来考虑的；其中，洗发水有去屑、柔顺、滋养、防脱等类型，就是从商品深度的维度来考虑的。保证商品宽度是为了扩大消费群，而保证商品深度是为了确保消费群。因此，零售商品组合一般包括以下四种结构：

1. 宽且深：覆盖所有分类，且每个分类中细分商品齐全

这种结构为大型综合超市和大型百货商店所采用，能满足顾客一站式购物的需求，因此能吸引较远的顾客专程前来购买，客流量大；基本上能满足顾客一次进店购齐一切的愿望，能培养顾客对商店的忠诚度，易于稳定老顾客。但是商品占用资金较多，而且很多商品周转率较低，导致资金利用率低。宽且深的商品结构如图4-1所示。

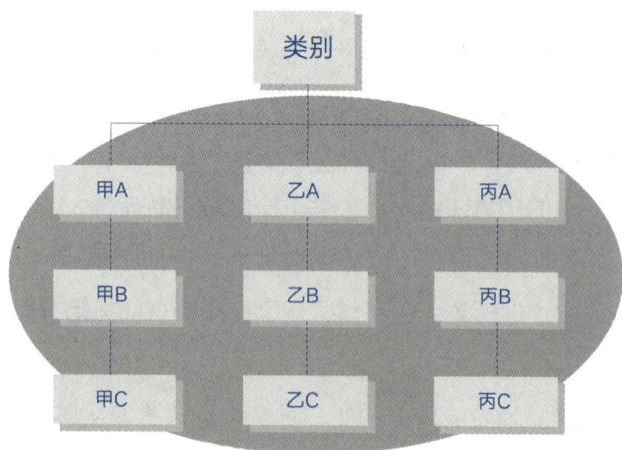

图 4-1　宽且深的商品结构

2. 宽且浅：覆盖所有分类，且每个分类中细分商品较少

这种结构通常被杂货店、折扣店、中小百货商店等业态所采用。目标市场比较广泛，经营面较广，能形成较大商圈，便于顾客购齐基本所需商品；便于商品管理，资金周转较快。但每种商品线包含的花色品种相对较少，顾客的选择余地有限，满足顾客需要的能力差；只能满足大众化需求，不适应多样化、个性化需求趋势。宽且浅的商品结构如图4-2所示。

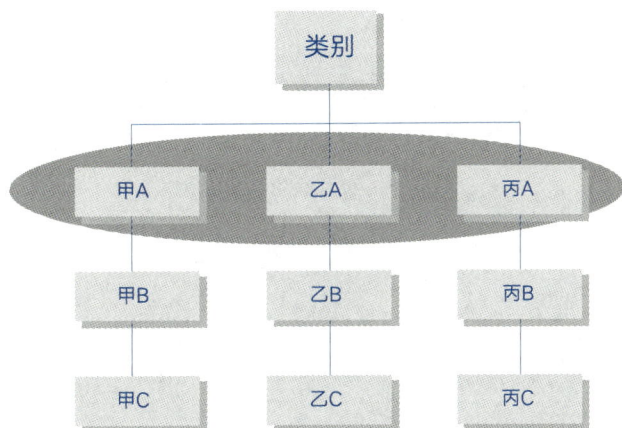

图4-2　宽且浅的商品结构

3. 窄且深：覆盖较少分类，但这一分类中商品齐全

这种结构主要为专业店、专卖店所采用。专业商品种类充分，品种齐全，能满足顾客较强的购买愿望，不会因花色品种不齐全而丢失商机；能稳定顾客，增加顾客重复购买的可能性；形成经营特色，突出零售企业形象；便于零售企业专业化管理，树立专业形象。但该商品结构过分强调某一大类，不能实现一站式购物，不利于满足消费者的多种需求，如图4-3所示。

4. 窄且浅：覆盖较少分类，且每个分类中细分商品较少

这种商品结构主要用于小型商店，如便利店。便利店投资少、成本低、见效快；商品占用资金不多，商店地处居民区或人流集聚区，购物方便。但是商品品种较少，对顾客的吸引力不足。窄且浅的商品结构如图4-4所示。

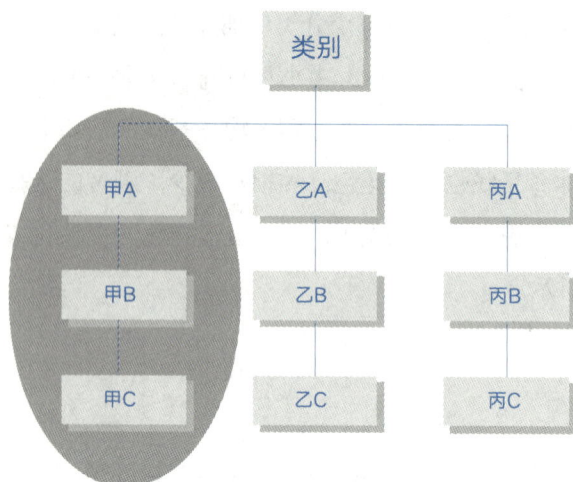

图 4-3　窄且深的商品结构

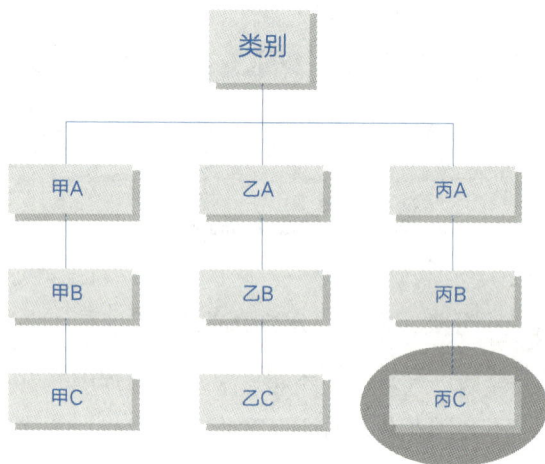

图 4-4　窄且浅的商品结构

数实融合新视界

以用户为核心
实现全渠道融合

孩子王儿童用品股份有限公司（以下简称"孩子王"）创立于2009年，总部位于江苏南京。专业为准妈妈及0~14岁的儿童提供全渠道一站式育儿解决方案、育儿成长及社交互动服务。孩子王以顾客需求为导向，在零售商业内开创了以会员为核心的"商品＋服务＋社交"的大店模式、育儿顾问式服务模式、会员制下的单客经济模式，快速成长为中国母婴童零售行业的知名品牌，获得了业界与消费者的良好口碑。

目前，孩子王集线上、线下两个服务平台，集连锁门店、电子商务、社群分享三大销售渠道于一体。针对会员家庭育儿成长中的需求，孩子王汇聚国内国际数千家母婴商品和服务品牌，全渠道形成了超过1 400个育儿解决方案，面积最小的优选店也能满足多种育儿需求。同时，门店打造了户外出行体验区、棉上甄选、儿童洗护专区、孕产妇服务中心等15个商品专区，让消费者根据自身的消费能力和功能性目标做出消费决定。

孩子王凭借强大的数字化能力，大力实施全渠道发展战略，充分发挥场景及供应链优势，大力推进同城数字化即时零售，线上业务占比持续提升。此外，孩子王已实现门店库存数字化共享，即"一店卖全国""一单全国发"，公司从用户思维出发，真正实现全渠道融合，为用户提供更优质的商品和服务。

（二）商品结构优化

市场环境是不断变化的，零售企业的商品结构需要不断变化来适应。在进行商品结构优化时，零售企业要根据经济环境、竞争对手、技术水平、消费者需求等来淘汰商品并引进新产品。

1. 淘汰商品

商品淘汰是指商品在零售企业的品类销售中排名在末位、周转率较低或因质量等问题等不能销售的商品，零售企业在商品管理工作中不再经营商品的行为。

（1）淘汰商品的方法。淘汰商品的方法，一般包括以下七种：

①排行榜淘汰法。适用所有商品，在一定时段内确定一次在售商品的排行榜，排在最后的200种或5%~10%的商品为淘汰对象。

②销售量淘汰法。适用单价低的商品，在一定时段内测定出一个销售量的基数，未达标准销售量的商品即被淘汰。

③销售额淘汰法。适用主力商品，在一定时段内测定出商品标准销售额，达不到标准销售额的商品即被淘汰。

④质量淘汰法。适用所有商品，凡被国家行政管理机关（如技术监督局、卫生行政部门等）宣布为不合格的商品，或未达到本企业采购质量标准的商品均被列为淘汰商品。

⑤人为淘汰法。这类商品必须通过公开表决进行人为淘汰，以排除不正当的人为因素。

⑥订单满足率淘汰法。对于订单满足率长期比较低的商品，如果能找到相应的替代品，则可以进行淘汰。

⑦对比分析淘汰法。主要针对品类中的同质化商品，综合考虑品牌、包装、规格、功能、价格等要素判定商品的去留。

👥 即学即问

你觉得销售量或销售额指标排名靠后的商品就应该被淘汰吗？为什么？

（2）淘汰商品的流程。淘汰商品的流程包括以下七个方面：

①制定淘汰标准。零售企业需要根据自身的门店定位、商品特性、顾客需求等因素制定符合自身的淘汰标准，并以此为依据，对商品进行评估。不过，以这样的标准作为淘汰依据要注意考虑：这种商品的存在是否是为了使品种齐全，或是因为季节性的因素才滞销。如果是便不可贸然予以剔除。

②列出淘汰商品清单。确定要淘汰哪些商品，列出一张清单，并经主管确认。这些项目按照淘汰的优先等级排列。

③确定淘汰日期。最好将淘汰商品每个月固定集中处理，不要零零散散地进行。例如：规定每月15日为淘汰日，所有的店铺或要进行商品淘汰的店铺便在这一天把淘汰商品下架退货。

④淘汰商品的数量统计。确定要淘汰的商品后，应清查各店所有淘汰商品的库存数量及金额，以便于处理及了解处理后所损失的毛利是多少，便于控制整体利润。

⑤查询有无货款可抵扣。查询生产被淘汰商品的供应商是否有剩余货款可抵扣，这点相当重要。必须和财务部门配合，确认后请财务部门进行会计手续处理。若已付款，则不可将商品退给供应商，因为将商品退回给供应商后，让供应商再退回货款的可能性不大。

⑥决定处理方式。淘汰的商品，有的可以退回给供应商，有的无法退给供应商。不能退给供应商的商品可以降价出售，当然也可以当作促销品来送给顾客。零售企业可从中选定一种处理方式。

⑦进行淘汰商品处理。若采取退货处理方式，便应通知供应商按时取回退货，并将扣款单送达会计部门，进行财务处理。若采取卖场处理方式，则将处理方式明确通知各店，在卖场进行处理，直到处理完为止。既然是处理，就是要做到彻底，因此，

若第一次所定的方式无法处理完成，便应再修改。例如：剩100个，第一次八折，一周后剩下50个，那么次周可再打七折……直到处理完为止。

⑧淘汰商品的记录。最后将处理完成的淘汰商品每月制成总表，整理成档案，随时供查询，避免因年久或人事变动等因素，又重新将被淘汰商品引进卖场。

2. 新品引进

（1）新品引进的流程。新品引进是指零售企业引进所规定经营品类之内的商品，可分原有供应商新品引进和新供应商新品引进两种情形，新品引进主要按照以下流程进行：

①零售企业根据区域同行市调、顾客个性需求、商圈特情等情况，结合消费者实际需求，向采购部提交申请提出新品引进。

新品引进的范围主要包括：应季新商品；新媒体近期网红新商品；市场上的畅销品；突出地方特色的商品；与节日或重大事件有关的商品；顾客提出的有代表性的商品；供应商上门推荐的商品。

②采购员进行新品引进的市场调查、洽谈、资料收集及管理。采购员与供应商议价，谈判新品引进条件，同时必须向对方提供营业执照、税务登记证、卫生许可证及其他相关证件复印件及正规报价单。采购部向供应商索取的证件主要包括：

a.证件复印件。包括营业执照、组织机构代码证、税务证须提供副本，三证合一的企业则需提供新的营业执照。

b.产品检验报告。有资质的第三方检验机构提供的检测报告。

c.商标证书。指产品包装上特殊认证宣称所对应的认证证书（如有机产品认证证书、地理标志性保护产品等），无特殊宣称无须提供。

以上所有的证照复印件必须盖公司公章。

③采购总监进行新品引进的审核、资料报送，试销期销售额、毛利、毛利率的考核。新品引进审核的条件包括：

a.进货渠道。必须选择合法合规的供应商，在选择供应商时应遵循减少中间环节的原则，优先选择直接生产厂家或进货环节少的供应商。

b.商品选择。必须符合与该商品有关的国家生产标准、行业法规和公司的收货标准。

c.进货时间。按照季节性要求选择最佳进货时间。

d.进货数量。货架陈列应丰满，库存合理，遵循"多批次，少批量"的进货原则。

④采购总监经审核同意新品引进，安排采购经理与供应商按公司规定的费用条件签订商品购销合同或采用现金采购方式引进新品。对于确定不引进的商品，由采购部

回复供应商。采购经理建立新品清单，清单中需注明商品品名、商品编码、规格、型号、供应商名称、最小订货量、进价、售价等信息。

⑤信息部进行供应商合同、商品信息的录入工作。采购部将已收取费用的合同/协议、已审批新品引进申请单及商品详细资料转交信息管理部。信息部在系统中录入新商品信息（如是新供应商则进行新建档案），保存，审核并将进度回复采购部。

⑥财务部对合同及商品信息进行财务审核。采购部将已收取费用的合同/协议移交财务部，审核相关费用、倒扣率、结算方式等方面内容。

⑦营运部负责新品的陈列、宣传、促销。门店在申请新品引进时，应根据品类新品分析该新品在此类商品中的定位，并严格遵循有关商品陈列原则，提前做好陈列规划及促销陈列规划，在陈列及标识等方面突出展示。

⑧新商品首批次订货。新品资料完成建档后，采购部可根据店铺面积、商品结构、陈列位置、预计销量等，统一为各店制作新品订单，并在备注栏注明新品。供应商按送货流程送货到门店完成新品首单送货。

新品资料完成建档后，如是仅单店申请引进，采购部可将商品建档信息反馈给申请门店。由门店按订货操作流程自行向供应商制作首批次订单，供应商按订单送货至门店，完成新品首单送货。

⑨门店根据新品的销售情况，负责商品的后续订货工作。

（2）新品引进后的评估。

①新品评估标准。

a.新品销售达到预期目标，转为正常商品；销售未达到预期目标，采购部与供应商进行沟通，调整或淘汰新品。

b.新品在试销期间，销售快速上升，进入零售企业商品小分类销售排行前5位的商品，可以提前转为正常商品。

c.对于填补零售企业经营空白的商品、特殊顾客有稳定需求的商品，销售满三个月后，如果达到单月保底销售量或销售额，可以转为正常商品。

d.对于质量不合格或遭顾客投诉两次以上的商品，零售企业可随时提出淘汰意见，将此商品直接纳入淘汰作业流程。

②新品评估作业操作。

a.采购部或门店建立新品的销售跟踪表，每周跟踪新品的销售情况，登记新品的月度销售数据。

b.每月第一周对新品销售满三个月的商品，进行商品和销售数据汇总；

c.采购部或门店分析同期同类商品的销售，与新品进行比较，根据上述新品评估标准提出并确定评估的结果。

d.按照评估结果，在系统中修改商品信息资料，对于评估需淘汰的商品，修改商品信息的状态属性为"停购"，如此类商品还有库存，可视合同条件清理库存或联系供应商退货操作。

e.新品转正的同时，按商品政策"进一退一"的原则，门店或采购部门提出商品淘汰单品，进入商品淘汰作业流程。

行业发展与瞭望

网络零售商品新趋势

一是新品消费成为新亮点。2022年以来，电商平台日益重视扎根实体经济，积极帮助品牌商家挖掘新的增长点，提供营销、数据、场景支持，助力品牌推陈出新，打通新品增长路径。2022年京东"双11"期间，共推出近2 000万款新品，成交额环比翻1.57倍，其中1 000万款新品成交额环比增长超200%。数据显示，在网上购买新产品或新品牌，如品牌首发商品、全新品类商品、产品升级商品、IP联名限量款等的用户，占网络购物总体用户的比例达15.2%。

二是绿色低碳消费成为新风尚。随着碳达峰、碳中和"双碳"目标的深入贯彻，消费者的环保消费意识逐渐增强，绿色消费、循环消费等消费模式日益成为网购消费新潮流。数据显示，在网上参与过绿色消费的用户占网络购物用户总体的22.3%，其中，购买过节能家电或参与以旧换新、购买二手商品的用户比例分别达15.9%和9.6%。

三是智能家居消费蓬勃发展。从2016年到2021年，我国智能家居市场规模由2 600亿元增长至5 800亿元，年均增长率近20%。2022年京东"双11"期间，智能家居产品中超20个智能品类成交额同比增长超5倍。数据显示，最近半年在网上购买过智能家居、家电、可穿戴设备等智能产品的用户占网络购物用户总体的30.6%。其中，25~34岁、35~44岁用户最近半年网购过智能产品的比例最高，分别达到40.2%和34.4%。

四是工厂直供、定制化消费异军突起。电商平台一方面通过释放消费数据生产力，引导工厂、品牌商更好地满足消费个性化和多样化需求，进一步提升数字化和柔性生产能力；另一方面，通过扶持工厂直接对接消费者，持续丰富货品供给。数据显示，在网上购买过工厂直供、定制化产品的用户，占网络购物总体用户的比例分别达41.9%和13.4%。阿里巴巴财报数据显示，该季度电商平台M2C（manufacturer to consumer，制造商对消费者）商品产生的支付商品交易总额同比增长超过60%。

（资料来源：中国互联网络信息中心）

零售调研与践悟

任务目的：

能够根据所学知识，为零售企业销售的商品进行诊断，判断哪些商品应该被淘汰。

任务条件：

智能手机、计算机等。

任务组织：

1. 每4~6人为一组，其中一人担任组长。

2. 每组选定一个门店，对其销售的商品通过观察、咨询、问卷等方法进行调查，统计出相关数据资料。

3. 各组对统计数据进行分析，得出结论，哪些商品应该及时被淘汰，并进行小组汇报。

任务成果：

分析报告一份。

第二节　自有品牌开发

课前思考

苏宁、大润发等一些大型零售企业为什么要开发自有品牌产品？

《中国自有品牌发展研究报告（2022—2023)》数据显示，对自有品牌非常了解的消费者占比从2021年的24.72%提高到2022年的33.97%，自有品牌的消费人群逐年有较大幅度的扩大。近年来零售商、制造商与相关合作企业共同努力的成果之一是培育了自有品牌消费人群。

另外，相比发达国家平均30%~40%的自有品牌市场占有率，中国零售自有品牌的发展还有巨大潜力。在这样一个大有可为的市场，谁能占领先机，谁就能成为下一个引领者。

一、自有品牌的发展及优势

（一）自有品牌的定义

自有品牌一般是指与制造商品牌相对应的处于分销渠道中间环节的中间商品牌，是批发商或零售商自己创立并使用的品牌，区别于其他品牌的商品或者服务。自有品牌商品一般只在自己拥有的渠道销售。

互联网环境下自有品牌的发展早已超越了上述定义，互联网自有品牌与个人IP自有品牌显示出巨大的发展潜力。互联网零售企业凭借自身的平台优势，虽然以"悄然"或"低调"方式推出自有品牌商品，但其发展极为迅速。如网易严选、天猫超市的棒倍特、小米有品、苏宁极物、京东京造等，来自互联网的自有品牌已经不计其数。

网红的诞生开创了IP营销新时代。拥有大量粉丝的"李子柒"就是一个典型的"个人IP自有品牌"，柳州螺蛳粉、麻宽面、红油面皮、红糖姜茶、海鸭蛋黄酱、好拌牛肉、红豆薏米粉都被贴上了"李子柒"标签。标签背后不仅仅是"逻辑"，更是实实在在的商品体验，这就需要有一套体系、技术与管理来支撑。

自有品牌开发者也超越了传统的商品中间商渠道，如乘坐我国东方航空公司的班机可以喝到有"燕子"标签的纽仕兰品牌牛奶。拥有优质供应链资源的企业，不仅能够为零售商代工产品，也为制造商代工产品，而且逐渐建立起自身的自有品牌矩阵。

在日本，小农不能进批发市场，于是就出现了一种寄售商店，叫"直销所"，我国称为"直销店"，农民把自己生产的产品包装后进入直销店销售，包装上印着农民的姓名。这是农民的"个人品牌"。

（二）自有品牌的发展

自有品牌在我国的发展历史较为悠久，老字号品牌其实都是自有品牌产品。改革开放以来，我国自有品牌大致经历了四个发展阶段。

1．初期发展：1978—2003年

改革开放初期，百货、药妆行业早于超市行业领先开发自有品牌。

（1）早期的百货自有品牌是从小店铺开始的。如创建于1927年的上海开开百货商店，在1987年推出"开开牌"衬衫和羊毛衫等产品，成为中国零售企业开发自有品牌商品的先锋。再如，创建于1927年的"恒源祥"，1988年"恒源祥"店招被注册商标，1991年恒源祥开始与工厂合作，生产恒源祥品牌的手编毛线，2008年恒源祥成为奥运会历史上首家非运动纺织服装类企业赞助商。

（2）专业店自有品牌兴起。1989年，屈臣氏在北京开出了中国内地的首店，2003年康是美中国大陆首店在深圳开业、天虹超市开始探索自有品牌，迪卡侬首家门店在上海开业。

（3）超市出现系列化自有品牌。1996年，沃尔玛进入中国大陆，在深圳开设了第一家沃尔玛门店和山姆会员商店，并申请注册"惠宜"（Great Value）商标，覆盖多个系列食品。上海华联超市、联华超市分别推出了"勤俭""联华"等自有品牌。1999年农工商超市举办首届"农工商大米节"，提出了"自种自卖，自产自销，产加销一体化"自有品牌经营模式。

2．第一次高潮：2004—2008年

这个时期经历了中国零售业全面对外资开放、食品安全事件频发，以及全球金融危机。2007年中国连锁百强企业自有品牌商品销售规模达到43.5亿元，比上年增长52%，自有品牌占比0.51%。

沃尔玛中国大约在5家门店的时候就开始做自有品牌，当时自有品牌开发由采购部门总监负责，选择销售前景比较好、销量比较大的商品来发展自有品牌。沃尔玛、家乐福、乐购等外资大卖场从2004年起制定并实施了自有品牌开发计划。在外资零售企业的带动下，我国零售业掀起了自有品牌开发的第一次高潮。如华润万家申请注册了"简约组合"和"润之家"商标。

即学即问

你在一些零售门店看到的自有品牌商品主要是哪些品类的？你会选择购买这些产品吗？

3. 第二次高潮：2009—2015年

这是一个迫于竞争环境变化的转型期。在这个时期，实体零售企业受到了互联网的冲击。在企业转型期中，有些企业快速发展，有些企业则被市场淘汰。

（1）开启了多元零售新时代。在超市行业出现了诸如上海的"城市超市"（CITY CHOP）、"久光超市"与华润万家的"Ole"等高端超市。团购网站的商业模式传到了中国，团购兴起。

（2）自有品牌开发进入转型期。如天虹自有品牌开发，从2010年开始进入战略转型阶段，将自有品牌的开发方向调整为高品质、高性价比、差异化，把高品质放在了首位，同时建立健全了自有品牌的质量管理体系，陆续下架停售了近50%的自有品牌商品，淘汰不合格供应商，并在全国精选优质供应商。

2012年，阳澄湖大闸蟹上线京东等电商平台，当当推出自有品牌"当当优品"，而红极一时的"凡客诚品"开始出现了颓势，银泰自有黄金品牌"银泰金"在宁波银泰东门店低调亮相。

4. 第三次高潮：2016年以后

随着新零售、移动互联网、区域零售商的崛起，我国迎来了自有品牌发展的第三次高潮。

（1）新零售引领生鲜自有品牌。2017年盒马鲜生首创"日日鲜"自有品牌，先做蔬菜和肉类，后来引入了牛奶、鸡蛋、豆腐、豆浆等商品，截至2020年年底，盒马"日日鲜"已拥有超过400种商品。2020年5月，叮咚买菜经营主体上海壹佰米网络科技有限公司提交了7件"叮咚日日鲜"注册商标申请。

2018年"永辉优选"品牌发布会在四川成都举行，品牌矩阵中包括田趣、优颂、馋大狮、超级U选等，并称"以消费者为核心"的永辉自有品牌进入2.0时代。

（2）互联网自有品牌不断发展。我国早期的互联网自有品牌有：麦考林、凡客诚品、麦包包、当当网、乐蜂网等。

2016年4月网易严选上线，我国进入了精选电商新时代；2020年京东京造发布了"造极计划"，携手全球优质制造行业合作伙伴一起打造优质产品，建立更开放的合作伙伴关系。2021年年初，主打"高品质、高性价比"的1号会员店（原1号店）推出自有品牌One's Member。2022年，永辉超市的"田趣""馋大狮"，沃尔玛的"惠宜"等自有品牌进一步得到消费者的认可，自有品牌已成为零售企业发展的重要引擎。

（3）网红自有品牌不断涌现。直播带货的出现及其快速发展，给零售业带来了新的变化，一些网红开始打造自有品牌，而且有不少都已经开始实施，东方甄选等成功网红自有品牌的发展带来了良好的示范作用。

综上所述，改革开放以来，我国自有品牌发展经历了三次高潮之后，呈现出系列化、差异化、品质化、多元化发展态势，百货自有品牌、商超自有品牌、专业店自有品牌、联盟自有品牌、互联网自有品牌、个人自有品牌、老字号自有品牌、餐饮自有品牌等都不同程度地得到发展。自有品牌开发是一项耗时、耗财、耗力的战略行动，既要有知难而进的勇气，又要有盈科而后进的睿智。

即学即问

农产品的品牌化有哪些困难？

自有品牌的优势

（三）自有品牌的优势

自有品牌的优势体现在以下四个方面：

1. 差异化

一是由于来自消费者最直接的反馈，更准确地打造差异化；二是由零售企业主导，缩减了开发链路，可以更快速地传递差异化；三是去除了品牌溢价，简化了价值链，可以更低成本地实现差异化。调查显示，在被问到选择零售商的原因时，"品牌和产品多样性"成为消费者选择零售商的首要原因，比促销活动多、配送方便、价格吸引人等因素高出3个百分点，说明差异化是影响消费者选择零售商最主要的原因。

2. 提升毛利率

自有品牌虽然定价低于制造商品牌，但是由于节省了中间流通环节和品牌宣传等费用，自有品牌的毛利率一般在50%左右，远高于零售企业销售的制造商品牌的毛利率（约20%）。

根据中国连锁经营协会的数据，沃尔玛以日用品、包装食品为主要品类的自有品牌"惠宜"的平均毛利率接近50%；华润万家自有品牌纺织品的毛利率约60%，日化毛利率约为60%~65%，休闲食品毛利率约50%；麦德龙、乐购、屈臣氏等自有品牌的毛利率约为30%。

3. 提升消费者忠诚度

虽然这样的消费者数量还比较有限，但已经有一定比例的消费者会为了购买特定零售商的自有品牌而选择某个零售商。《2022中国自有品牌蓝海战略白皮书》调研数据显示，50%的消费者能准确说出自有品牌的名称，盒马鲜生旗下的自有品牌成为目前最知名的自有品牌。35%的消费者在过去半年内购买过自有品牌。未购买自有品牌的消费者中，87%对尝试购买自有品牌持开放态度。这说明成功的自有品牌能有力地维系消费者对零售企业的忠诚度。

4. 领先优势

零售企业直接面对广大消费者，能比较准确地把握市场需求特点及其变动趋势，从而能根据消费需求特点来设计、开发、生产、组织商品，这样就使自有品牌的商品比制造商品牌的商品能更快捷地体现市场需求，在市场竞争中处于先发制人的有利地位，掌握竞争的主动权。

📋 即学即练

通过现场观察、消费者访谈等调研方法，总结分析自有品牌有哪些优势和劣势，形成调研报告并进行汇报展示。

二、自有品牌商品的开发实践

自有品牌开发的基础是品类管理。但以品类管理为基础，只是自有品牌开发观念、战略与路径之一，而不是唯一。小规模企业打造自有品牌是依靠技术与特色；大规模企业打造自有品牌则是一个工业化的过程，更是一个综合营销的过程。不同的企业需要建立自己的发展战略、运作模式与实施方案。零售企业现在更需要以创新为特征的"横向营销思路"，去发现消费者的痛点，挖掘细分市场，发现新需求，创造新产品，以满足消费者未被满足的消费需求。

（一）自有品牌的开发条件

开发自有品牌，一般需要具备以下条件：

1. 较大的市场空间

零售企业在推出自有品牌之前，一定要做好市场调研，分析自有品牌的市场空间是不是够大。如果市场已经趋于饱和，或者有强大的竞争对手占据着市场，就没有必要推出自有品牌的商品，因为这势必会造成亏损。目前，我国零售市场发展势头很猛，外部环境良好，可以尝试推出自有品牌商品。

2. 可靠的供应商

零售企业在选择开发自有品牌时，要确保自身有一个稳定可靠的供应商，否则就无法保证自有品牌商品的供应，一旦供应链断裂，就会造成经济损失和信誉损失。

3. 良好的商业信誉

零售企业自身一定要有较大的规模和实力来支撑自有品牌的开发，这是因为一个自有品牌的开发不仅需要大量资金的投入，还需要成熟的管理运营经验，只有企业具有一定规模时，才具有运营好一个自有品牌的能力。而且只有企业规模足够大时，与供应商进行合作时才可以压低进货成本，从而在销售环节获取价格优势。

零售企业想要推出一个被消费者认可的自有品牌，最重要的条件之一就是要有良好的商业信誉，只有在消费者心中树立了良好的形象，并将顾客的需求放在第一位，自有品牌才会更容易被消费者接受。

4. 高效的管理团队

开发自有品牌的前提之一是零售企业一定要有一支高素质的管理团队，目前众多著名的零售品牌都建立了专门的自有品牌运营管理团队。如果没有一支专业的品牌运作团队，自有品牌的布局就是空谈。

数实融合新视界

自有品牌影响力经营

目前，永辉自有品牌已经搭建了覆盖中高端全线的品牌矩阵，包括"田趣""永辉农场""优颂""馋大狮""惠相随""辉妈到家""Ofresh"，涉及生鲜、干杂日配、饮品休闲、清洁家居、快手菜等多个品类。

永辉自有品牌坚持从消费者的核心需求出发，针对不同消费场景进行产品研发，力争满足消费者更加精细化和多元化的需求。

永辉自有品牌旗下的休闲零食类品牌——"馋大狮"，推出了"馋大狮"黄油曲奇礼盒、"馋大狮"手剥核桃、"馋大狮"零食大礼包等新春定制产品。这些产品以IP"馋大狮"的形象作为主体，融入了舞狮、虎帽、红灯笼等春节元素，整体配色选用喜庆的"中国红"，节日氛围浓厚，产品特征也十分明显。

永辉自有品牌旗下的另一主力家居生活类品牌——"优颂"，与知名IP"故宫宫猫"联名推出了一系列人气商品，如"优颂"宫猫保温杯、"优颂"宫猫系列男女鸿运袜、"优颂"宫猫招财系列福虎毛巾礼盒、"优颂"宫猫系列玄关入户垫、"优颂"宫猫招财系列红包等，带给消费者全新的视觉感受和消费体验。

除了产品本身的创新，永辉自有品牌也非常注重IP的打造。继"馋大狮"品牌推出自身的IP形象"馋大狮"后，"优颂"品牌也推出了全新的IP形象"颂宝"。

基于产品的功能和消费群体的特性，"颂宝"的核心定位是超级家务小能手，个性可靠、勤奋、安全，能帮助用户打扫卫生、洗衣做饭，把家里打理得井井有条。在视觉形象设计上，"颂宝"以熊及熊猫为原型，采用白色和清新绿为IP主色，通过偏暖情调的清新自然风，传递温暖、居家、可靠的感觉。其腹部的U型盾代表两层含义，一层代表"优颂"品牌，来自汉字"优"的拼音；一层代表给消费者"You"带来优质的服务与呵护。

同时，永辉自有品牌精准洞察到年轻消费群体的"春节斗图"场景，依托憨态可掬的"颂宝"形象，结合时下的网络热门流行语，制作了一系列新春表情包。

（二）品类选择

自有品牌商品品类的选择必须考虑两个因素：一是被选择商品的价格较市场销售的制造商的商品价格更低；二是被选择商品有一定的吸引力，能影响消费者的品牌忠诚度。因此，零售商可以考虑选择的自有品牌商品的品类有以下几种：

1. 消费者品牌意识不强的商品

对某些商品而言，消费者的品牌意识非常强，如牛奶、化妆品等，消费者倾向于购买自己认定品牌的商品。因此，零售商开发这类自有品牌的难度就很大，即使开发出来，也难以得到消费者的认可。而另一些商品，消费者的品牌意识较弱，如肥皂、卷纸等日常用品或食品，零售商采用一些促销手段，很容易影响消费者的购买行为，因此这些商品可以作为自有品牌商品考虑。

2. 销售量大和购买频率高的商品

只有销售量大的商品，零售企业才可能实现大量订货，从而降低开发和生产成本，保证实现自有品牌商品的低价格。购买频率高的商品，商品的品牌忠诚度较低，顾客很有可能在其他条件的影响下，改变购买的品牌，这有利于零售商开发新顾客，促使他们购买自有品牌的商品。

3. 单价较低和技术含量较低的商品

对于单价较低的商品，消费者可在第一次购买后，通过使用决定是否再次购买，其购买风险较小。特别是一些价格敏感度较高的日用品，在同等质量的条件下，消费者更容易接受价格较低的自有品牌商品。而对于单价高的商品，消费者的购买决策是比较谨慎的。另外，技术含量高的商品，不宜作为自有品牌商品的开发对象。一是大多数零售企业不具备这些商品的开发实力；二是这类商品的品牌忠诚度一般较高，难以改变消费者的购买态度；三是这类商品往往需要强大的售后服务力量，这是零售商力所不能及的弱项。

4. 普通供应商无法生产加工的商品

需要经过生产加工的商品，其保鲜、保质要求高，如部分生鲜食品的加工包装只能在卖场内进行。零售商可以用良好的商誉做背书，利用渠道短的优势，及时把货真价实的商品提供给广大的消费者。因此，这类商品也宜作为自有品牌商品的开发对象。

（三）开发路径

自有品牌的开发路径，一般包括自营、自销、自制和自有四种。

1. 自营

自营，顾名思义，强调自主经营。自营自有品牌的代表是传统产品自有品牌，指的是零售企业从设计、原料、生产到经销全程控制的产品。其重要特点表现如下：

（1）零售企业拥有自营产品的商标权。

（2）采用OEM（Original Equipment Manufacturer，原始设备制造商，一般指代工）、ODM（Original Design Manufacturer，原始设计制造商）合作形式，为合作工厂代生产，零售企业在合作工厂没有股权。

（3）零售企业针对自营产品注重实行品牌化运营，通过品牌化运营来提升产品的附加值。

2. 自销

自销，重在强调自主销售。自销型自有品牌区别于传统产品自有品牌，不专注品牌化运营，重点在于采购流程的优化，直接从源头进货，产品价格低、毛利高、市场竞争力强。存在的形式有生产工厂直采、农户（水产）基地直采、品牌专款专供、联合品牌产品等多种形式。自销型自有品牌的商标可以是零售企业自有的商标或标签、零售企业和工厂组合商标、工厂商标。

3. 自制

自制，强调的是现场自主制作。自制型自有品牌代表的是服务型、项目型自有品牌，这种服务型、项目型自有品牌一般以专柜、专区形式存在，整体服务以自有品牌形式出现，自有品牌既是服务品牌，又是商品品牌。自制型自有品牌落地于零售企业具有所用权、运营权、商标权的运营实体，如自制咖啡专柜、自制饮品、自制便当专柜、自制面包专柜等。

4. 自有

自有，代表的是自主拥有。自有型自有品牌是指零售企业完全拥有自主产权、所有权、控股权的工厂生产的自主产品，为产品型自有品牌的最高阶段，是零售企业真正全产业链的产品。在自有品牌的归类标准上，可以适当放宽标准，不必拘泥于完全控股，零售企业可以参股生产工厂，使生产工厂和零售企业能保证战略上的协同性，但自有型自有品牌产品的商标权一定掌握在零售企业手中。

随着互联网技术的发展，新零售背景下的自有品牌路径也在不断创新，主要有以下两种形式：

（1）一件代发：电商平台将品牌授权给制造企业，委托制造企业生产产品，通过电商平台进行售卖，由制造企业一件代发；

（2）个人品牌：打造个人IP品牌及产品，通过线上平台直播等渠道直接销售给客户端。

执善向上与坚守

打造绿色品牌，助力"双碳"目标

党的二十大报告明确指出："加快发展方式绿色转型。推动经济社会发展绿色化、低碳化是实现高质量发展的关键环节。"在实现"双碳"目标的社会背景下，零售行业对ESG（Environmental, Social and Governance，一般指环境、社会和公司治理）的重视程度迅速提升。当前，倡导绿色消费理念、推动绿色低碳循环发展、促进经济社会发展全面绿色转型，既是刺激消费扩大内需、满足人民对美好生活需要的重要战略举措，也是促进经济健康可持续发展，实现高质量发展的根本之策。"双碳"目标下，各行各业开始在生产、经营等各个环节探索绿色低碳的新方法、新模式，品牌建设凸显绿色导向。

锅圈食汇是火锅烧烤食材超市品牌，其运营模式是火锅烧烤食材社区零售模式。锅圈食汇以火锅、烧烤食材为主，涵盖休闲零食、生鲜、净菜、饮食、小吃等商品的便利店连锁系统；以"互联网＋食材"的B2B、B2C运行模式，线下门店与线上商城并行。锅圈食汇为广大中小型餐饮企业提供B端食材供应，又服务了"宅、急、忙、老"消费者。

锅圈食汇始终坚持绿色环保理念，通过采取一系列创新举措来实现绿色低碳服务。在商品生产、运输、流通等环节，将ESG战略与产品深度融合。例如，锅圈食汇积极推广采用可降解塑料袋和可重复使用的无纺布购物袋来取代传统塑料袋的方案，以减少"白色污染"，降低塑料制品对环境的负担。这种环保理念的贯彻实施有助于提高消费者对环保的认识，引导公众形成绿色消费意识。另外，企业所提供的竹炭不仅使烧烤成为更加健康、安心的用餐选择，同时还具有环保降耗的优势。其采用的全竹粉具备高热值和耐烧特性，使引火过程简便快捷。

当前，实现"双碳"战略已成为各行业的共同探索，ESG发展理念亦成为品牌高质量发展的重要抓手。对于零售企业而言，通过自身节能减排探索、产业链全面减碳，以及推动绿色消费的方式助力碳中和、保障能源安全，成为一道必选题。

零售调研与践悟

任务目的：
通过市场调查，了解我国零售企业自有品牌的现状。

任务条件：
智能手机、计算机等。

任务组织：

1. 每4~6人为一组，其中一人担任组长，其他人按照需求分工；

2. 每组选定一个零售企业，对其自有品牌进行调查；

3. 分析零售企业自有品牌的特点、顾客认可度等；

4. 各组汇报调查结果，由每组选出的评委进行评价，并提出可行性建议。

任务成果：
调查分析报告一份。

第三节　商品数字化管理

🅰 **课前思考**

你在一些超市看到的商品标签有哪些类型？电子标签的优势有哪些？

一、商品数字化概述

（一）商品数字化的含义

商品数字化是将商品通过视觉拍摄、字段提取等方式获取原始商品数据，并根据业务需求，将这些原始数据经过设计、编排、输出，形成数字化的商品图文，并通过屏幕端（移动端、电视端、PC端）直接展现给消费者，最终完成商品信息传达与交易的整个过程。

随着电子商务的发展，以及新零售的推进，商品数字化管理是现代品牌企业数字化管理的必经之路，是零售企业IT系统（信息系统、智能系统）的枢纽。也就是说，在数字经济时代，商品的标准配置，不仅是单一的实物或样品，还是一整套以虚拟形式存在的数字化信息，它是新零售得以实现的关键基础。

要实现商品数字化，首先要实现单品管理，并围绕单品管理，将商品、库存、下单、接单、支付、会员、结算等过程的高精度数据记录，为经营者开展大数据分析提供基础信息。商品数字化的内容如图4-5所示。

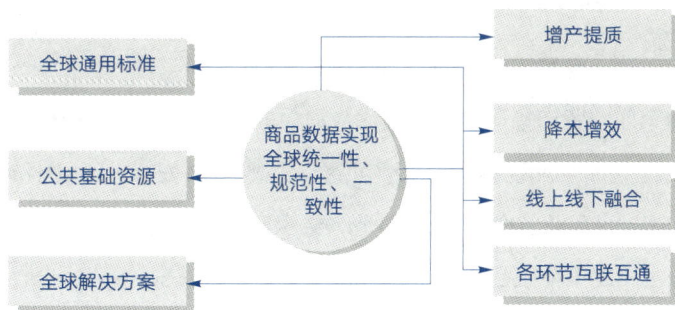

图 4-5　商品数字化的内容

（二）商品数字化的作用

1. 商品数字化助力企业开辟营销新途径

在新零售消费模式大潮中，不断涌现出诸多新型营销模式，基于移动终端的条码扫描行为日益广泛，成为目前被零售企业和消费者广泛认可的商品营销途径。它可以有效展示商品信息、打通线上线下渠道、扩大覆盖范围、加快商品营销节奏。基于商品条码的商品源数据服务，确保了商品数字化信息采集的准确性，在移动终端标准化展示产品信息，实现商品信息的电子化与数字化，从源头上杜绝虚假信息，成为零售企业营销新途径。

2. 商品数字化为供应链提供数据支持

商品数字化可以为企业的线上营销提供可靠的数据，为企业向新零售模式转型提供数据支持。商品数字化是供应商、零售商线上业务的基础，而以商品条码为载体的标准化、高质量的商品数字化信息，能够为新零售模式中的各个销售渠道提供必要的信息化支撑，为供应商、零售商，以及相关产业制定供应链决策提供强有力的支持。

3. 商品数字化协助企业数字化转型

商品数字化工作致力于协助企业完整全面地整理商品信息，方便客户向各类应用系统分享、展示标准化商品信息，从而为企业建立详细、标准的产品数据档案，使企业不但对产品的生命周期了如指掌，也可提升商品条码的应用水平，协助传统零售企业实现数字化转型。

数实融合新视界

商品市场全面数字化转型

浙江农贸市场和专业市场"五化"（便利化、智慧化、人性化、特色化、规范化）改造项目启动以来，浙江省已实际投入资金5.4亿元，共涉及经营户超过7万户。

插上数字化的翅膀，商品市场充满了科技感。

在杭州骆家庄农贸市场一楼，智慧化数据大屏上显示的"区块链溯源"科技备受关注。"我们通过技术，实现菜品的来源可溯、质量可查、去向可追，保证菜品的放心消费，从而打造一个真正放心的农贸市场。"骆家庄农贸市场副经理介绍。骆家庄农贸市场成为"线上+线下"融合的数字化农贸市场，线上以5G + VR全景直播和"云买菜"为主，线下全面运用5G、大数据和人工智能等技术，让农贸市场更加人性化。

在温州市鹿城区，该区36个农贸市场统一纳入了农贸市场智慧管理指挥中心，实施远程实时监控，并首创"监管、支付、溯源"一码通，实现从称量到结算全流程电子化服务。

此外，该区的农贸市场在改造中还融入地方文化元素，如温州黄龙农贸市场专题展示箸笠历史文化，温州松台农贸市场提炼瓯菜饮食文化，温州南塘农贸市场推出"城市菜谱"，让农贸市场更具地方特色。

浙江省市场监管局相关负责人表示，目前浙江省第二批商品市场"五化"改造已进入冲刺破关阶段，浙江省市场监管局将继续深化"五化"改造内容，加快推进数字化改革，全面推广"商品市场智慧化应用"项目。

（三）商品数字化的步骤

在商品数字化方面，零售企业要做好三个方面的工作。首先是赋码，给每种商品赋予唯一的数字身份证，其次通过识别设备进行数据采集，最后通过集成系统进行数据的传输与处理，进而达到企业的预期目的。"标识＋识别设备＋集成系统"三者缺一不可，三者共同构成商品数字化的基础。其具体流程包括以下几个步骤。

1. 建立主数据商品档案

商品数字化的第一步是在主数据中心统一进行商品建档。创建并维护零售业务数据的一致性、完整性、相关性和精确性是商品数字化和整个零售业务相关系统建设的前提条件。这些零售业务数据一般有统一的品牌编码，仓库编码，供应商编码，店铺信息编码，商品主档编码，年份季节编码，颜色、尺码编码，省区、城市、片区编码等信息。主数据中心是整个商品数字化的基础，如图4-6所示。

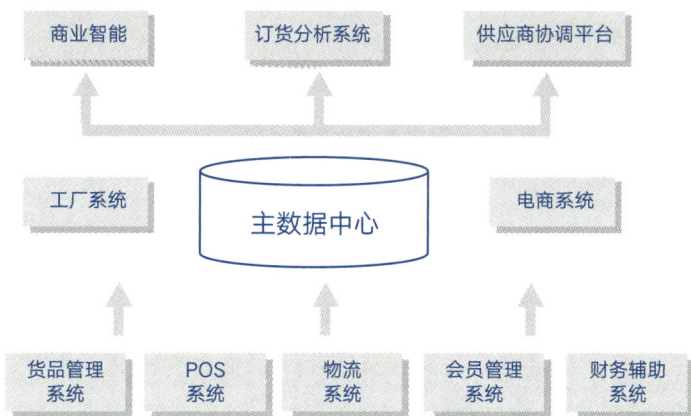

图4-6　主数据中心系统

2. 商品库存数字化

商品库存数字化贯穿整个零售业务。以商品库存为维度，从采购管理（订货会、采购合同、订补货合同）到货品管理（采购入库、店铺调配货物、库存体系打通），都可以通过商品库存数字化进行管理。商品库存数字化是整个零售全渠道销售的基础，也是零售企业数字化转型的基础。建立主数据中心后，就需要先完成商品库存数字化。

商品库存数字化的实施包括以下内容：

（1）物料全过程数字化管理。应用人工智能、射频识别（Radio Frequency Indentification, RFID）、移动应用等先进技术，对物料作业流程进行全过程闭环管控，使信息流、物流、车流、资金流保持一致，实现物料入库、出库、库存的高效管理，实现作业流程智能化。

（2）出库管理。通过车载读写器，从电子标签上读取信息，确认出库，将重量等信息上传至信息系统，根据电子标签信息自动提取库位、品种、规格、信息。

（3）库存管理。利用RFID技术将货架贴上电子标签。货架上的电子标签可以识别货号和位置，同时用来记录货架目前存放的商品数量和种类。通过物料共享的功能，可以自由设置各仓库库存的开放状况，从而实现仓库间的物资共享调拨。

（4）客户端应用。客户端应用可以通过移动设备实时了解订单信息、仓库状态、货架位置、货物信息等，从而提高工作效率和准确性。

3. 商品交易数字化

商品交易数字化是指通过数字化技术，将商品交易过程中的商品信息、交易流程、合同签约、交付结算等环节进行数字化处理，以提高交易效率和准确性，降低风险和成本。实施商品交易数字化的步骤如下：

（1）确定业务需求。明确数字化交易的需求和目标，以及所需要的功能和流程，以便选择合适的数字化工具和平台。

（2）选择数字化平台。根据业务需求，选择适合的数字化平台，如电子商务平台、供应链管理平台、进销存管理平台等。

（3）商品信息数字化。通过商品拍摄、字段提取等方式，将商品信息数字化，建立数字商品库，以便在数字化交易中统一描述商品信息。

（4）交易流程数字化。将交易流程数字化，包括合同签约、下单、接单、支付、发货、收货、结算等环节，建立数字化交易流程。

（5）数据管理。在商品交易数字化过程中，需要对商品信息和交易数据进行管理和维护，建立数据仓库和数据分析系统，以便进行数据分析和决策支持。

（6）信息安全。商品交易数字化涉及大量敏感信息，需要建立信息安全体系，包括数据加密、网络安全、身份认证等措施，以确保交易数据的安全。

数实融合新视界
图像识别收银系统助力降本增效

老乡鸡自主研发的图像识别收银系统落地该企业的200多家餐厅，该系统的特点是通过摄像头识别各类菜品、饮料，不仅支持盘装、碗装、笼装等多种餐具和售卖方式，也支持菜品和饮料混合识别。所有餐盘照片都会回传总部，通过智能分析系统给每道菜品的品相单独评分，并智能监控餐厅堂食出品质量。

老乡鸡图像识别收银技术建立了1 000多张菜品图库，菜品识别可以在瞬间完成，攻克了多项技术难题，在精度与效率上达到了同行业先进水平。新菜上架时，餐厅只需要提供两三份样品，简单操作，就可以完成新菜的信息采集。图像识别收银系统可使每单结算速度提升60%，不仅可以减少顾客日常排队现象，多样的支付方式也提升了用户消费体验，解决了餐厅排队压力造成的顾客流失，提升了餐厅收银效率，增加了餐厅翻台率，降低了餐厅的人力成本和收银员的压力。

该系统的自主研发节省了对外购买供应商技术的昂贵成本，并且结合了老乡鸡业务定制化的特色功能。

4. 商品物流数字化

伴随着万物互联时代的到来，物流行业逐渐向数字化方向发展，而物联网在物流行业数字化发展过程中起着重要作用。物流的核心是商品的流动，而物联网以物为关注点，通过多种感知技术识别和采集大量商品信息后，联通各种信息数据，形成数据网络，再通过云计算、大数据等技术进行智能化处理，实现物物智联，因此，其在物流领域具有高适用性，可进一步加强对仓储、运输、配送等环节的物流监控，加快获取商品状态信息的速度，提高安全管理水平，提升物流运营效率。

二、商品数字化管理工具

商品数字化管理的首要条件是赋码，商品外包装的条形码是商品数字化的载体，其商品信息可以通过具有结算功能的条码扫描仪对其进行信息计算，然后通过数据后台分类，系统便可以对其进行数据化、网络化的呈现。

(一) 零售商品标识代码

1. 零售商品标识代码的编码原则

在编制商品标识代码时，应遵守以下基本原则：

(1) 唯一性原则。唯一性原则是商品编码的基本原则，它是指同一商品项目应分配相同的标识代码，不同的商品项目必须分配不同的标识代码。不同的商品名称、商标、种类、规格、数量、包装类型的商品应视为不同的商品项目，必须编制不同的标识代码，以保证编码的唯一性。

(2) 稳定性原则。稳定性原则是指商品标识代码一旦分配，只要商品的基本特征没有发生变化，就应保持不变。同一商品项目，无论是长期连续生产，还是间断式生产，都必须采用相同的标识代码。即使该商品项目停止生产，其标识代码也应至少在4年之内不能用于其他商品。另外，即便商品已不在供应链中流通，由于要保存历史纪录，需要在数据库中较长期地保留其标识代码。因此，在重新启用商品标识代码时，还需要考虑此因素。

(3) 无含义原则。无含义原则是指商品标识代码中的每一位数字不表示任何与商品有关的特定信息。有含义的编码，通常会导致编码容量的损失。在编制商品项目代码时，最好使用无含义的流水号，即连续号。这样能够最大限度地利用商品项目代码的编码容量。

2. 商品标识代码的分类

一般来说，条形码可分为一维条形码和二维条形码。

(1) 一维条形码。一维条形码可标识物品的生产国、制造厂家、商品名称、生产日期、商品类别等信息。在商品流通、图书管理、邮政管理、银行系统等许多领域有广泛的应用。目前，使用频率最高的码制是EAN-13码，如图4-7所示。

图 4-7　EAN-13 码

EAN-13码一般包括以下几个部分：

①国家/地区代码。由国际商品条码总协会授权，我国的代码位690-699，凡是我国核发的商品条码均冠上690-699的其中一个，用来区别于其他国家，如图4-7中的693。

②企业代码。由中国物品编码中心核发给相关企业，共四位代码，如图4-7中的7526。

③产品代码。有五位，代表单个产品的编码，由企业自己定义，如图4-7中的50374。

④检查码。是为了防止条形码扫描器误读的自我检查，一般在生成EAN-13商品条码时可由条形码生成软件自动生成，如图4-7中的3。

🖥 即学即问

分析一下你的身份证号的结构特点。

(2) 二维码。一维条形码所携带的信息量有限，如EAN-13码仅能容纳13位阿拉伯数字，更多的信息只能依赖商品数据库的支持，离开了预先建立的数据库，这种条形码就没有意义了。因此，在一定程度上也限制了条形码的应用范围。基于这个原因，在20世纪90年代出现了二维码。目前，二维码主要有PDF417码、Code49码、Code 16K码、Data Matrix码、Maxiocle码等。二维码的主要优点如下：

①高密度编码，信息容量大。可容纳多达1 850个大写字母，或2 710个数字或1 108个字节，或500多个汉字，比一维条形码信息容量约高几十倍。

②编码范围广。该条形码可以把图片、声音、文字、签字、指纹等以数字化的信息进行编码，用条形码表示出来；可以表示多种语言文字；也可以表示图像数据。

③容错能力强，具有纠错功能。这使得二维条形码因穿孔、污损等引起局部损坏时，照样可以得到正确识读，损毁面积达30%仍可恢复信息。

④译码可靠性高。它比一维条形码译码错误率要低得多，误码率不超过千万分之一。

此外，二维码还具有以下优势：可引入加密措施，二维码的优势保密性、防伪性好；成本低，易制作，持久耐用；条码符号形状、尺寸大小比例可变；可以使用激光或阅读器识读等。

食品安全一直是国家民生关注的重点，因超市和便利店店员没有及时下架处理过期食品导致的食品安全问题，不但影响了顾客的身体健康，而且使得超市和便利店品牌形象及经济利益严重受损，涉事门店面临着停业整顿和行政处罚。

传统的保质期记录方式过度依赖店员重复检查，而且通过纸笔记录无法有效地实现即将过保产品从登记到提醒再到下架的业务流程闭环。华冠超市为了实现更加科学高效的商品保质期管理流程，率先向全门店推广使用盛和"兜便利"小程序中的保质期检查功能，通过培训，店员使用手机即可完成商品保质期录入和检查工作。

店员通过使用保质期检查功能，摆脱了以往需要每天反复查看纸质记录的烦琐操作，原本需要三个小时以上完成的工作现在仅需不到一个小时即可完成。避免了因工作繁忙导致未能及时下架临期商品而造成的经济损失，极大地提高了商品保质期检查的效率。

保质期检查功能在全店的使用，完全杜绝了过保商品被顾客购买和被公司内部检查警告的情况，目前使用保质期检查功能检查商品的日均 SKU 数高达 120 余个，已加入监控保质期的 SKU 数已达 13 000 余个，保质期检查功能因全面的商品关键信息展示、人性化的交互设计、及时的消息推送，广受零售企业的好评。

电子价签的
作用

3. 商品标识代码的应用

（1）电子价签。电子价签也叫电子货架标签（Electronic Shelf Label, ESL），是一种带有信息收发功能的电子显示装置，主要应用于超市、便利店、药房等显示价格信息的电子类标签。放置在货架上，可替代传统纸质价格标签的电子显示装置，每一个电子价签通过有线或者无线网络与商场计算机数据库相连，并将最新的商品信息通过电子价签上的屏显示出来。电子价签成功地将货架纳入了计算机程序，摆脱了手动更换价格标签的状况，实现了收银台与货架之间的价格一致性。电子价签的主要作用有以下几点：

①提高顾客满意度。电子价签保障实体店、网上商城及 App 端的商品价格等信息保持实时高度同步，解决了线上频繁促销、线下无法同步进行，以及部分商品短时间

内频繁变价的难题。

②实现高效陈列。电子价签与店内陈列管理系统集成，将店内陈列位置有效固化，在指导店员进行商品陈列的同时，也给零售企业总部进行陈列核验提供便利，且全程无纸化操作，高效、准确、绿色。

③提高配送拣货效率。通过后台系统与硬件结合满足O2O拣货场景，结合陈列布局图为门店人员提供可视化最优拣货路线，优化门店拣货流程，提升拣货效率。

④实现精准营销。完成对用户进行多维度行为数据收集，剖析数据为用户贴上标签，完善用户画像模型，便于后期针对消费者的偏好，通过多渠道精准推送相应的营销广告或服务信息。

行业发展与瞭望

零售企业数字化转型四大现状

现状一：随着零售行业增速放缓、利润下滑，数字化不再只关乎单纯的渠道拓展，而更需要驱动门店、商品、供应链的精益运营，实现降本增效。

以商超业态为例，行业利润下滑明显。行业环境不确定性的加剧，倒逼零售企业通过数字化转型进行提质增效，优化成本结构，这短期内有助于在严峻形势下保持健康的现金流、长期看则能够实现可持续增长。

现状二：无论线上线下，零售业依靠"流量红利"的时代已经过去，之前"补贴换增长"的模式不可持续。全渠道、精细化的流量及用户运营能力，是零售企业实现流量价值最大化的必备能力。

消费者的触点、购买渠道在线上线下更加分散，零售企业需要运营的流量来源也愈发复杂，现在要跨线上线下、私域公域，通过不同渠道、触点与消费者建立连接。例如，零售企业在线上不仅要运营私域的社群、公众号、企业微信，还需要布局公域的社交平台（如小红书等）、短视频/直播平台（如抖音、快手等）。针对目标客户群的精细化管理（如分层分级的用户运营策略、完善的会员体系等），以及产出有吸引力的内容至关重要，零售企业的内容制作和运营能力价值突显，好的内容能自动触发社交传播，也更易于一线店员、导购进行分发。

现状三：消费诉求更趋于理性和个性化，零售企业应回归"商品运营"本质，把"好货"放到用户面前。

消费者诉求的理性和个性化，对零售企业来说是挑战也是机遇，前提是商家能够找准自身的价值定位，对覆盖客群有深刻的洞察，从而做到精准的"人货匹配"。商品力的竞争，一方面体现在比以往更精细的颗粒度上，即能否根据目标人群的不同，制定详细的组货和价格策略；另一方面体现在商品创新和差异化优势上，包括自有品牌的精心打磨、拳头品类的优中选优、洞察市场趋势的新品迭代等。

现状四：门店从商品购买渠道拓展为用户体验场所、用户运营阵地、即时配送履约中心等多元角色；零售企业亟待通过数字化转型推动门店和一线人员运营升级。

门店是提供用户体验的关键场所。对于零售企业来说，应思考如何通过门店形态的迭代升级（如空间布局、动线规划）、感性元素的协同（如灯光、氛围、温度、气味），以及数字化互动体验的引入、扎根于附近3~5公里社区的本地化商品运营，吸引消费者在没有明确购买任务的时候，仍愿意回归线下门店享受"逛"的乐趣。相较于商超和便利店，购物中心、百货业态对于线下门店体验的探索更加领先，它们通过停车无感支付、自动积分、精准发券、基于位置的商品/服务推荐等数字化手段提升便利，通过引入小众、新兴、侧重生活方式的店铺业态，以及策划各种跨界联名活动、文化艺术展览，以打造感性体验。

（资料来源：中国连锁经营协会，2022年中国零售数字化白皮书）

（2）追溯码。追溯码是通过条形码技术，解决了零售企业数据采集的瓶颈，实现了信息的快速、准确获取与传输，有机地连接了各行各业的信息系统，为实物流和信息流的同步提供了数据手段，有效地提高了供应链管理的效率，是电子商务、物流管理现代化的必要前提。

追溯码一般有两种用法：一是商家把可追溯码生成了二维码，消费者只需用手机扫码就可以查询；另一种就是直接把编号印在包装上，用户打开厂家提供的追溯网址，然后把相对应的追溯码输入后进行查询。通过追溯码，质量追溯与生产执行系统可以帮助企业更实时、高效、准确、可靠地实现生产过程管理和质量管理。结合最新的条码自动识别技术和条码设备（条码打印机、条码阅读器、数据采集器等），零售企业可以有效收集管理对象在生产和物流作业环节的相关信息数据，跟踪管理对象在其生命周期中流转运动的全过程，使企业能够实现对采、销、生产中物资的追踪监控、产品质量追溯、销售窜货追踪、仓库自动化管理、生产现场管理和质量管理等目标。

一个码记录了从种植到消费的全流程

基于一物一码的方式，武夷星茶叶实现了消费者人人参与、人人监督、实时监控假冒伪劣、窜货、溯源等管理。让每个消费者都成为武夷星的"打假斗士及品牌口碑的宣传者"，减少了稽查人工成本，维护品牌商及消费者的合法权益。

在营销费用方面，消费者扫描茶叶上的二维码，可立即领取武夷星事先设置好的奖品（如现金红包、积分、优惠券等），武夷星启用"一物一码"大数据引擎系统实现了用户扫码"所见即所得"，也避免了促销费用被中间渠道截留，使消费者得了实惠。

相比于传统的溯源方式，"一物一码"有着传统溯源无法比拟的互动性和时效性。消费者扫码即可查看茶叶"种植–加工–出厂–流通"的整个生命周期。如图4-8所示，消费者扫码便能可视化查看茶叶溯源信息，而武夷星的大数据引擎后台会记载每件产品被扫的二维码的扫码时间、机型、扫码次数等信息。商品溯源模块的后台数据高度加密，有效保护了消费者的个人信息。

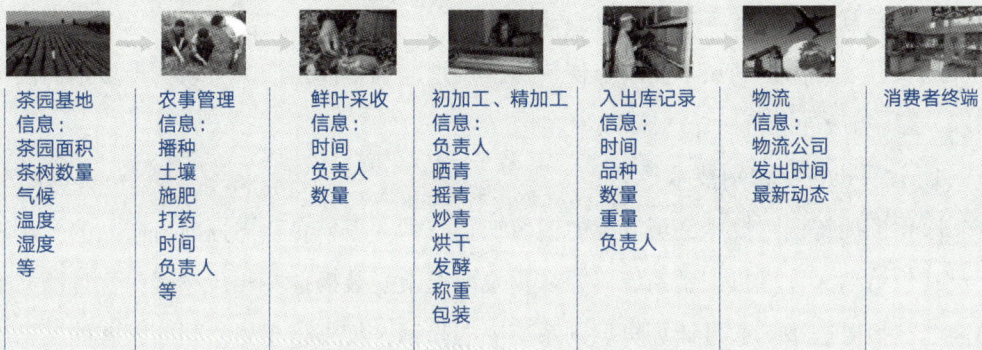

| 茶园基地信息：茶园面积 茶树数量 气候 温度 湿度 等 | 农事管理信息：播种 土壤 施肥 打药 时间 负责人 等 | 鲜叶采收信息：时间 负责人 数量 | 初加工、精加工信息：负责人 晒青 摇青 炒青 烘干 发酵 称重 包装 | 入出库记录信息：时间 品种 数量 重量 负责人 | 物流信息：物流公司 发出时间 最新动态 | 消费者终端 |

图 4-8　武夷茶全流程溯源解决方案

（二）商品识别技术

商品识别技术包括无线终端扫码识别技术、无人收银识别技术、无线射频识别技术、计算机视觉识别技术。

1. 无线终端扫码识别技术

消费者在进店选购时，可以用手机等无线终端设备扫描商品条形码，以了解商品的详细信息及价格，也能直接选择将商品加入当前的"购物车"中，选购完毕时能够直接计算出选购商品和数量总价，随后在无人收款机付款完成购物，或直接进行线上支付，完成整个商品的购买过程。

2. 无人收银机识别技术

无人收银机目前已经在各大超市、24小时便利店等商铺大量出现。消费者可以将所选商品通过无人收银机的扫描，在屏幕上显示所购买的商品并选择各种方式付款。

3. 无线射频识别技术

无线射频识别技术（RFID）是一种非接触式的自动识别技术，它通过射频信号的自动识别来判断特定目标对象并读写相关数据，从而获取相关的对象资料。因其识别过程中不需要人工干预，并不受环境影响，能同时有效迅速地识别多种不同商品，已广泛应用于无人超市中。我国大多数无人超市采用的都是无源RFID技术，比如阿里巴巴、宾果盒子。使用无线射频识别技术的步骤如下：

（1）给商品提前贴上RFID标签；

（2）将选购的商品一次性放进识别区，电磁感应线圈感应商品上RFID识别器所发出来的微波信号；

（3）完成商品数据交换并录入商品数据，商品订单数据出现在屏幕中；

（4）顾客选择支付方式完成线上付款。

无线射频检测识别技术使用方便快捷，识别准确率高，一次可以实现多个商品的识别，能够节省付款时间，提高效率。

4. 计算机视觉识别技术

计算机视觉识别技术又可以称为图像识别技术。零售企业需提前将商品的多种特征及其价格纳入计算机识别系统，并在货架墙壁上安装摄像头和传感器，保证所有商品能够被拍摄进来。通过计算机识别系统中的光幕、红外传感器，判断顾客的手部取货动作，判断商品的位置和状态；利用摄像头监控、商品识别、货架识别等技术分析顾客的购买行为。

执善向上与坚守

新零售场景下的个人信息保护

党的二十大报告明确提出："加强个人信息保护。"在数字经济时代，个人信息保护问题已然是各个行业无法逃避的现实，只有重视数据法律风险并及早予以防控，才能够在数字经济的浪潮中赢得长远而稳健的发展。

新零售模式交易的实际场景，可以分为自有线上渠道、第三方电商平台与线下渠道三种情况。在这三种情况下，对消费者个人信息保护的具体建议如下：

第一，自有线上渠道。根据《App违法违规收集使用个人信息行为认定方法》及中华人民共和国国家标准《信息安全技术　移动互联网应用程序（App）收集个人信息基本要求》（GB/T 41391—2022）等相关规定或要求，建议经营主体自有App、小程序及公众号均在首次运行或进入时，通过弹框方式展示"隐私政策"，并依法取得用户同意（注意：隐私政策必须能够点击查看且不能是默认同意选项）。

第二，第三方电商平台。在入驻电商平台经营的情形下，经营主体往往需要依托于平台本身的隐私政策条款进行用户信息的处理，通常处理的流程是消费者先行同意电商平台的"隐私政策"并将其个人信息提供给平台，电商平台再根据业务需要将信息提供至实际经营主体用于发货等事宜。但是在该模式下，一般会认定实际经营主体一方为个人信息的共享者，对于获取的个人信息经营主体除用于发货等事项外，通常不允许进行直接用户营销，否则存在较大的法律风险。基于此，建议经营主体可以通过注册品牌或者店面会员的方式进行私域流量的收集，即邀请电商平台消费者成为经营主体品牌或店面的会员，直接合法获取用户个人信息并通过自有"隐私政策"完善营销触达等内容。

第三，线下渠道。经营主体通过线下活动（包括抽奖、游戏等）等方式进行用户个人信息的收集是较为常见的方式，但结合新零售数字化的特点，建议经营主体可以开发或使用部分可用于线下信息收集的小程序或公众号，引导线下用户通过线上方式进行信息提供，一方面可以解决"隐私政策"等协议签署的问题，另一方面也方便未来数据的储存、加工及运用。

零售调研与践悟

任务目的：
通过市场调查，了解我国零售企业商品数字化建设的现状及成果。
任务条件：
智能手机、计算机等。

任务组织：

1. 4~6人为一组，其中一人担任组长，其他人按照需求分工；

2. 每组选定一个零售企业，对其商品的数字化应用进行调查；

3. 分析零售企业商品数字化应用对企业运营的影响；

4. 各组汇报调查结果，由每组选出的评委进行评价，并提出可行性建议。

任务成果：

调查分析报告一份。

课后巩固

一、不定项选择题

1. 下列商品中适合开发自有品牌的有（　　）。

    A. 计算机   B. 家具

    C. 金银首饰   D. 洗衣液

2. 便利店一般使用（　　）商品组合。

    A. 宽而深   B. 窄而深

    C. 宽而浅   D. 窄而浅

3. 窄而深的商品组合适合（　　）。

    A. 专卖店   B. 专业店

    C. 购物中心   D. 杂货店

4. 新品引进审核的条件包括（　　）。

    A. 进货渠道   B. 商品选择

    C. 进货时间   D. 进货数量

5. 下列选项中不是零售商品标识代码的编码原则的是（　　）。

    A. 唯一性   B. 稳定性

    C. 无含义   D. 有含义

二、思考题

1. 商品分类的方法有哪些？

2. 自有品牌的优势有哪些？

3. 自有品牌的开发条件是什么？

4. 简述商品数字化的步骤。

5. 二维码的优点是什么？

三、案例分析

盒马鲜生的商品管理

    盒马鲜生是阿里巴巴集团旗下，以数据和技术驱动的新零售平台。盒马鲜生希望为消费者打造社区化的一站式新零售体验中心，用科技和人情味带给人们鲜美生活。

    相比传统超市一般将购买频次较高、生鲜品类商品布局在店铺后方，入口处设放置促销活动商品吸引顾客，盒马将主打特色产品，如水产、海鲜等放在主要入口位置，以龙虾、帝王蟹等产品给用户强烈冲击，吸引顾客进店。餐饮区域布局在店铺内部，增加顾客购物场景，促进用户在超市消费。同时设置多个出入口，消费者行动范围大，自由属性高。

盒马鲜生定位中高端产品，以高端生鲜产品，如波士顿龙虾、帝王蟹等作为门店特色产品；主打精品超市模式，各个细节无不体现优良品质。譬如：生鲜商品均统一包装、无散装售卖，不支持拣选，提供净菜（处理好的菜品原材料，并配以所需调料）等契合现代都市人快节奏生活的高溢价产品种类；与知名厂商深度合作，开发独家联名款；生鲜品类深入产地直产，与当地农村合作社、协会、合作商合作，保证商品的新鲜程度。

在盒马鲜生店内，餐饮与超市经常结合在一起。在门店类型探索过程中，餐饮区域也在不停地升级：盒马鲜生二代门店——盒马集市，较盒马鲜生一代，提高了餐饮区域比重，扩大了餐饮区域面积。餐饮种类丰富。就餐区域一般提供多种品类食物，包含日本寿司，牛排，面包店，火锅等。同时针对店内购买的海鲜，可以支付一定加工费，在就餐区现做现吃。不同类型餐饮的用户在同一区域进餐，就餐氛围有趣新奇。在等餐过程中可以现场观看餐品制作。盒马鲜生采用叫号取餐方式，用户点餐之后，通过App获取菜品消息提醒，无须排队等候，避免人群拥挤，提高用户体验。

线下门店统一采用电子价签，价签上显示商品名称、价格和对应的二维码。用户可通过盒马鲜生App扫码实时查看产品信息，将商品加入购物车。电子标签的设置有助于打通线上线下商品管理。对于消费者来说，电子标签可以帮助顾客查看商品详情信息，浏览商品评价，方便顾客进行购物选择。对于盒马鲜生工作人员来说，电子价签有助于进行商品管理，可以实时根据情况调整商品信息，更新商品库存。有效避免商品信息更换的人力消耗和资源浪费，极大程度提高商品管理效率。

思考题：

1. 盒马鲜生门店App获取菜品信息提醒的优势是什么？
2. 应如何改进盒马鲜生的门店管理？

第 五 章

零售企业
消费场景打造

学习目标

素养目标
- 培养学生的自主学习和开拓创新精神
- 培养学生的诚信经营和以人为本意识
- 培养学生的团队合作与公平竞争精神

知识目标
- 了解场景、场景营销的概念和特征
- 了解互动式体验的特点
- 理解沉浸式购物体验的特点

技能目标
- 能够灵活使用零售场景的构建技巧
- 能够打造互动式体验消费场景
- 能够利用AR/VR技术赋能沉浸式购物体验

思维导图

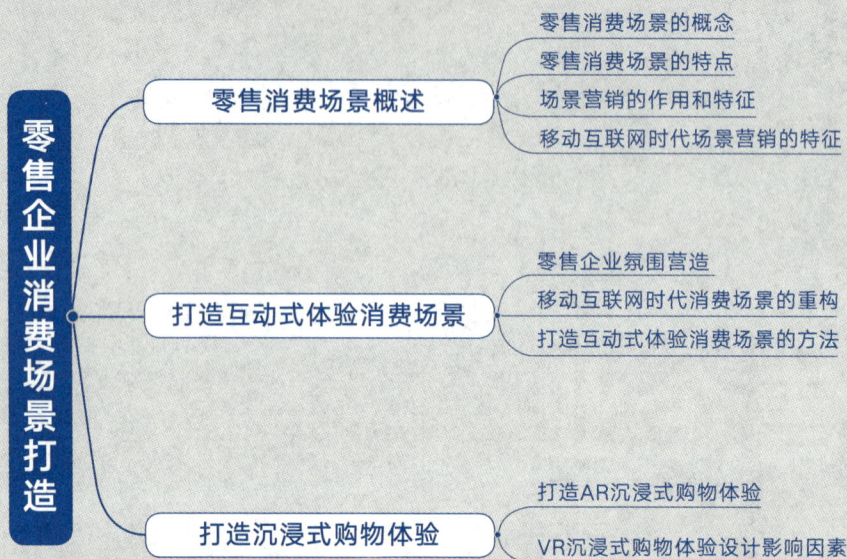

零售企业消费场景打造

- 零售消费场景概述
  - 零售消费场景的概念
  - 零售消费场景的特点
  - 场景营销的作用和特征
  - 移动互联网时代场景营销的特征
- 打造互动式体验消费场景
  - 零售企业氛围营造
  - 移动互联网时代消费场景的重构
  - 打造互动式体验消费场景的方法
- 打造沉浸式购物体验
  - 打造AR沉浸式购物体验
  - VR沉浸式购物体验设计影响因素

学习计划

■ 素养提升计划

_____

_____

■ 知识学习计划

_____

_____

■ 技能训练计划

_____

_____

引导案例

打造优质消费体验

位于南京河西金鹰的欢·素餐厅是一家光影主题的艺术素食餐厅，一进门就能看到一整面绚丽光影的墙，大厅整体是朴素典雅的原木色，服务人员也都身着白色长袍，给人典雅清净的感觉。

欢·素餐厅精心打造的多主题沉浸式包间，光影完美融合，动静相互配合，给消费者带来视觉、听觉、触觉等多维良好体验，让消费者在用餐时有更多配色，更多选择，更多心情，更多感悟。在空间的每一面墙壁和餐桌上，植物的形状会随着场景变化而不断变化。神秘森林、鱼跃人欢、月色荷塘、乘风破浪、星空之谜、秘境瀑布、落英缤纷、流光飞舞，讲述了四季的迁移。食物与影像互相搭配，食物一上桌，幕布上的花丛开始慢慢盛开，时不时还有蝴蝶落在指尖，光与影完美融合，动与静相互配合，如图 5-2 和图 5-3 所示。沉浸式包间让消费者瞬间拥有置身于海洋、森林、草原等场景的感觉，这些美妙的场景为消费者带来了用餐体验的提升。

欢·素艺术素食餐厅场景

思考：

1. 欢·素餐厅的体验式消费场景有哪些特点？
2. 随着消费者对消费场景的要求不断提高，你认为现阶段零售企业打造消费场景需要注意什么？

第一节　零售消费场景概述

课前思考

现阶段零售企业如何通过场景搭建来塑造门店氛围？

一、零售消费场景的概念

购物中心里面有运动馆、艺术馆，餐饮店里设置舞台表演区、私房菜课堂，珠宝店内卖鲜花做美甲，汽车4S店内开川菜馆……各大电商走进新零售之路，传统电商也不能掉队。现在很多零售企业店内增加各种"黑科技"来适应潮流。例如，银泰推出首家家居概念店"Home Times家时代"，店内的产品采用场景化的陈列模式，如果消费者想探索其他风格，还能够通过虚拟样板间的电子大屏来切换。该店还能够通过天猫大数据推断消费者喜好，为消费者进行个性化选择和推荐，供消费者自由组合与下单，极具沉浸式体验感。店内未能摆放的商品通过虚拟样板间得以无限延展，从而在很大程度上降低了门店陈列面积的需求，又通过科技感十足的方式将商品详情呈现在顾客面前，既能减少供应商的铺货成本，又能有效实现销售增量。

零售业升级后的用户体验可以有更加深层次的呈现方式：用体验代替导购、用体验产生购买行为和品牌信赖，实体门店成了线上的体验延伸。伴随着用户体验和消费升级，场景对于用户体验打造的重要性愈加突显。随着技术的发展、竞争的日益激烈，为了给消费者更好的购物体验，零售企业越来越重视场景打造和场景营销。

（一）场景的基本理解

场景一词原指戏剧、电影等艺术作品中的场面，通常应用在影视剧脚本的创作中，分为"4W1H"，也就是谁（Who）、在何时（When）、何地（Where）、做什么（What），如何做（How）。影视剧为了追求淋漓尽致的表现力，除了对主体人物的呈现之外，对环境场景的刻画同样十分重视。很多时候，某一幕情节能否调动观众的情绪，不仅仅靠演员的表情、动作和台词，场景里的声、色、光、道具也发挥了不小的作用。这也是很多人更喜欢体验3D电影的原因，因为它让人们感到"身临其境"。但随着互联网的普及，场景这个词被运用到了互联网领域，适用范围在扩大，定义也在简化。"场景"在营销中是指一种思维方式，就是利用互联网和移动互联网来不断制作和生成场景，将不同的对象连接起来。

在商业范畴中，场景与销售渠道之间不能画等号，也不能将场景等同于供需对接的具体场景。在这里，场景是由人、地点、时间、技术等多重维度打造的一个小世界。这个"小世界"可以是真实的，也可以是虚拟的。

除此之外，场景也是一种功能体现，其以人为中心，借助互联网和移动互联网来实现高效连接，利用内容来重构产品和用户的连接。

场景的兴起与大数据智能技术的成熟应用紧密相关。商家会基于数据思维来为用户画像，将用户的各种表现数据化，数据思维指导商家重新认识用户，数据成为用户消费面貌的反映。而人们对移动设备的依赖，以及AI、VR、AR[①]等技术的成熟，更是将用户包围在了一个数据网络中，这个数据网络可以将人们的各种消费行为进行有效连接，这就为商家的场景制造提供了非常宝贵的原始资料。那么，在有了基础之后，场景是如何产生的呢？

例如，社交软件微信中的"微信运动"功能，以及一些其他运动App通过定位运动位置、记录用户步数、运动天数打卡、与好友PK等模式来激励用户运动。这就使得单纯的运动演化成包含诸多场景的运动体验。

（二）场景的六大要素

场景的产生与其六大要素是分不开的。场景的六大要素及具体内容如表5-1所示的内容。

表5-1　场景的六大要素

六大要素	具体内容
人物—谁	性别、年龄、职业、爱好、过去的习惯、当下需求等
时间—在什么时候	季节、节庆、日期/星期、白天/晚上等
地点—在什么地点/去了哪里	地理位置、国家、城市、街区、楼宇等
环境—在什么样的环境下	信息环境（图像、声音、气候……）、周围人群/人群关系等
行动—做了什么	线上或线下有目的或无目的地购物、饮食、等候、交流询问等
结果—产生了什么样的结果	停留、离开、消费等

在场景的构建过程中，这六大要素是必不可少的。场景六大要素的存在与延伸为商家提供了制造场景的无限可能：在任何时间、任何地点，企业都可以根据消费者的具体行动来制造营销场景。

🖳 即学即问

请分享一个令你印象深刻的门店，谈一谈它是如何搭建消费场景，营造门店氛围的？

---

① AI：英文全称为Artifical Intelligence，即人工智能；VR：英文全称为Virtual Reality，即虚拟现实；
AR：英文全称为Augmented Reality，即增强现实。

二、零售消费场景的特点

零售消费场景是六大要素相互作用的结果，一般有以下五个特征：

（一）功能性

每一个场景都有与其相适应的综合商业环境。场景本身的商业环境会对顾客进行选择。比如，商场汇集了购物、美食、游戏、健身、电影等功能，凭借这些功能，商场就能将相应的顾客吸引进来。

（二）周期性

场景会因为时间的不同而产生变化，在不同时间的作用下，场景对顾客的吸引力会有差异。例如，冬季的户外滑雪运动、冰雕作品展览会制造出一个冬季营销场景，而冬季一结束，这个场景的再次出现就只能等到下一个冬季。

（三）公开性

在任何场景中，人们的行为都是公开的，甚至是可以被量化的。比如，在一家超市，人们选购最多的物品就是基本生活消费品，如米、面、油、肉、蛋、奶、蔬菜等都是公开的，是可以被发现的。

（四）群体性

场景的群体性是指某种场景中出现的多个个体在交互影响时形成并共同体现出来的群体特征。场景的群体性是由多个个体之间的相互作用和相互依存决定的。在某些场景中，每个个体都会受到其他个体的影响，而这些个体之间也会产生相互作用和相互依存。这种相互作用和相互依存是由个体之间的沟通、互动和社会环境等因素共同决定的。一部分场景是由一些群体在某个时点制造的。例如，快闪活动、节庆期间某种统一的行为等，都是群体性的场景。

（五）变动性

人在某些场景中行为会发生变化，这是一种不可预估的变动。例如，某个消费者本来是在商场选购衣服，但这时正好有熟人告诉他网上同款衣服更便宜，于是他听从熟人的建议，结束这次购物体验，转而到网店选购，这种变化就是心理带动的行为变化。

三、零售场景营销的作用和特征

（一）零售场景营销的作用

企业在做营销时，尤其是把新产品推到受众面前时，他们的心理活动和状态往往是："与我无关，完全无感""它是干吗的，我用得着吗？""转头就忘，想不起来"，而场景的两个作用恰好可以有效解决受众的以上三个问题。

1. 情绪唤起

人们的情绪和感受对由外界刺激做出的应激反应，除去某些特定的生理原因，情绪和感受不会无缘无故产生，基本都是场景中的外部刺激催生了各种各样的情绪产生。因此，重现情绪产生时的场景，能够快速唤起受众的情绪。

2. 记忆联想

人的记忆分为情节性记忆和程序性记忆，情节性记忆是人们生活中的各种片段，而程序性记忆是内化的知识或技巧。

人们平时生活中的记忆大多是由场景中的各种片段和细节组成的，人们可能记不清前天晚餐在餐馆吃的是什么，但有可能还对餐桌上的某个图案记忆犹新。描绘场景中的细节或独特点，就能够唤起情节记忆，引发受众的联想。

人们在生活中想起产品是有固定顺序的，只有当他身处某种情景中时，才会产生需求，进而想到满足这种需求的解决方案，联想起产品的功能，最后才想起品牌。比如，某人上班途中，错过了公交车，为了不迟到，拿到这个月的全勤奖，于是他想到了打车，继而打开了滴滴。

情景—需求—功能—产品，为了顺应消费者的思考顺序，方便消费者联想，企业在销售产品时的营销语也可以采用这样的顺序。将情景、需求或功能与品牌名绑定。如："怕上火，就喝王老吉！""装房子，找家具，就上赶集网！"。可以发现，很多产品的广告语都是如此。

数实融合新视界

预制菜的升级打造与差异化经营

2023年中央一号文件明确提出："培育发展预制菜产生。"随着人们生活习惯的变化，用餐场景更加追求简单轻松，用餐食材更加追求丰富多样。天虹数科商业股份有限公司（简称"天虹"）作为顾客品质生活的提供者，秉持传统"品质、健康、美味"的理念，从传统的售卖生鲜食材原料转变为售卖半成品和成品，从商品规划、供应链建设、产品升级，以及规范运营，实现预制菜的升级打造与差异化经营，实现品质、健康、美味、高性价比的价值主张，给予顾客一日三餐更加健康营养的解决方案。

为加速天虹预制菜的新品开发和销售提升，天虹将快手菜、烘焙面点等形成独立的战略性品类进行重点打造和资源投入，以挖掘和挑战新的增长点。

通过顾客调研及大数据分析，天虹确定产品引入以高频复购、加工复杂的家常菜及各菜系招牌为主要原则，以川、湘、粤菜品为主要方向。

按顾客消费习惯，进行中式、西式两种消费场景的商品开发及引入，中式菜按川菜、鲁菜、粤菜、江苏菜、浙江菜、闽菜、湘菜和徽菜八大系列，开发各菜系头部菜品；西式菜按食用方式及场景开发煎、炸、烤、拌（沙拉）类菜品，按地域开发日式、韩式、泰式招牌菜品。

为实现产品差异化，天虹自建标准化配置，重点发力餐饮、烘焙、熟肉、面点及快手菜品类，着力打造品类丰富、有体验感的"虹食汇"美食区及"轻松煮"专区，满足顾客堂食及外卖用餐需求，满足顾客线上线下的购物需求，增强顾客黏性，提高顾客的满意度。

天虹手工水饺包子自营经营，所有食材均来自天虹在售商品，食材新鲜可追溯，产品以咸鲜爆汁、面皮柔韧为主要特色。"轻松煮"专区西式肉排、肉扒类10余款升级产品按用餐场景进行场景打造；现制清蒸鱼、酿菜、配菜等中式菜品10余款均采购超市新鲜食材制作且只当天出售；配菜类联合深圳市营养学会按四季时令进行家庭健康餐食的配餐指导。

天虹预制菜
购物场景

为了让更多人体验和了解预制菜，天虹于2022年8月搭建了天虹"美味达"外卖平台，满足顾客即食需求，同时通过色、香、味的直触，加强对顾客的引导，以持续提供健康、美味、安全、高性价比的商品，带给顾客全新的体验。

（二）零售场景营销的特征

现如今，无论是实体门店还是线上零售企业，场景营销都是存在的。当消费者走进线下超市时会发现，货物都井然有序地陈列着，同类产品差不多都在同排货架上，相关联产品往往也不会离得太远。例如，所有的食物会集中在某一个区域，消费者可以按购买顺序走下去，轻而易举地找到自己需要的食物。在线上，消费者通过搜索引擎搜集资料时，系统会自动根据消费者的搜索词条、浏览频率等推送相关的资料信息，让这些信息的曝光量持续增加，这是基于消费者的网络行为产生的，其以"兴趣引导+海量曝光+入口营销"为模式。

在移动互联网的快速发展和普及下，传统的营销模式出现了一些变化，其在营销市场中的作用开始减弱，而场景营销却在这种关键时刻被激活，获得了前所未有的发展机会。在移动互联网的驱动下，场景营销逐渐占据营销市场的主要地位，成为一种更加有效的营销模式。

作为一种营销模式，场景营销将营销方式与人们的生活场景结合起来，从而让企业实现营销目的，让消费者获得最佳体验。场景营销的核心就是要抓住具体场景下消费者所具有的心理状态和需求，也就是利用场景来唤起消费者在该场景下的心理状态和需求。

场景营销一般具有很好的营销效果，具有以下鲜明特点：

场景与人们的生活紧密结合，能达到营销的目的，满足人们的心理期待，解决消费者的选择困难。可以说，场景营销的出现很好地解决了人们生活中的一些问题，也引导着人们改变已有的生活方式来追求更好的生活。例如，上班族经常要面对加班的情况，忙碌了一天的人们还会有多少精力来继续加班呢，尤其是加夜班。于是，红牛功能饮料别出心裁，将生活中的加班情景与喝红牛功能饮料结合起来，打出相应的广告语句："困了，累了，喝红牛"。有了这么贴近生活的场景，上班族平常加班时自然而然地会想到红牛功能饮料。这就是一种场景营销，结合生活，用生活情景来引导人们消费。

即学即练

以小组为单位（每4~6人为一组），选择校园内或者校园外某家零售门店，为门店某款产品设计场景营销方案（从产品功能、定位等角度），促进产品销售。

行业发展与瞭望

场景营销的发展趋势

1. 运用全局数据

全局数据的特点：场景化、开放性、可度量、及时性、价值化。真正运用好全局数据，可以利用态势感知进行合适的场景构建、匹配的场景连接和精准的场景洞察。

2. 以消费者为驱动，融合线上线下渠道

围绕消费新场景，线上线下融合趋势明显。消费者想要的不只是产品，还想拥有更好的消费体验。随着技术革新及消费者消费习惯变化，零售业正在以满足消费需求为核心，围绕消费新场景，通过技术连接，实现线上线下消费渠道融合，最终形成以"消费者数据"为核心的零售新生态。

3. 跨界

场景营销需要整合多种资源，进而形成合力。随着市场竞争形态的日益转变，行业与行业之间相互渗透已成为趋势。可以说，成功的跨界营销就是个"超级IP"。"超级IP"不仅是概念，而且是正发生的现实；"超级IP"的核心是"互联网时代创意的跨界整合"；"超级IP"倡导的是观念转变、思维革命和全新的营销模式。

四、移动互联网时代零售场景营销的特征

（一）场景呈碎片化

人们行为的不确定性，再加上互联网具有开放性功能，使得基于互联网衍生出来的零售场景具有无限可能，表现出高频率、快速化等特点。而且人们的行为与互联网的关系更加紧密，在任何碎片化的时间中，人们都愿意享受互联网制造的场景。

（二）场景表现出高迭代性

互联网模式下的商业场景建立在商业模式的周期中，不同场景必然会跟随商业周期进行切换。因此，对于企业来说，其商业场景会经历频繁的迭代，而且为了最大可能地吸引消费者，每一次迭代会通过不同的路径来实现。

（三）场景的边界融合表现出无序性

在互联网时代，规模经济中存在更加细小的经济体，这些经济体打破了原有的经营范围，同时又融合了其他经济体的特征，一切以营销为最终目的。因此，各种各样的场景被构建出来。由于跨界频繁，不同场景间的差异逐渐模糊化，反而表现出混搭的感觉。

（四）场景构建跟随互联网发展的节奏

互联网技术进入了一个快速发展的阶段，而竞争也变得更加激烈，为了寻找特色场景，构建特色商业模式，企业的场景构建就必须与互联网技术的发展实现协同，这样才能不落后于时代。

（五）场景营销注重体验

场景的构建就是为了带给消费者良好的体验，通过体验来刺激消费者消费，进而让消费者对这种营销场景形成依赖心理，使消费者在任何时间进行消费时都可以自然而然地想到并选择该场景。

零售调研与践悟

任务目的:

能够综合所选择的商品和消费者需求等因素来选择快闪店类型,设计快闪店的开店流程,并充分考虑开快闪店过程中的影响因素。

任务条件:

笔记本电脑、商品、市场调研、图片处理软件、视频剪辑软件等。

任务组织:

1. 每4~6人为一组,其中一人担任组长,其他人担任协调、文案、创意、调研等工作。

2. 每组策划一个快闪店方案。

3. 各组汇报方案,展示预期效果(限时8分钟内),由每组选出的评委进行评价,并提出可行性建议。

4. 注意方案的原创性,不盗用版权素材。

任务成果:

快闪店策划方案一份。

第二节　打造互动式体验消费场景

课前思考

结合自身的体验,请思考移动互联网时代的消费场景都有哪些新变化?

一、零售企业氛围营造

无论是线下门店还是线上销售,良好的氛围营造都有利于激发顾客的购买行为,而零售企业氛围营造是一个系统工程,任何一个细节没有做好都会影响企业的整体形象。门店氛围指的就是门店给人的一种感受,因此门店氛围的管理就要从顾客感受出发。这里的顾客感受,包括视觉、嗅觉、听觉、触觉等。视觉上主要做好门店的陈列、人员的着装妆容、灯光的配合、色彩的搭配等；嗅觉上应该使店内的空气湿度维持在标准范围内，同时避免有异味；听觉上有音乐、导购声和促销广播；触觉指的是顾客对商品的手感等。

为了带给顾客良好的感觉，门店要从视觉、听觉、嗅觉和触觉这几个方面，对门店内外、顾客活动区、门店空间、门店特殊区域等场地进行精心设计和布置，打造出一个真正吸引顾客，能够让顾客愉悦放松的购物环境。同时，门店销售氛围渲染的根本目的在于提升门店销售业绩，在氛围营造中应该恰当地将商品和推广信息融入其中。

（一）门店氛围的烘托

可以在店内摆放一些绿色花卉植物，或用一些彩色气球或丝带等烘托货架、天花板，使门店营造出一种清新的感觉，还可以将企业经营的理念、宣传话语合理地融合进去。

门店在装饰物品的摆放上一定要注意色彩搭配，切不可简单地堆砌，应该注重整体感觉。同时，应注意与季节变化相匹配。门店气氛的烘托不仅是物的展示，更需要店内工作人员展示良好的精神面貌，并保持门店的清洁卫生。

同时，还可以播放一些背景音乐或释放一些好闻的气味，这是门店氛围营造的日常因素，变化性不大，可称之为"静"因素。吊旗、特价牌、店员戴的胸卡、纸帽子、地贴，都是营造门店氛围的常用元素，店面外气球柱子、拱门、空飘气球、气球人等，也能起到很好的烘托作用。

（二）促销活动助力氛围提升

门店广告宣传和促销活动的信息发布，形成了门店氛围提升"动"的因素，使固定不变的门店氛围活跃起来。促销活动常用的道具包括商品的海报、花车卖架、纸架、易拉宝等宣传材料，还包括一些耐用的商品宣传形式，如在门店的门头、背景墙、灯箱、橱窗、专柜等区域进行商品形象的包装和宣传。

在促销活动和道具的设计选择上，应注意与门店的整体风格保持基本一致，避免带给顾客突兀的感觉。另外，厂家赞助的促销服，促销迎宾用的彩带、脸贴、背贴等人员用的包装元素，可以很好地传递促销信息。

（三）特价商品引人注目

门店将知名品牌或热销商品进行特价销售，可以吸引顾客。在特价商品的选择方面，应该选择顾客认可度较高的品牌商品或广受市场欢迎的热门商品，同时，这些商品应具有较高的价格敏感度。

正确地发布特价商品信息，能够提升终端销售氛围，吸引对价格敏感的顾客的光顾。特价商品的促销信息发布标识一定要简单、明了、醒目，让顾客一目了然。这是因为太多文字的标识会使顾客在扫视过程中难以瞬间抓住关键信息，而那些复杂、花哨的语句，会让顾客不知所云，从吸引顾客的角度来看效果反而差。

在特价标识信息传递上，传达特价商品的种类与价格的文字或图案应该用具有强调性的色彩来表现，同时要保持标识色调的一致性，最好避免多于三种色彩。另外，人员氛围的营造也非常重要，门店可以通过店员的外在形象、礼仪、精神风貌、服务，以及在店内忙碌工作的外在表现，给顾客呈现出一种尊重、亲切、舒适、热情的购物氛围。

二、移动互联网时代消费场景的重构

移动互联网时代来临，场景的内涵突破了传统媒体时代的界限，消费场景的形式和结构也得到了重塑。罗伯特·斯考伯（Robert Scoble）和谢尔·伊斯雷尔（Shel Israel）提出了"场景五力"的概念，指出这五种技术将会重塑未来的人类生活和商业模式，为场景的构建提供技术原动力，它们分别是可穿戴设备、大数据、传感器、社交媒体和定位系统。移动互联网技术促进了多种媒介形式的诞生和应用，转变了信息流动模式和人与人的社会交往关系，从而重塑了消费场景的形式和结构。

（一）场景商品化与商品场景化

移动技术所创造的场景并非固定不变的，其灵活多样性能够为用户提供个性化的服务，满足其实时场景需求。消费场景不再如传统媒介时期那般，在固定的时间地点为一批消费者提供相同的产品或服务，而能够借助先进技术打造定制化的场景，与消费者的需要及其所处情景进行实时适配。例如，通过前端技术定制个性化的媒介场景界面、利用大数据精准推出用户感兴趣的内容等。

此外，在消费升级的背景之下，单一的产品使用功能已不能满足消费者的诉求，消费者对消费体验提出了更高的要求。消费者更期待在消费过程中获得独一无二的体验，并且将自身作为这个过程中的主体参与价值的生产，获得即时参与的愉悦和满足。在这种情景下，消费场景超过了产品本身成为消费的目的，场景逐渐成为商品，产品又为场景而生，这是一个场景商品化和商品场景化的双向过程。一方面，消费场景作为售卖的对象根据消费者需求被生产出来，商品的价值由整体的消费场景承担，消费者购买的是场景中的体验价值。另一方面，产品生产建立在某个场景需求的基础上，产品服务于场景并依附于场景，其使用价值离不开特定的场景。

数实融合新视界

包装升级
创造新的消费场景

农夫山泉瞄准家庭生活和后厨这两个用水场景，推出了"15L一次性桶装水"，在抢占桶装水市场的同时，发力家庭水和后厨用水市场。

农夫山泉布局家庭后厨场景。农夫山泉为桶装水制造出了"做饭用水"的卖点。拍了系列广告片，打出"做饭用农夫山泉"及"好水才能煮出好饭"的概念，宣告进军家庭生活用水和后厨用水。

除了抢占后厨用水和家庭生活用水市场，农夫山泉也推出了带有运动盖的瓶装水。其瓶盖设计独特，儿童单手就能开关。瓶盖内设专利阀门，只有在受压情况下才会开启。在开盖状态下，普通的侧翻、倒置都不会使水流出。同时，农夫山泉在线上联手支付宝和共享单车进行跨界营销，推出了"共享天然，绿色出行"的主题活动。在运动、骑行、开车等场景中，描绘出了一组画风非常有喜感的生活场景海报。

农夫山泉巧妙地运用场景营销方法，创造了新的消费场景，是产品力与营销力的完美呈现。

(二) 即刻需求与消费场景碎片化

网络新媒体凭借其超时空特征在人们的生活中无孔不入。打开手机，四面八方的信息喷涌而来，挤占了专注阅读的空间，人们形成了快速、碎片式的信息获取习惯，并能够在一个场景下处理多样任务。移动终端能够随时随地向用户提供多样化的信息和服务，人们在同一时空里可以做的事越来越多。有些人在就餐时，习惯同时使用手机接收网络信息，而针对这一场景和行为习惯，近年来市场衍生出许多相应的内容服务形式，例如"泡面剧""下饭综艺"等。

人们已经越来越少地选择花费一段时间专门去实体购物场所中消费，消费行为无处不在，并且随时可能发生。针对某一碎片时间，消费者提出了需要即刻满足的需求。这种需求可能是伴随着其他行为的出现才会被唤起的，并具有成为多项任务之一的倾向。消费需求呈现即时性、碎片化的特点，消费场景被多样化的场景切割，呈现出不完整的碎片化形态，融入多任务的场景之中。

此外，如何在碎片化消费场景中刺激消费者的即刻需求，亦成为发掘市场机会的重要问题。在信息爆炸、应用冗余的时代，用户愈加青睐于轻便化、即时可得的媒介场景，碎片化和融合化是消费场景的发展趋向。因此，传播路径短、抵达速度快的信息和服务成为新场景下的新需求，并可能带来消费形式的革新，例如，近来处于营销风口的直播电商。直播间可以即刻进入或退出，电商直播场景对于很多收看受众来说仅是融合场景中的碎片之一，但其丰富的表现形式和与主播间的弱链接互动能够促进消费者产生购买意向，其带来的巨大购买力也有目共睹。不难发现，移动互联网技术割裂了人们的消费场景，同时也刺激起了相应场景下的消费需求。如何结合场景，洞察并满足消费者的即刻需求，实现实时适配，对企业来说是颇具价值的探究方向。

🗒 即学即问

请举出一个体现消费即刻需求和消费场景碎片化的例子，并谈谈零售企业如何满足消费者的即时需求。

(三) "社交+消费" 的场景

社交作为媒体要素之一，在场景中搭建着社会关系网。场景传播具有"无社交，不传播"的特点，这意味着在移动互联网时代，社交与传播密不可分，两者往往同时发生。人是社交的主体，也是场景的核心，社会关系的布局影响着消费场景的构建。社交媒体本身即通过虚拟空间的搭建、社交互动的传播等形成一个多重连接的场景，包含着人与物、人与人、人与群体之间的联系。场景的关系特征得到强化，用户之间的信息交换和互动也影响着消费者的消费过程。

社交媒体不仅建立了轻连接的广泛关系网，也构建了具有强黏性的虚拟空间社群。拥有共同兴趣爱好和相似价值观的人往往会通过社交媒体聚集在一起，共同创建具有区隔性的社群，用特殊的符号语言建立壁垒，消费场景走向分众化[①]。网络社群之间的交往互动成为社交媒体的基础，平台离不开社交媒体的支持和维护，消费场景与社交场景真正融为一体。

---

① 分众化：是指按照不同的标准将人群划分为不同的群体，以便于针对不同群体开展宣传、营销等活动，从而强化宣传效果和营销效果。

三、打造互动式体验消费场景的方法

（一）场景嫁接

场景嫁接是指将相关的场景需求、文化情感、角色符号嫁接到产品的包装造型、应用程序或品牌活动上，给用户新的价值体验。场景嫁接应用的是跨界思维，注重的是新鲜感、差异化和参与度，既可以是点对点的嫁接，也可以是点对面的交叉嫁接。场景嫁接如果能与行业、品牌结合，则事半功倍。实体产品和虚拟产品都在做场景嫁接，可口可乐昵称瓶、歌词瓶是实体产品的场景嫁接，支付宝、懂车帝、高德地图App是虚拟产品的场景嫁接。场景嫁接的目的是将产品做成超级连接器，获得更多的流量入口，进一步提高客户黏性。

场景嫁接有实体产品嫁接和虚拟产品嫁接。例如，可口可乐、味全果汁则是发现了消费者"个性表达、娱乐化"的新需求，把年轻一代社交场景下的情绪、情谊、情趣嫁接在产品的包装上，形成了昵称瓶、表达瓶、歌词瓶，从而引起消费者的关注；面膜现在成了男生和女生都喜欢的美容产品，老款面膜产品一律都是纯白色的面膜。现在很多面膜企业就开始设计各种造型的面膜产品来满足年轻人的个性化需求。百雀羚开发了京剧脸谱面膜，把京剧脸谱嫁接到产品上。这些都属于实体产品的场景嫁接。而支付宝、小程序、美图秀秀、抖音都是发现新需求，将用户常用的场景嫁接在应用程序上，让用户形成依赖，从而不断吸引用户重复使用。懂车帝将"买车、用车的各类场景需求"嫁接在App上，解决新手买车、开车经常遇到的"选车、加油、剐蹭、故障、保养"问题，完成产品的反复使用吸引。这些是虚拟产品场景嫁接。

"场景嫁接"是从场景"点"寻找突破，如味全果汁拼字瓶、故宫文创的IP植入等；也有将场景的"点"连成场景"线"，如小罐茶（商旅携带的"点"、冲泡的"点"、送礼的"点"），懂车帝（选车的"点"、开车的"点"、维修保养的"点"）。

一般来说，场景的"点"可以为产品或者终端赋能，解决差异化认知或客流的单一问题；而场景的"线"赋能更大，解决"产品认知、销售促进、客流转化"等市场综合问题。

如果要解决产品或客流问题，企业可以从场景的"点"寻找突破。如果要解决市场竞争等综合问题，企业可以挖掘场景流，设置一个个的场景体验"点"，从而构建场景的"线"。

（二）场景参与

场景参与是指借助场景道具，设计有趣且有价值的营销活动，邀请用户参与，将选择权交给用户，一起创造新产品、新规则、新文案，吸引用户为品牌做贡献。在买方市场中，用户成为市场竞争的重要砝码。各行各业的企业都在争抢用户，目的就是拥有更多的粉丝客户，让竞争的天平向企业倾斜。场景参与的目的就是争抢用户，同时利用参与感，吸引用户为企业做贡献。让用户和品牌成为行动一致的主体。这是一个非常有效的场景制造方法。例如，奥利奥倡导用户发明新吃法，就是吸引用户制造新场景的优秀案例，用户为品牌做贡献，品牌为用户做贡献。供需双方形成互动的紧密关系。

企业在制造场景参与的过程中，应着重从以下两个方面进行：

1. 参与感就是吸引用户做贡献

场景强调参与感。吸引用户为品牌或产品做贡献，比让利给用户更重要，更有价值。一个用户，一旦为品牌做出了贡献，维护过品牌一次，那么用户就和品牌变成行动一致的主体。粉丝的贡献就是"参与+分享"。鼓励用户参与，既可以一起制造新场景，又可以"圈粉"。参与的用户越多，用户黏性就越强。

例如，小米手机的MIUI操作系统每周都会更新一次，它的每一次更新，都伴随着大量专业用户的参与。企业不但利用场景为用户做贡献，更要利用场景参与让用户为品牌做贡献。参与感越强，用户的贡献度就越大。

2. 用户参与场景制造引发病毒性传播

诱导用户参与场景制造，如果操作得当，就可能引发病毒性传播。步骤如下：

（1）设计有趣的体验活动（包括规则、时间、地点和参与收益）。

（2）企业借助社交媒体启动第一轮传播，吸引用户参与。

（3）让用户的场景参与作品和话题再次传播，在社交媒体上形成热点。

（4）用户与用户进行交叉传播，引发病毒性传播。

（5）更多的用户被吸引，前来参与场景体验活动，形成新一轮传播与场景互动。

例如，海底捞新吃法就是利用微信、抖音等社交媒体发起，鼓励用户参与新场景制造的好方法，品牌既获得大量的品牌曝光，也以富有趣味性的方式促进了门店的销售。这种趣味性就在于制造新场景、新体验。当用户再把"海底捞番茄牛肉饭"等新吃法在社交媒体上分享后，一次次引发跟风、模仿和再次创新的高潮。

🎒 即学即练

以小组为单位（每3~5人为一组），选择某零售企业为调研对象，分析其如何进行互动式场景打造，并评价其效果。

（三）场景复制

场景复制，就是将生活化、专有化、仪式化的原生场景复制到特定的产品、渠道或者空间中去。大悦城、K11、盒马鲜生是将生活化的场景复制到商业的实体空间和虚拟空间（App）上，而孩子王、星光珠宝则将仪式化的场景复制到实体空间中去。"场景复制"可以用场景的"线"来构建场景的"面"，在某个"面"或多个"面"为品牌构建"护城河"，最理想的是用"面"支撑"体"。让品牌独享场景赋能带来的诸多红利。

数实融合新视界

场景创新与
变革之路

在场景创新与变革之路上，朝阳大悦城无疑是北京城内的标杆。场景是当前强化实体商业体验的一个很重要的载体。大悦城经历了多次调整，每一次都朝着场景体验而来。

一、零售业场景构建逻辑和落地路径

朝阳大悦城定位是"6号线上的时尚生活方式中心"，品牌根据这个定位进行线下和线上场景构建。线下就是布局空间场景，围绕"时尚生活方式"来组合品牌和品类场景。线上就是利用App将年轻人组织起来，将年轻人的应用场景搬到App上。

第一，线下各类独特的场景营造。朝阳大悦城根据不同的品类，设置了不同的场景。在商场五层和六层各做了一个1万平方米的空间，叫作"悦界"，在布置上营造出异域风情；女鞋区营造的是"悦色"场景，餐饮区营造的是"拾间"场景。

第二，给场景赋予情感，调动用户的参与感。光有线下场景不行，这个场景必须要赋予情感，能调动用户的参与感，那就是模拟生活场景，给予顾客足够的体验感。

第三，将年轻人的常用场景搬到App上。朝阳大悦城利用App将会员组织起来，形成年轻人的社群。App里面既有"店铺""停车""自助积分""活动""会员权益""服务"板块，这是购物场景；也有"吐槽"板块，这是社交场景；还有"应用"板块，这是生活场景。

二、场景与"人、货、场"的关系

第一，按照生活方式来构建物与物的关系。第二，以消费需求来构建品牌与品牌的关系。第三，按照人与物的交互关系来组合业态。第四，按照人与人之间的关系来构建场景。

三、零售业场景流的商业价值

场景是实体商业的体验载体，有场景这个载体，就可以降低价格敏感，提高购物效率，强化品牌忠诚度。从大悦城的案例中可以看出，场景始终都在。场景的本质是生活逻辑，打造场景本质上是在还原一种生活逻辑。

（四）场景叠加

在场景制造盛行的时代，单一的场景体验已经失去魅力。企业必须借助场景流来争夺客户和消耗客户的时间，让客户形成体验习惯，以此提高用户黏性。场景叠加是指对场景的追踪与设置。主要围绕用户的生活、消费、社交从线上到线下设置场景，从场景点到场景流，给予用户最饱满的场景体验。场景叠加就是用场景的点、线、面不断叠加，构建品牌的"多面体"。这个"多面体"借助场景解决方案，连接了不同的内容（人、事、企业），成为行业内的新模式，甚至可以组建一条独特的产业链条，奠定行业地位，为产业赋能。

数实融合新视界

场景叠加策略
强化客户关系

为了提升用户体验，强调线上和线下融合越来越成为零售企业实践升级转型的共识。围绕着用户体验和强化用户关系，孩子王在场景的打造上也是颇费功夫。孩子王推出的第六代智慧门店实行"降维零售"：大幅度减少产品展示，转而增加互动空间。虽然产品展示空间在减少，但是产品的精准度却大幅提升，通过科学精准的品类管理，可比一般母婴商店节约30%的货架，却留出更多的互动空间，确保顾客拥有更好的互动体验。大胆地将"商品＋服务＋体验＋文化＋社交＋O2O"整合为一体，从一家售卖母婴用品的零售商转型为新家庭的全渠道服务商，将"社交"和"消费"场景叠加在一起，深化了顾客关系。

为了满足消费升级下用户的需求，第六代智慧门店在商品品质区间分配上也做了相应的调整。中端及中高端商品占8 000余种，占比超45%。其中，进口品牌

130个，覆盖102个商品分类。对于会员，门店还为其推出专属及定制产品，倾情为其打造独有产品，以稳定客户关系，提升顾客的黏性和忠诚度。

门店体验场景的打造还聚焦于"智能化"，贯穿顾客进入门店后的全程体验。首先，扫码签到，当日活动信息以及符合顾客消费习惯的商品推荐就会通过后台推送给消费者。其次，专属育儿顾问收到了顾客到店的通知后，为其提供更为精准、定制化的服务。再次，手机App或店内触摸终端一键查询商品详情、"扫码购"自助下单、"店配速达"24小时内送货上门服务。如此一来，孩子王将渠道体验最大化，也将渠道价值最大化。

孩子王打造的第六代智慧门店，也是其一直倡导的"单客经济"的具体体现。目前，商业零售正在从价格型消费向价值类消费、体验式消费、个性化消费转变。通过基于人性化服务的数字化精准营销，孩子王的单客价值（ARPU值）是同行业企业的2~7倍，这也是以"用户关系"经营为核心，实现服务效率最大化的基本要求。

在实践中，孩子王做的最重要的一件事就是加强客户关系，具体包含三个关系，即人和商品的关系、顾客和顾客的关系、顾客和员工的关系。通过构建以人性化服务为核心的社区商务模式，借助数据赋能和消费场景打造，深入重塑用户关系，改善用户体验，最大化挖掘会员的价值，并将其反作用于供应链，为每一位会员提供个性化的育儿解决方案。这颠覆了传统零售业的商业逻辑，重构了"人、货、场"这三大关键要素。

执善向上与坚守
诚信是经营之本

新零售的兴起给零售企业更多的销售渠道，也产生了很多草根网红。但是，网络销售也存在一些不和谐的状况，为了落实维护消费者合法权益，各个平台开展了一系列治理活动。

以小红书为例，从2021年12月起，小红书已经开展了四轮相关治理。2021年12月16日，小红书封禁首批29个涉嫌虚假营销的品牌，涉及半亩花田、多芬、露得清等品牌。2022年1月5日，小红书进行第二批治理，封禁39个涉嫌违规营销的消费品牌、医美机构和医美用品品牌，包括爱思特、芙艾、上海港华、思达极致美、美贝尔、米兰柏羽、臻妍颂、伊莱美等15家医美机构，以及时代天使、海魅、伊肤泉3家医美上游品牌。2022年1月19日，小红书展开第三轮虚假营销治理，广州曙光医学美容医院、海峡整形医院等6家线下机构，及佑天兰、迪兰可等7个品牌在治理之列。2022年2月17日，小红书启动第四轮虚假营销治理，将医美品类作为重点治理对象，首批处置违规笔记27.9万篇，处罚违规账号16.8万个。

在上述专项治理的基础上，2022年4月20日，小红书还上线了"违规营销"扣分机制。平台将对品牌在社区内的营销行为进行持续监测。违规营销行为包括但不限于未经品牌合作平台、未经平台广告审核的内容合作行为。违规营销行为被记分后，将触发不同程度的处罚，包括通知提醒、7天和28天笔记限流，以及最严重的28天封禁处理。品牌产生违规行为后，如积极自查并立即停止违规营销行为，后续可以正常经营。

党的二十大报告明确指出："弘扬诚信文化，健全诚信建设长效机制。"诚信是企业重要的无形资产，是企业赖以生存的制胜法宝，是企业的核心竞争力，企业的一切经营活动都必须依托企业诚信才能顺利进行。只有努力建设企业诚信，营造一个良好的市场环境，才能踏上成功之路。无论是企业还是个人，如果虚假宣传产品，不讲诚信，最终都会被市场淘汰。

零售调研与践悟

任务目的：
能够根据移动互联时代下消费场景的重构和打造互动式体验消费场景的方法等知识为一个感兴趣的品牌打造互动式体验消费场景。

任务条件：
笔记本电脑、市场调研、图片处理软件、视频剪辑软件等。

任务组织：
1. 每4~6人为一组，其中一人担任组长，其他人担任协调、文案、创意、调研等工作。
2. 每组策划一个"××品牌互动式体验消费场景打造方案"。

3. 各组汇报方案，展示预期效果（限时8分钟内），由每组选出的评委进行评价，并提出可行性建议。

4. 注意策划方案的原创性。

任务成果：

××品牌互动式体验消费场景打造方案一份。

第三节　打造沉浸式购物体验

课前思考

联系实际谈谈你对 AR 与 VR 技术的理解？

沉浸式体验就是利用人的感官体验和认知体验营造氛围，让参与者享受某种场景中的状态。实体商业的沉浸式购物体验，从某种程度而言成为零售企业线上线下流量争夺战的关键竞争力。AR 与 VR 技术融合了视觉、听觉、嗅觉、味觉、触觉，打造沉浸式的消费场景，不仅增加用户的黏性，而且能拓展空间场景。

一、打造 AR 沉浸式购物体验

沉浸式购物

20 世纪 60 年代，互联网初见雏形，彼时更多关键词集中在互联网基本特性上，如"开放""连接""平等"等。探索阶段持续了近 50 年，直到移动智能设备出现并普及。

随着互联网人口和流量红利的消退，企业都在发问"流量去哪儿了"。"开源"成为企业发展的新方向，它们将更多目光向线下转移并关注线下场景。因此，零售业借力 AR/VR，打造沉浸式购物体验便应运而生。

（一）AR 是连接线上与线下、产品与用户的利器

2017 年是零售业的一个全新开端，新零售、智慧零售在这一年得到最大化渗透。线上市场趋于饱和，电商平台带动线下零售成为新战场。打破中间环节，寻找更优质的线上线下结合之道，是零售企业亟待解决的问题。

电商刚开始出现时，线上购买、线下配送完整产业链的形成颠覆了传统认知，受到大量消费者的欢迎。如今，消费者对传统线上零售模式已经出现了周期性的热情减退，消费新诉求在不断倒逼零售业变革。但要在已趋近成熟的零售模式基础上进行二度突围，零售企业觉得较为困难。此时，以AR为代表的沉浸式购物体验就应运而生。

对传统零售企业来说，AR本身形态新颖有趣，能为企业引流；对于电商平台来说，为了满足消费者，一直在致力于将线下场景线上化，借助移动终端呈现线下氛围。文字、图片、短视频、直播的演进都是为了实现这一目标。AR恰逢其时带来的"增强现实"手法，叠加真实环境和虚拟物体，通过极具科技感和现代感的营销模式为商家引流，无疑为传统零售提供了机遇。

AR能让消费者"看得见，摸得着"产品，令人耳目一新。VR刚刚问世就以前所未有的沉浸式体验让消费者着迷，但后来设备价格高昂、产品低产低质等问题成为VR发展的拦路虎。

对大多数企业来说，AR是个新业态，涉及完全陌生的技术领域，AR产品开发应用对企业技术、资金都有着很高的要求。因此，中小企业实则很难触达核心AR技术和产品，互联网企业仍处于领先地位。同时，国内AR产业有了一定的经验和资源的积累，正在更快速落地普及。

👥 即学即问

消费者为什么喜欢沉浸式购物？谈谈你的看法。

数实融合新视界

新技术助力企业跨界营销

随着QQ-AR开放平台的成立，以及腾讯内部将QQ-AR开放平台作为打通年轻群体的战略级产品，各产业之间的跨界合作也开始变得越来越多，例如在教育方面，QQ-AR联手人教数字推出"可AR识别课本"；社会营销方面，QQ-AR联合深圳大学推出"AR校徽"；在品牌跨界合作方面，QQ-AR平台和某杂志社一起推出了AR封面大片；在影视合作方面，一系列电影大片均与QQ-AR展开深度合作；百所高校开展了QQ-AR扫描识别植物领种苗公益活动。这些都意味着全民AR生活正在一步步朝人们靠近。

QQ-AR技术背后是基于腾讯优图实验室的技术支持，能够实现精准图像识别、实物识别、文字识别、人脸识别、手势识别五项能力。因为AR"有趣，好玩，新颖"的特点，年轻群体更乐意接受这种形式。因此，大量品牌和公司，都非常乐意尝试利用这种方式去做跨界营销。

简单来说，任何一家企业、开发者，甚至普通用户，都可通过QQ号注册登录QQ-AR平台，成为AR创意创造者，然后通过创建任务、账号认证、发布任务，就能实现AR创意的发布。

企业只需要准备一张能够被识别的图片，以及一段识别后跳转的动态视频，一个简单的AR创意就可以实现了。扫描实物，获得虚拟体验，也会反过来刺激用户产生瞬时购物冲动，特别是AR体验直接将线下与线上相连，由线下的产品或实物触发线上体验的生成，企业需要考虑的只是如何用更有趣、更直接的触发机制，找到那一批产生购物冲动消费者，从而实现线上体验向线下消费转化。

不少企业都希望借助QQ-AR在其新品或限量产品发布时，快速打造新品声誉、快速链接消费者实现互动。从某种角度上，这也可以理解为QQ-AR平台是腾讯为企业提供的新品发布营销解决方案之一。

（二）借力AR彰显个性消费

随着移动互联网的普及，社会生产和交易效率的不断提高，国内消费也经历了四个时代的变化。从一开始被动的计划消费，到百货商场、超市出现以后自由选购的消费时代，再到品质消费时代，及如今各行各业大放异彩的个性化消费时代，AR成为个性化营销的一大利器。

首先，零售业会有更多高质量的AR产出，AR整体产业会得到快速成长。类似QQ的AR这样的开放平台被广泛应用，也对行业起到了间接推动作用，促使越来越多的用户和企业参与到AR内容打造中，多方构建良性生态。

其次，国内零售企业的整体水平不断提升。零售业中存在着数量众多的中小企业，而最能决定消费者体验的也是这些数量众多的渠道深度下沉的商家。要适应消费者的个性化消费需求，关键在于中小企业的AR应用程度。现在有了QQ这类平台的帮助，一来降低了AR入局门槛，二来能够直接触达AR产品和平台搭建，三来有了技术和流量等稳定资源，个性消费指日可待。

科技的发展，为生活提供了便利，更为零售企业增加了助力，让多种场景打造成为可能，也让体验感变得更强。一些零售企业或利用科技手段打造独特的场景，或直接以科技为主题，引起消费者关注。

西安SKP-S发掘科技、艺术、未来元素，利用艺术、科技与人互动，围绕"数字-模拟-未来"主题精心打造了每个场内互动场景，成为让消费者驻足的沉浸式购物典范。

一层商场展陈主题是未来农场。橱窗的"羊"与环境的场景让空间充满未来感。透明装置内的羊可以清晰看到"羊"由机械与羊毛组成，呈现数字技术与真实场景的结合。

二层以火星元素贯穿始终，从"火星历史"再到"重新探索火星"，整个空间从装置主题上完成了一整套叙事，通过隧道、红色穹顶、太空探测器等，让人们想象未来技术进步后人类移民至火星的生活，通过数字化模拟未来情景与过去时光。

二、VR沉浸式购物体验设计影响因素

（一）场景搭建

VR虚拟现实技术的使用是搭建一个虚拟的沉浸式场景，让人身临其境地去体验其中的内容。搭建的场景可以是真实场景，也可以是虚拟场景。消费者比较常见的形式是将线下的商场或者场景直接通过VR技术还原出来，将里面的产品加以标注说明，并添加产品购买外链和解说导购搭建的100%真实还原线下场景的VR店铺。对零售企业而言，线下的产品陈列是遵循一定的场景化消费逻辑的，因此商品陈列都会经常更新更替。但是，如果保持线上VR场景店铺与线下同步更新，那成本将巨大，而效果未必最佳。所以京东"双11"VR全景店铺虽然也采用的是实景，但是将商品关联在一个场景化的实景中。也就是说，这些商品都是在这个实际的场景中用得到的，消费者很容易想到买了这款产品自己如何去使用甚至摆放在家里的哪个位置。

即学即练

选择一个你最感兴趣的商品，搭建一个符合该商品风格和消费需求的沉浸式体验的VR店铺。

（二）交互体验

如果零售企业考虑好如何搭建其消费场景，那么就该思考接下来关于交互体验的问题了。这种交互体验，不仅是用户与VR场景的交互，也是用户与商品、用户与商家的交互。

对于零售企业来说，VR场景中的交互体验可以包括以下四个方面：

（1）产品展示。VR技术可以逼真地还原产品的外观、细节和功能，让消费者更直观地感受和体验产品，从而提高购买意愿。

（2）门店导航。VR技术可以通过全景数字门店的方式，让用户在线上了解门店环境和产品信息，并实现一键导航到门店，提高到店率和门店运营效率。

（3）在线留言。VR技术可以为消费者提供一个在线留言互动的功能，让消费者在VR场景中留下评论和意见，便于企业收集消费者反馈的意见并改进产品和服务。

（4）营销活动。VR技术可以结合数字门店的营销功能，例如，提供在线预约、门店签到礼、现金抵扣券等，提高营销效果和门店业务量。

总之，VR技术可以为零售企业提供全新的交互体验，改善消费者购买体验，提高销售效果。同时，企业也需要结合自身的实际情况和需求，探索合适的VR应用方案，实现业务增长和品牌提升。

行业发展与瞭望

AR 与 VR 的区别

AR是增强现实，VR是虚拟现实。AR是一种实时地计算摄影机影响的位置及角度，并加上相应的图像、视频、3D模型的技术，这种技术的目标是在屏幕上把虚拟世界套进现实世界并与用户实现互动。VR是一种通过计算机技术借助于特定的设备（如VR眼镜），用户可以在视觉和听觉方面实现虚拟现实的效果，宛如身临其境。

那么VR和AR的区别是什么呢？

1. 含义区别

VR指的是虚拟现实技术，它是通过计算机创造一个虚拟世界，使用者在这个虚拟世界里可以感到视觉、触觉、听觉方面的模拟。而AR指的是增强现实技术，它是将虚拟信息与真实世界巧妙融合，在现实的技术上实现进一步增强。

2. 运用技术不同

VR运用的技术包括仿真技术、计算机图形学人机接口技术、多媒体技术、传感技术、网络技术等，VR是这些技术的集合。而AR运用的技术包括多媒体、三维建模、实时视频显示及控制、多传感器融合、实时跟踪及注册、场景融合等。

3. 功能不同

VR即使存在多种感知，比如视觉、听觉、触觉，使用户能够完全沉浸在虚拟世界中，真正实现人机交互。而AR技术必须通过与现实相结合，它不能进行人机交互，智能性比较低，而且建立在现实的基础上，无法与现实割裂开来。

（三）引导提示

目前，很多VR设计已经把前面的场景搭建和体验交互做得非常成熟，但往往忽略了一个重要的问题：引导提示。比如，当某人去一个新的城市找地点，需要看路牌或者导航；玩一款新的游戏需要看游戏攻略；使用一个新的媒体设备需要看使用说明……同样，VR零售的线上店铺也需要简明扼要的使用引导。可能对于很多用户，特别是第一次体验VR场景的用户来说，进入零售企业线上店铺的VR场景后，里面的商品如何查看、交互体验如何点击、商品信息如何保存等，是许多用户面临的实际问题。企业需要设计醒目的使用引导或者提示来帮助其用户完成设计的VR体验，否则精心设计的VR场景和非常有趣的交互体验将会让来访的用户找不到互动方式或者不知如何使用。

行业发展与瞭望
依靠创新保持
企业活力

党的二十大报告中指出"创新才能把握时代、引领时代"。零售企业的布局陈列、门店氛围营造也是在不断创新发展的。

1. 简易美陈（场景打造1.0）

早些年，商业美陈这种新的视觉营销模式开始在中国发展。大型商业购物中心、商场的场景美陈打造开始趋向于通过搭建、科技应用和体验功能等，用专业的美陈设计能力凸显商业美学观感，带给消费者更好的体验，为商家带来更多的利润。如传统春节，各大商场往往花费大量的财力和人力去精心准备。但这种满眼的福字贴和灯笼场景，并无特色和优势可言。

2. 主题体验（场景打造2.0）

2013年，K11入驻上海，进入消费者的视线，融入艺术元素，"体验"成为商业地产领域的热门词汇，"主题设计"成为营造购物中心"体验"的另一个关键词，主题体验式购物中心由此诞生。其通过建筑设计、室内装饰、商场服务等细节配合体现统一的主题，给消费者鲜明的视觉和感觉的冲击。通过对主题的具象挖掘和营销推广，把商品作为"道具"，把服务作为"舞台"，把环境作为"布景"，使顾客在集零售、餐饮、娱乐于一体的购物中心商业活动中享受到美好的体验。

3. 沉浸式体验（场景打造3.0）

自2017年起，零售业步入调整期。购物中心同质化问题严重，竞争日益加剧，通过打造沉浸式空间，让消费体验升级成了破局的方向。于是"沉浸式＋实体商业"模式横空出世。因为其场景更为多元，业态更为复合，使得实体商业拥有更多"场景＋流量"优势。在"沉浸＋"不断发展的道路上，跨界被玩出了各种花样。尤其是头部零售企业的"沉浸式商业"模式也为复苏中的实体商业转型升级提供了参考。"艺术＋商业""主题乐园＋商业""城市微度假＋商业"等沉浸式商业模式成为商业空间的升级利器。

随着科技的不断发展和成熟，人们购物习惯和观念的改变，零售企业需要进行个性化的场景布局设计，以体现自己的特色。场景式购物中心打造，为用户打造"沉浸式"体验感，被越来越多的商业空间运营商所重视，在消费场内融合更多复合型、更具惊喜感的体验内容，是强化场所与消费者之间链接的核心，实体商业的沉浸度是线上线下流量争夺战的关键竞争力。

零售调研与践悟

任务目的：

能够根据零售企业消费场景的特点，结合本章所学打造沉浸式购物体验的相关知识，为零售企业设计沉浸式购物方案。

任务条件：

笔记本电脑、图片处理软件、视频剪辑软件等硬件设施，并选择一家零售企业进行市场调研。

任务组织：

1. 每4~6人为一组，其中一人担任组长，其他人担任协调、文案、创意、调研等工作。

2. 每组策划一个"××门店沉浸式购物设计方案"。

3. 各组汇报方案，展示预期效果（限时8分钟内），由每组选出的评委进行评价，并提出可行性建议。

4. 注意方案的原创。

任务成果：

××门店沉浸式购物设计方案一份。

课后巩固

一、不定项选择题

1. 下面属于场景特征的有（　　　）及变动性。

    A. 功能性　　　　　　　　　　B. 周期性

    C. 公开性　　　　　　　　　　D. 群体性

2. 提供沉浸式体验的主题娱乐馆属于（　　　）。

    A. 场景商品化　　　　　　　　B. 场景碎片化

    C. 场景社交化　　　　　　　　D. 场景多元化

3. 下面属于互联网时代场景营销的特征的是（　　　），以及场景营销最注重体验。

    A. 场景呈碎片化　　　　　　　B. 场景表现出高迭代性

    C. 场景的边界融合表现出无序性　　D. 场景构建跟随互联网发展的节奏

4. 百雀羚开发京剧面膜，把京剧脸谱印到产品上属于（　　　）。

    A. 场景叠加　　　　　　　　　B. 场景嫁接

    C. 场景复制　　　　　　　　　D. 场景参与

5. VR 线上零售店铺落地的关键点包括（　　　）。

    A. 主题渲染　　　　　　　　　B. 场景搭建

    C. 交互体验　　　　　　　　　D. 引导提示

二、思考题

1. 简述场景的六大要素。

2. 零售场景营销的作用包括哪些？

3. 如何打造互动式体验消费场景？

4. 如何进行移动互联网时代下消费场景的重构？

5. 打造互动式体验消费场景的方法有哪些？

三、案例分析

新消费场景助力线下商超持续发展

    在相关部门发布的购物中心最受欢迎的新兴业态中，运动、汉服等深受"Z世代"消费者的偏爱；新能源汽车业态、露营集合店则迎合了新中产、家庭客户群的需要。这些新业态成为购物中心招商调改、引流获客的新方向。2022年北京冬奥会以来，冰雪运动业态成为热点。南京金鹰湖滨天地打造科技与时尚结合的冰雪节，真冰真雪的体验吸引了大批消费者打卡；南京虹悦城、金茂览秀城、弘阳广场、华采天地等商业综合体引进了先进的滑雪模拟设备，打造室内滑冰场和滑雪场。

为什么要不断引进新业态？业内人士指出，当线下商业无法仅靠商品让消费者买单时，实体商业就得创造出能激发多种感官欢愉、让顾客"因高兴而买单"的内容。只有这样，购物中心才能作为消费者生活中的新奇体验发生地、创意灵感迸发地，以较大的辐射力吸引并形成长期稳定的目的性消费。据悉，南京计划2023年新开21座购物中心。其中，南京正荣中心、南京金象城、江宁宝龙广场、华侨城欢乐滨江一期等项目备受关注。

在未来新开的购物中心中，有一些新业态尤其值得关注。例如，华东首家京东mall已确定引入南京卓悦汇，未来将以科技加持"知识新消费"的商业模式，打造以前沿科技体验与智慧生活产品为核心的全场景、综合类、沉浸式体验消费主题购物中心。南京垂直森林项目位于江北新区，根据规划，大楼建成后，将沿着外立面种植600株高大乔木、500株中型乔木，以及2 500株灌木类植物，将成为一座大氧吧。此外，宠物业态"它经济"也成为不容忽视的消费新势力，预计到2023年，中国宠物市场规模将达到5 928亿元。上海2022年开业的瑞虹天地太阳宫打造了首个约4 000m^{2}的Pet Social创新型萌宠社交专区，引进国内首家集宠物销售、互动体验于一体的网红宠物店。

购物中心的室内运动业态也在以更大的场地、更新潮的种类、更具真实性的场景体验吸引着消费者的注意，助攻商场"圈粉"。除了目前大热的冰雪运动外，很多商场也在积极开发其他运动类场景消费项目，例如，深圳龙岗万达广场致力于打造"城市微旅游目的地"，集结了室内棒球馆、滑板学校、射箭馆、室内冲浪馆、攀岩等运动体验业态。

思考题：

1. 传统商场发展的困境有哪些？
2. 针对以上困境，谈一谈如何从打造互动式体验消费场景的视角来改善现状？

第 六 章

零售营销模式创新

学习目标

素养目标

■ 培养学生乐于分享意识和团队合作精神

■ 培养学生的创新意识、创新思维和企业家精神

知识目标

■ 了解新零售背景下导购员的职能变化

■ 熟悉门店引流的渠道

■ 掌握新零售背景下多种营销模式的特点

技能目标

■ 通晓并掌握门店导购员的服务技能

■ 能够运用全域营销、跨界营销、内容营销的策略和技巧

■ 能够实施全渠道精准营销策略

思维导图

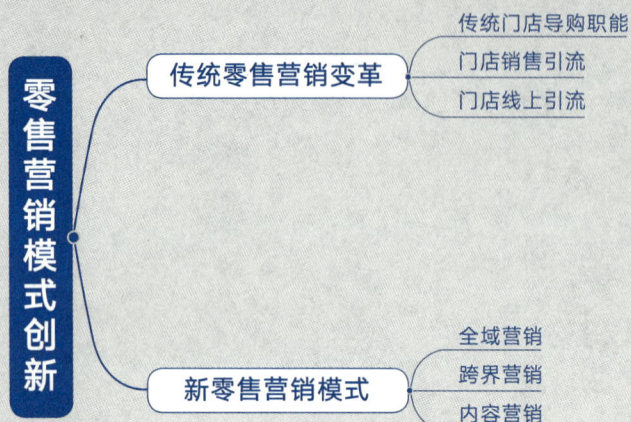

零售营销模式创新

传统零售营销变革
- 传统门店导购职能
- 门店销售引流
- 门店线上引流

新零售营销模式
- 全域营销
- 跨界营销
- 内容营销

学习计划

■ 素养提升计划

_____

_____

■ 知识学习计划

_____

_____

■ 技能训练计划

_____

_____

引导案例

"多面手"的实习生

钱颖是一名大二学生，在 2 月底学校开始的跟岗实训中，她选择到校企合作企业芜湖苏宁广场的美斯专柜做导购员，三天的岗前培训后，钱颖正式上岗，开启了为期 6 个月的跟岗实训。第一天她跟着店长学习商品陈列、迎客、研判顾客特征、有效介绍商品、消除异议、引导顾客扫码关注小程序等技巧，门店没有顾客光临时，店长就指导他们如何在朋友圈、微信群进行产品宣传、推广和引流等。钱颖跟着店长等有经验的导购员学习，在工作中将理论和实践有效结合起来，很快就胜任了门店导购员一职。她根据自己所学习的新零售知识，拍摄在门店实习的一些短视频，发布在抖音、微信视频号后，点击率和转发率都比较高，也很好地宣传了门店产品，受到了店长的表扬。在 2023 年的"6·18"大促期间，门店开展了两场店内直播营销活动，作为主播之一的钱颖获得了粉丝的好评，不仅给门店线上引流 500 多名粉丝，而且销售业绩也超预期。钱颖自己也很开心，实习前她以为营销工作就是在店内向顾客介绍产品、开购物单、帮顾客包装商品等任务，现在她不仅掌握了线下门店销售流程和技巧，而且线上线下引流、社群管理、短视频营销和直播营销等工作也做得越来越熟练。

思考：

1. 传统零售转型的原因有哪些？
2. 实体店导购员的职能发生了变化，你认为现阶段门店导购员的工作任务主要有哪些？

第一节　传统零售营销变革

ⓐ 课前思考

在新零售模式下，实体店发生了哪些变化？

导购员就是在零售终端，通过现场服务引导顾客购买，促进产品销售的成员。在传统零售时代，导购是门店销售工作的重要环节，是实现商品和货币交换的关键人员。导购也是大多数顾客接触到的第一个，甚至是唯一的品牌推广人员，从某种程度上代表着企业形象，其提供的服务会直接影响到顾客的忠诚度、品牌的美誉度和知名度。

一、传统门店导购职能

在传统零售时代，门店导购员除了商品上架准备、商品陈列布局、促销活动执行、销售业绩分析等工作外，在门店销售过程中的任务主要还包括如下几个方面：

（一）探寻市场

门店导购一方面要了解顾客对门店商品信息的接收情况，确定市场需求；另一方面还需要了解顾客对门店商品、促销活动的反应和态度，精准选定潜在顾客。

（二）收集、传递信息

门店导购一方面要了解顾客需要，另一方面要及时向顾客传递有关门店商品的促销信息，为顾客提供购买决策的参考资料，如在小区或者交通要道派发门店促销宣传单等。

（三）销售产品

门店导购在给顾客介绍商品信息的同时，还要根据顾客对商品的态度反馈、消除顾客异议，从而迎合顾客的需要，及时促成购买行为的达成。

（四）开展售前、售中、售后服务

门店导购售前服务主要是做好促销前的各项准备工作，包括：①传达信息给老顾客，如门店新款上市或有促销活动时，发短信或邮件通知老顾客；②仪容、仪表准备；③商品知识准备；④营业准备。售中服务是指在产品销售过程中为顾客提供诸如热情地为顾客介绍、展示商品、解答顾客提问、开票、包装商品等服务。售后服务是指在商品销售给顾客后，为顾客提供的一系列服务，如调试、安装、维修、技术培训等。

二、门店销售引流

新零售时代，导购员的职能正在发生变化。导购员不仅要完成整理货品、商品陈列、介绍商品、探寻市场、信息收集、顾客服务等任务，还需要完成拉新会员、推广门店公众号、小程序、App和建立门店客户群等工作。

（一）引导方式及用语

顾客进店时，导购员应该主动引导顾客使用门店App或小程序，帮助他们注册会员并加入门店顾客群，对有不同需求的顾客进行有针对性的引导，以方便顾客找到想要的商品，达到增加客群、销售商品、提高用户购物体验的目的。引导时的注意事项及服务用语如表6-1所示。

表6-1　注意事项及服务用语

场景	注意事项及服务用语
顾客进入店铺	顾客进店后，门店员工应主动向顾客问好 注意与顾客接触时的细节，如眼神接触、微笑示意、语言问候等
主动为顾客提供帮助	主动询问顾客是否需要帮助，如顾客同意，则按顾客需要进行服务。 如果顾客拒绝帮忙，应尊重顾客意愿，并说："好的，那您有需要的时候随时找我。" 主动邀请顾客加入门店群，可以说"请扫这个二维码加入我们，将有多重礼物赠送"或者"加入门店顾客群，您就能更快地了解商品信息"等 当顾客不知道如何注册时，耐心、礼貌地说："您打开微信，扫描这个二维码，点击进入后，填写个人信息就可以了。"
顾客需要协助	当有顾客询问某种商品的位置时，应将其带到商品架前，可以说："这边就是您要的商品，请随意挑选。" 当遇到顾客需要购买的商品缺货时，应当首先表示歉意，随后指出可以选择的替换商品或者表明该商品的到货时间。 当店员正在整理货架上的商品，顾客要选购此商品时，员工应询问是否需要替顾客取下商品或者立即让开并表示歉意
其他意外情况	当顾客在店内发生意外事件，例如不小心滑倒或者打碎商品时，应当首先询问其是否受伤，安抚其情绪，并快速冷静地处理现场。 在顾客购买一些加热食物或热的饮品时，提醒他/她说："先生/小姐，小心烫手。"

需要注意的是，当店员忙于收取商品、上货、整理货架、清洁、接打电话、处理文件、与上司商谈等事情时，如有顾客光顾、求助或投诉，应暂停手上的工作并且立即服务顾客，如无法解决，需请顾客稍等，并立即寻求当班负责人协助。

（二）会员注册引导

1. 会员注册的意义

传统门店顾客在购物离开之后，无法及时对顾客进行商品信息推送，顾客再次光临也无法判断。新零售门店则可以通过邀请顾客关注企业公众号、微信小程序、下载企业 App 等方式，对用户进行二次营销，并能及时了解顾客消费偏好。会员注册的意义主要体现在以下几个方面：

（1）可以快速回笼资金。如果顾客充值成为储值优惠型会员，商家就可以实现快速回笼资金，减少现金流压力。

（2）增加顾客的黏性。会员卡中的余额以及定向发送的会员优惠活动，能够提高顾客的消费频率和忠诚度。

（3）提升商家服务能力。通过对会员进行回访、及时发布新品以及促销活动消息等，提升商家的服务能力，提高店铺口碑。

2. 引导顾客注册会员的服务用语

（1）顾客消费满一定金额时，或者对高单价的商品感兴趣时，工作人员可以适时推荐会员活动，顾客会感觉这是在为他们着想。这时可以说："先生／女士，您都买了500元了，可以办一张我们店的会员卡，我们的会员卡既可以返现，也可以打折，还可以加入会员群，及时了解商品上新及促销信息、会员大额优惠券，秒杀等福利呢。"

（2）当遇到砍价的客户时，化被动为主动，可以这样说："先生／女士，您可以下载 App 加入我们的会员，会员积分享有折扣，只需要扫一下这里的二维码即可。"或者"先生／女士，要不您加入我们的微信会员群吧，我们会在会员群里及时发布最新的折扣信息，还可以和群成员拼团购买商品，更实惠。"

（3）在顾客付款前，养成询问顾客是否是会员的习惯，着重强调成为会员的好处。如果客户说不是会员，此时导购员（收银员）可以说："先生／女士，您可以关注一下我们的微信公众号，首次关注可以获取福利"或者"先生／女士，我们的小程序正在做促销活动，您可以先在商城里领取一张优惠券再结算，这样更划算"。

3. 其他注意事项

（1）吐字清晰，声音自信。吐字清晰是推广的基本功，只有表述清晰才能让客户听懂。另外，声音也要充满自信，为对方提供真实可靠的信息，加强客户的信任感。

（2）重复重要内容。导购员应该从不同角度说明引导的内容，最好每天提前列出当日商品的推广方案，明确重点，推广时多重复重点内容，这样可以使顾客相信并记住所讲内容。

（3）注重语言文明。在推广时，要注意使用文明语言，要多注意他人的言行以及心情，如果客户不高兴，则不再继续多说。

（4）坦诚相待，以语言感染顾客。导购员要有一颗真诚的心，语言要富有亲和力和感染力。

（5）注意倾听顾客需求。要认真倾听顾客的需求，与顾客有眼神交流，从他们的回复中提取关键词，抓住他们的需求点。

即学即练

在校内虚拟仿真实训室或者校内超市进行导购角色扮演练习，每组由一名学生扮演导购员，另外2~3名学生扮演顾客，每组10分钟左右的店内导购推销实践演练，教师全程跟踪视频录像。导购模拟练习结束后，请学生评委对导购员的表现进行评价，最后教师进行点评。

三、门店线上引流

门店导购员不仅要完成线下销售、引流等任务，而且要适应数字化时代门店运营发展的需要，完成整合商品信息、拉新、留存和转化变现等线上任务，在这里重点介绍社群运营管理、门店直播营销和门店短视频营销三种线上引流营销方式。

（一）社群运营管理

社群是指基于移动互联网和社交工具，拥有相同兴趣或价值观的人突破时间与空间的限制聚合而成的实时互动沟通的群体。借助移动互联网的优势，社群已经成为企业与用户之间最短的路径和最经济的手段。

社群运营是指将群体成员以一定纽带联系起来，使成员之间有共同目标和持续的相互交往，群体成员有共同的群体意识和规范。

1. 建立社群的意义

（1）社群可以低成本获客。通过建立社群，可以在社群成员之间实现带动效果，增加成员数量；建立社群已经成为许多新零售门店运营的一项重要工作。

（2）社群是门店和用户之间途径最短的联系工具。社群营销最常见的方式就是通过场景来进行营销，就是用消费者特定的场景作为一个背景，然后通过周围的一些环境或气氛，提供一些服务或产品，使消费者产生共鸣之后，他们往往就会下单了。最常见的是平时在社群里发布活动信息、优惠券、红包、一些免费课程、免费小礼物等。通过宣传介绍，再传播一些比较美好的理念让消费者去购买，这个时候购买的氛围就会被推到最高了，吸引群员购买。

2. 建立社群的步骤

建立社群是做好社群运营的重要基础。实体门店本身就拥有稳定的客户群，所以具备非常好的建群基础。在社群运营中，目前最常见的是建立微信群，实体门店开展社群营销的基本步骤见图6-1所示。

```
建立社群  →  邀请、激活      →  社群运营      →  社群推广
              社群成员           与管理            与传播
```

图 6-1　实体门店开展社群营销的基本步骤

（1）建立社群。建立社群时要注意以下几个方面：

①确定群主。负责建立微信群的通常是门店的店长，因为店长的微信上会有一些现有客户的微信，建群后首先要将这些老客户邀请进群。

②设定群名称。设立群名称时，要利用关键词营销的概念，站在客户的角度思考，让客户在众多微信群里快速找到自己想要的店群，如"×××店微信福利群"。群名称应直接简明，让客户知道这个群是来自哪家店，而且明确这个群是一个"福利群"，并非广告群。

③分析社群成员的属性。实体门店运营者可以根据社群成员的属性来建立社群，这个属性可以是性别、年龄，也可以是行业、职业、身份属性（如学生、新手妈妈等）。属性相同的人更容易拥有共同语言，更容易沟通交流。

针对成员的不同属性建立不同的社群后，要确定不同的社群交流主题，例如，新手妈妈社群要以推送育儿经验和婴幼儿商品信息为主，老年人的社群要以推送健康、养生知识和商品信息为主等。

④分析社群成员的消费能力。社群成员的消费能力直接影响着社群运营策略的制定。例如，如果想在社群中推送一些高品质的商品，消费能力较弱的社群成员就会觉得商品的价格太高；如果一味地迁就消费能力较低的社群成员，总是推送一些低价商品，可能会导致追求高品质商品的成员退群。

⑤编写群公告。群公告的内容直接影响客户体验，应当在建群前预先设定好群公告的内容，而且内容不要过多或过于复杂，一般在给入群客户发福利前后发送。

实体门店不能采取粗放的方式来建立社群，即不能在不考虑成员的属性、消费能力、消费需求的情况下，简单地将所有人都拉到群里。这是因为这样的社群运营起来会非常困难，最后只会成为"灌水群""僵尸群"。因此，实体门店在建群时需要深入分析群成员的属性和消费能力。

（2）邀请、激活社群成员。

①邀请客户进群。建群后的第一批客户一般是原有的忠实客户，这些客户对本店有较高的认可度，是可以帮助门店进行口碑传播的"种子用户"。第一批客户进群后就要先发布群公告，然后发一个红包表示欢迎进群、感激支持，同时让这些忠实客户邀请身边的朋友进群。

②激活社群成员。消费者成功入群后，接下来就要激活社群成员，让其保持活跃度，并对社群产生信任感和依赖感。激活社群成员的方法有以下几种：

a.建立情感连接。实体门店运营者要将社群打造成一个讲情感的空间，让门店与社群成员形成情感连接，用情感来拉近门店与社群成员的心理距离。深入的情感连接是社群的重要特征之一，如果运营者只是在社群中单纯地卖货，就失去了建群的意义，这样的社群必然不会长久。

b.推送商品。实体门店建立的社群最终一定要与商品运营建立联系。在社群中推送的商品一定要符合社群成员的属性和需求，紧抓社群成员的痛点。

实体门店运营者可以采取图文结合的形式推送商品，用文字和图片赋予商品更多的价值增值；也可以使用短视频来推送商品，让商品更具表现力，提升社群成员对商品的关注度，刺激他们自主传播商品，从而扩大商品的传播范围。

c.发放红包。红包对于社群运营有着很大的作用，巧妙地利用红包可以提升社群成员的活跃度。但是，红包是建立在直接利益之上的，是"弱吸引力"，只能作为激活社群成员的手段，不能对此过于依赖。

要想借助红包刺激社群的活跃度，需要注意两点：

一是不要毫无目的地发红包，而要有针对性。例如，节日时发放红包，以配合相应的节日气氛；在发红包时写上一句祝福语，让社群成员感受到红包的情感因素，而不是简单地点击获取。有了情感因素植入，社群成员会更加依赖社群。

二是要选择合适的发放时机，避免深夜发红包，以免对已经休息的社群成员造成骚扰；避免在工作时间发红包，以免影响社群成员的工作效率。对于大多数人来说，晚上8:00—9:00是其自由时间段，这个时间段内社群成员可以以轻松的状态领取红包，并愿意参加话题讨论，所以可以选择这个时间段来发送红包。

d.分享有价值的内容。内容始终是品牌运营的核心，再好的商业模式，如果没有内容的充实，就始终是"空中楼阁"。对于社群营销来说，"内容为王"依然不过时，无论是新建社群，还是运营知名度较高的社群，一旦缺乏内容创新，就会造成大量社群成员的流失。因此，创造可以让社群成员真正留下来的优质内容，是让社群保持活跃必不可少的环节。

有价值的内容并不是照搬网上的热门内容，更不是通过刷屏来博取关注，而是要精准地触及目标消费群体的需求。社群成员之所以加入某个社群，就是因为他们觉得该社群能够满足其某方面的需求，能够为自己提供有价值的内容。

因此，在正式打造社群持续输出的内容之前，要对社群成员的需求进行调查和分析。可以在社群中发起投票，看看社群成员最关注哪些主题，然后对这些主题内容进行重点挖掘。同时，还要关注社群成员的留言，根据他们的建议进行主题调整。唯有让每个社群成员都感到推送的内容是有价值、有意义的，社群才有存在的基础。

e.组织线下活动。实体门店运营者要充分运用好线下门店的优势，将社群运营与店铺营销活动结合起来，针对社群成员的特点组织一些有价值的线下体验活动，如新品体验、亲子活动等，拉近运营者与社群成员的心理距离，提升社群成员的活跃度，如2022年7月，大润发超市组织的暑期夏令营亲子活动，通过制作面包、水果沙拉等，增加了门店和社区成员的情感，也增加了门店的客流量。

f.发挥KOL（Key Opinion Leader）和KOC（Key Opinion Consumer）的价值。KOL，是指拥有更多、更准确的产品信息，且为相关群体所接受或信任，并对该群体的购买行为有较大影响力的人。实体门店在开展社群营销时，要高度重视KOL的价值，结合自己社群的特点招募KOL或培养自己的KOL，让他们与社群形成紧密的关系，在社群运营中充分发挥价值。

KOC，就是指社群里一批活跃的、忠诚的、爱分享的持续消费者。他们虽然是普通顾客，但因为既接地气又懂品牌，更能获取他人信任、带动其他潜在消费者的购买行为。相比于KOL，KOC的粉丝更少，影响力更小，优势更垂直、成本更低。

（3）社群运营与管理。"没有规矩不成方圆"，任何组织一旦缺乏规则的约束，其秩序就会变得混乱，社群也是如此。没有规则的社群会导致乱发广告等行为越来越多，人越多就会越混乱，越混乱闲杂人等就越多，势必会形成恶性循环，最终导致社群走向灭亡。

①设置社群管理员。为了维护社群的秩序，保证社群的正常运转，社群有必要设立管理员，负责社群的日常管理工作，小的社群群主就是管理员；对于人数较多的社群，群主可以设置若干名管理员，协助自己进行社群管理。

②设置合理的群规。合理地设置社群规则是保证社群健康、有序发展的基础，群

规是维护社群稳定发展的有效机制。但是，一定要从社群的自身情况来进行设置，甚至一个社群下属的不同分社群，也要根据分社群的特点在规则的设置上有所区别。

③设置奖惩规则。奖励与惩罚是管理和运营社群过程中必不可少的手段，设置合理的奖励与惩罚机制有利于提升社群的活跃度，维护社群的良好秩序，为社群成员创造健康的交流、学习环境。

如果群成员针对社群的商品、服务或社群管理模式提出了有价值的建议，管理员就可以给其一定的奖励，如赠送商品、商品试用奖励，甚至是现金奖励。对于违反群规的成员要予以惩罚，以维护社群的良好秩序，保证社群的健康发展。

④设置淘汰规则。社群运营者可能会遇到这些问题：社群成立之初活跃度很高，但一段时间之后发言的人就越来越少。对于长期不发言、不表态的成员应该如何处理？为了激励成员的成长，组织了各类线上活动，对于总是不响应、不反馈的成员该怎么办？此时，社群运营者应该考虑淘汰机制，运用淘汰规则筛选出高价值成员，将低价值、无效的成员剔除，从而提升社群的价值。

🗨 即学即问
社群管理员应该具备哪些特质？

（4）社群推广与传播。在社群中要进行商品推广、裂变等，增加商品推销和流量，并提高社群群员的活跃度和复购率等。

①形成社群内宣传规范，根据时间适时推送不同时段、不同用户群体需要的信息，以此来进行社群促销。

②进行社群营销推广一般包含以下要点：

a.每周选择几款社群专享价商品。选品要求以消费者需求高、频率高的商品为主，考虑复购率，应具有地理、季节特点，可针对流行趋势进行推荐。

b.微信群内专属内购，可以预售形式进行。要想让社群的价值充分发挥出来，一方面要把社群建好、维护好，另一方面要扩大社群的影响范围，将社群推广给更多的人。社群运营者要激励群成员传播和推广社群，不断吸引新成员，增加社群的活跃度和顾客黏性，以提高社群的影响范围，做好顾客吸引—转化—留存—复购等环节的工作。

🎯 即学即练
自己组建社群或者选择你的微信中现有的一个群，尝试进行某种商品或服务的推广。连续推广7天后，制作PPT进行社群运营心得体会分享。

（二）门店直播营销

直播营销是指在现场随着事件的发生、发展进程同时制作和播出节目的营销方式，该营销活动以直播平台为载体，达到企业获得品牌提升或是销量增长的目的。

1. 直播营销的流程

（1）组建直播和运营团队。一场好的直播，除了需要风趣幽默的主播以外，还需要很多工作人员共同组成一支团队，只有各司其职，才能轻松应对直播中遇到的各种问题。直播团队包括主播团队和运营团队。

①主播团队。主播团队里有主播、副播和助理。

a.主播。是直播间的门面，也是最重要的团队成员，直播带货对主播有很高的要求。首先，主播要具备良好的形象和气质，同时，还要根据店铺的特点，以及商品面向的群体，选择气质相符的主播；其次，主播最好选择性格活泼、情绪稳定的人；再次，主播还要有较强的语言表达能力和临场应变能力；最后，主播一定要有丰富的商品知识，无论是从制造工艺还是从使用体验，都能为观众提供专业的建议。

b.副播。其任务是协助主播进行直播，在介绍商品时，可以配合主播，同时向观众讲解直播间的规则等。

c.助理。其职责是负责配合直播间所有的现场工作，如操作直播中控台、控制直播间节奏、调试灯光设备、摆放商品等。

②运营团队。一个成功的主播背后都有一支好团队，主播在屏幕前与观众交流，团队在屏幕后提供支持。直播运营团队通常由以下成员构成：

一是编导。其任务是负责直播节目选题、统筹和执行，他们通常对电商直播有着深刻的认识，熟悉短视频拍摄技巧，并懂得编写直播脚本。

二是产品运营人员。其任务通常有三个：内容运营、活动运营和用户维护。

三是后期制作人员。在直播结束以后，通常还需要把直播中有价值的部分挑出来，配上一些特效，剪辑成短视频，发布到网上，完成二次传播。

四是客服人员。其任务是负责直播间互动答疑、直播间配合主播、售后发货问题等。为此，客服人员必须熟悉直播间的内容和福利，避免一问三不知。

（2）市场调研。通过广泛的市场调研确定目标用户并准确把握其需求，根据用户需求提供精准的产品或服务。

（3）选择合适的直播方式。各种直播方式所需的资源不同，门店要精准分析自身情况，选择合适的直播方式，经费充足、人脉资源丰富的门店可以选择与明星合作直播，以增强直播营销效果。

（4）直播平台的选择。不同直播平台的用户特点不同，带来的流量也不一样，门店在进行直播营销时，需根据自身商品和用户的特点，选择合适的直播平台。

（5）设计直播方案。直播方案的设计决定直播效果，在设计直播方案时，需要销售人员及广告策划人员共同参与，使直播营销的效果达到最佳。

（6）效果评估。营销效果最终体现在转化率上，通过直播和销售数据的分析，可以评估此次直播营销的效果，同时可以为下一次直播营销提供经验。

🧑 即学即问
直播的硬件设备需要哪些？主播应该具备哪些素质和能力？

2. 直播的基本模式

（1）"品牌＋直播＋明星"。"品牌＋直播＋明星"是相对成熟、方便执行、容易成功的一种直播模式。明星一般有较大的影响力，可以迅速吸引观众的注意力，进而产生较大的流量。企业想要通过直播塑造品牌形象时，一般都会优先考虑此模式，聘请拥有良好形象的明星。

此方式虽然见效快，但也有一定的缺陷。明星直播很难给观众留下影响深远的话题，而且明星直播已经被大量企业利用，观众对明星的好奇心被消磨之后，产生的效益也会下降。因此，企业在利用这种直播方式进行营销时，要把握时机，适当利用。

（2）"品牌＋直播＋企业日常"。在直播被广泛应用的当今时代，各种日常活动都可以作为直播内容，企业日常活动同样也可以作为直播内容。

企业日常是指企业制定、研发、生产产品的一系列活动，大到企业会议，小到员工就餐，这些对于企业稀松平常、琐碎的小事，在消费者看来却可能是产品光环下的商机。因此，将企业日常引入直播内容，也是一种吸引观众注意力的直播营销方式。

（3）"品牌＋直播＋深互动"。"品牌＋直播＋深互动"模式是指通过直播活动，由品牌方直接解答消费者的疑问，并通过抽奖、红包等互动形式提高用户黏性，增强用户对品牌的好感度。业界对于直播营销的探索仍在进行中，但是有一点已经形成共识，即直播营销最大的优势是能带给用户更亲近的使用体验。例如，在服装品类的品牌直播中，消费者能够直接就面料、尺寸、试穿效果与品牌方进行互动，减少下单前的疑虑，提升信任感。

目前，传统门店盈利模式面临转型升级，很多实体零售门店开展直播营销。一些直播平台也相继纷纷推出电商直播扶持政策，例如，天猫聚划算在3月5日大促开始之际增加10亿元消费补贴；抖音推出"宅家云逛街"计划，通过直播流量扶持计划等专项政策，助力门户商店线上运营。

在此次线上活动促销中，涌现出了许多线下老牌产品加入直播战队，走上数字化转型之路。例如，在三八妇女节来临前夕，红蜻蜓就打出"买一双，捐一双"的口号，宣布将以公益直播的形式，为女性医护人员带去关怀。妇女节当天，红蜻蜓总裁亲自下场直播，每卖出一双红蜻蜓商务时尚皮鞋，即为女性医护人员赠送一双"适合上班穿，款式又时尚"的皮鞋，期待女性医护人员穿上新鞋，绽放时尚个性。

在直播期间，红蜻蜓更是让朋友圈中的5位时尚界和企业界"大咖"前来助力，大大增加了观看量，带动了直播间的氛围，销量也自然增长了，众多实力派企业家与时尚人士共同代言商务时尚，为公益呐喊。红蜻蜓这次带货直播吸引了43.53万人次观看、点赞300多万次，带货销量突破50万元，同比增长了114%。

3. 零售直播方式

（1）店内直播带货。门店可以选择合适的直播平台，在店内选取几款重点商品进行直播展示，也可以直播展示货架商品、店铺周边等，以此来吸引顾客下单并实现线下引流。

（2）与商品厂家合作进行直播。门店也可以与某些商品制造商或经销商合作开展直播，重点展示这些商品，通过直播吸引顾客来店消费或线上下单。

近年来，网络直播节目大量涌现，网络主播数量快速增长，在传播科学文化知识、丰富人们的精神文化生活、促进经济社会发展等方面，发挥了重要作用。但同时，网络主播队伍素质良莠不齐，进入门槛低，部分网络主播法律意识淡漠，价值观扭曲，传播低俗庸俗内容，散布虚假信息，诱导非理性消费和大额打赏，损害未成年人身心健康等违法违规问题时有发生，严重扰乱行业秩序，污染社会风气，人民群众反映强烈，亟须对网络主播行为予以规范、加强监管。

2022年6月，国家广播电视总局、文化和旅游部联合印发《网络主播行为规范》（以下简称《规范》），引导网络主播规范从业行为，强化社会责任，树立良好形象，提高网络主播队伍整体素质，治理行业乱象，规范行业秩序。通过规范管理进一步推动网络表演、网络视听行业持续健康发展。

《规范》共包括18条内容，涵盖网络主播应当坚持正确政治方向、舆论导向和价值取向，崇尚社会公德、恪守职业道德、修养个人品德，自觉反对流量至上、畸形审美、"饭圈"乱象、拜金主义等不良现象，自觉抵制违反法律法规、有损网络文明、有悖网络道德、有害网络和谐的行为，应当遵守知识产权相关法律法规，自觉尊重他人知识产权等内容。

《规范》以问题为导向，针对网络主播从业行为中存在的突出问题，规定了网络主播在提供网络表演和网络视听节目服务的过程中应该遵守的行为准则和规范要求，为网络主播从业行为划定了红线和底线，同时明确了行政主管部门、文化市场综合执法机构、网络平台、经纪机构、行业协会在加强网络主播教育引导、监督管理、违规行为处理等方面的职责。

针对公众反映强烈的虚假宣传、销售假冒伪劣商品、数据造假等损害消费者权益的问题，《规范》第十四条对网络主播直播带货行为作出了明确规定。一是不得营销假冒伪劣、侵犯知识产权或不符合保障人身、财产安全要求的商品，虚构或者篡改交易、关注度、浏览量、点赞量等数据流量造假；二是不得夸张宣传误导消费者，通过虚假承诺诱骗消费者，使用绝对化用语，违反广告相关法律法规未经许可直播销售专营、专卖物品等；三是不得通过"弹幕"、直播间名称、公告、语音等传播虚假、骚扰广告。

《规范》对于营造清朗网络空间和良好舆论氛围，对于加强网络主播队伍建设，推进网络视听行业高质量发展，具有鲜明的正向意义。

📑 即学即练

请观看至少三个不同类型产品直播间的直播营销活动，写出它们各自的特点。

（三）门店短视频营销

短视频营销是指通过在短视频平台上发布关于产品或商家信息的短视频，达到推广产品、带动销售的新型营销方式。

1. 短视频营销的平台

短视频已经成为移动互联网使用时长和用户规模增长最快的细分领域之一。在短视频平台中，快手和抖音目前占据了绝大部分的市场，表6-2为二者的特点对比。

表6-2 抖音和快手的特点对比

比较项目	抖音	快手
广告形式	信息流广告（单页广告、原生广告）、开屏广告	视频信息流广告，包括用户发现页、广告详情页，广告转化以应用推广、品牌推广为主
用户特征	用户群体多为"95后""00后"，主要核心用户来自一二线城市	用户群体多为"80后""90后"，社交属性较强，对中小城市用户覆盖面广

2. 短视频营销的常见形式

（1）拍摄产品使用教程，解答用户疑问。拍摄产品短片，为客户解答疑问是短视频营销最基本的工作内容。拍摄一段产品使用教程并配以语音指导，可以为用户提供更有效的帮助，带来更多附加价值。

（2）展示产品制作过程，增强用户信任。将产品的制作过程拍摄成一条短视频并展现给潜在客户是一种有效的营销方式，尤其当产品的制作工艺、原材料是产品的核心卖点时，这类短视频能让用户直接了解产品的生产过程，增强用户信任。

（3）利用节日热度，制作传播热点。一些重要节日是商家与消费者互动的关键节点，以节日为主题的短视频营销也成为商家与消费者建立联系的方式。如某珠宝品牌为"七夕"节制作了主题短视频，在短视频中宣传产品特性，达到营销效果。

（4）增强用户互动，提高用户黏性。通过短视频的点赞、转发、评论等互动形式，拉近品牌与用户之间的关系。同时，利用抽奖、赠送礼品等形式提高用户的参与度。可以邀请用户通过上传带有标签的短视频参加活动，从而提高品牌在平台的曝光量和讨论热度。

（5）鼓励顾客参与，提高用户兴趣。打卡、测评、开箱类短视频因为互动性强、参与性高，形成的宣传效果较好。门店也可以举办类似活动，鼓励顾客到店打卡、测评商品并拍摄短视频，吸引潜在客户。

3. 新零售营销短视频的拍摄内容

(1) 介绍主推产品。可以与主推产品的制造商或经销商合作，拍摄关于主推商品的短视频，如制造、销售、使用场景等，并将这些短视频发布到平台上，借助一定的营销推广，对产品进行宣传，增加关注度。例如，在夏日来临之际，可以与制造商合作，拍摄冰激凌的生产、储存、销售过程的短视频，并将这些短视频发布到平台。

(2) 宣传店铺营销活动。门店可以将店铺的营销活动和参与方法拍摄成短视频，发布到平台上，让更多人知道这些活动并参与进来。例如，门店可以在儿童节举办一些吸引小朋友的活动，可将活动的场景布置、活动举办的过程拍摄成短视频，吸引顾客观看、讨论、转发等，促使更多人了解活动信息，进而参与其中或者加深对本店铺的好感。

(3) 策划短视频"打卡"活动。门店可以策划一些"打卡"活动，如顾客到店消费时将购买产品的全过程拍摄并上传到短视频平台，即可获得某种奖励等，以此来激发顾客参与的热情，在平台上积攒人气和热度。

即学即练

假如你经营着一家水果专卖店，请利用周边现有条件拍一条短视频并将其投放到网上。

执着向上与坚守

中国农村妇女的新"网"事

在自媒体时代，在抖音等平台出现了很多草根"网红"，如陕西省志丹县的霞姐、福建小田姑娘、丽水石村小月、四川自贡的桃子姐等，她们通过学习制作短视频分享自己的家庭和乡村生活，吸引了网友观看，通过直播助力乡村振兴，带动农产品销售，带领乡亲们致富。其中，被央视表扬为"灶台上的乡愁"的桃子姐不仅创立、分享短视频，而且2018年就在淘宝上开设了两家店铺，分别是"蜀中桃子姐"和"桃子姐家土特产"，销售包括钵钵鸡调料、大头菜、火锅底料等一系列自创品牌。央视评价桃子姐："大家看李子柒是在看远方、看中国，看一个美丽的田园画镜，而看桃子姐更像是看身边、看熟悉的人，甚至就是看自己的生活，所以无论是李子柒还是桃子姐都好、都请继续。"

网络改变了李子柒、桃子姐等人的命运，她们摸索着拍摄短视频，推广当地的美食和土特产品，不仅自己致富，还带动了当地贫困农民脱贫。这是她们不断学习、努力、创新的结果，是她们对美好生活的追求。

零售调研与践悟

任务目的：

能够根据宣传对象来设计短视频内容，发布平台，掌握视频拍摄技巧。

任务条件：

智能手机、笔记本电脑、摄影支架、剪映App等。

任务组织：

1. 每4~6人为一组，其中一人担任组长，其他人担任摄影、助理等。

2. 每组策划一个短视频营销方案，并进行拍摄、剪辑，以及平台发布。

3. 各组汇报营销方案，展示短视频成品（限时8分钟内），由每组选出的评委进行评价，并提出可行性建议。

4. 注意短视频素材的原创性和知识产权，不盗用他人素材。

任务成果：

短视频一个、营销方案一份。

第二节　新零售营销模式

🅐 课前思考

选择某一家门店，总结其门店营销模式有哪些。

本书所指新零售，是指个人或企业依托互联网，通过大数据、人工智能等先进手段，并运用心理学知识，对商品的生产、流通与销售过程进行升级，进而重塑业态结构与生态圈，并对线上服务、线下体验进行深度融合的零售模式。新零售时代的深度营销与过去的营销相比有以下三个显著的不同点：

第一，新零售时代的营销已经从天天在朋友圈刷屏的盲目推销转变为引导消费者的认知。例如，让消费者了解如何买得好、买得实惠、买得有价值等，从而让消费者相信企业，建立信任体系，进而成为企业的忠诚粉丝。

第二，新零售时代的营销从营销商品转变为营销顾客。过去，很多企业的经营总是以商品为中心，以价格为主要营销手段。在这种营销模式下，企业与顾客之间的关系是非常松散的。这种松散的关系很容易导致顾客流失。而新零售时代的营销是以顾客为中心的，企业需要不断研究顾客的喜好及需求。这样，企业与顾客建立的关系就非常紧密。

第三，新零售时代的营销从单一模式转变为多元化的营销模式。在新零售时代，消费者的消费场地包括商场、购物中心、便利店、自媒体、微信朋友圈、微博、智能终端、VR 等。多元化的消费场景带来了多元化的新营销，如全域营销、跨界营销、内容营销、社群营销等。

社群营销在上节已经做了介绍，本节重点介绍全域营销、跨界营销和内容营销。

一、全域营销

全域营销是在新零售体系下以消费者运营为核心，以数据为能源，实现全链路、全媒体、全数据、全渠道的一种智能营销方式。

（一）全域营销兴起的原因

随着移动互联网的不断优化和普及，数字化时代的到来，整个消费时代也跟着发生了重大变革，以下三个特征较为明显：

1. 多元化消费场景

社会和经济整体发展，特别是互联网的发展，为消费者节约了更多时间和金钱，他们会把这些多余的时间和货币，用于新的更具体验性的生活上，消费者的生活开始变得更加多元化，由此引发消费场景多元化，而不再是过去传统、单一固定化的消费场景。

2. 碎片化消费行为

如今人们所处的社会，时间被分割得更加零散，人们拥有大量的碎片化时间，于是用户拥有大量碎片化时间，从线上购物 App、阅读 App，到线下按摩椅、小型 KTV 等，让用户为便捷、小额的消费行为而"买单"。消费变得更加随意化，即时性消费占据了更大的消费市场。

3. 多渠道交互

从过去计划经济下的供销社单一购买渠道，发展到商业广场为主的线下经济，再到由于互联网发展带来的线上购物便捷性，消费者的购物渠道开始打破线上和线下的单一模式，以此希望获得良好的购物体验，而这部分良好的购物体验更多来源于线下实体。

同时，消费者还希望获得随时随地的购买便捷性，多渠道交互成为今天最核心的消费方式。例如，去看电影时，消费者会在线上浏览电影介绍、选择在线购票，再到线下完成自动取票一系列服务，多渠道交互，打破空间限制。

（二）全域营销内容

全域营销一般包括全数据、全渠道、全媒体和全链路四大方面。

1. 全数据

在互联网时代，全数据的应用在企业营销中是必不可少的，它是新零售的基础和重要工具。

大数据所服务的对象体现在两个方面：一是服务于企业内部，使企业实现真正意义上的数字化管理；二是服务于消费者，使企业充分且精准地挖掘消费者的需求，保证为消费者提供个性化和多元化的服务。

从大数据技术帮助企业进行内部管理的角度来看，大数据技术可以帮助企业实现信息传输的及时性，使供应链的各个环节都能以数据的方式表示出来，使决策者更直观、更快速地看到企业各部门的运营情况，最大限度地简化上传下达的烦琐流程，提高企业的运营效率。

从大数据技术优化对消费者的服务来看，零售企业可以通过对消费者进行算法测算，分析他们的购买偏好，有选择地向他们推荐产品，实现对产品的个性化营销，如图6-2所示。此外，大数据还可以使零售企业了解消费者对产品的使用情况，通过数据反馈更好地优化产品和服务。

2. 全渠道

随着移动互联网和社交网络的发展，原有的O2O模式已经落伍了，需要对其进行升级和拓展。目前，对零售企业而言，"移动端渠道+PC端渠道+线下渠道"已成为标配，而一些更具眼光和前瞻意识的企业则实施了更长远的战略，开拓了社交渠道，从而让全渠道营销插上社交的翅膀。

全渠道营销是指企业为了满足消费者任何时候、任何地点、任何方式购买的需求，

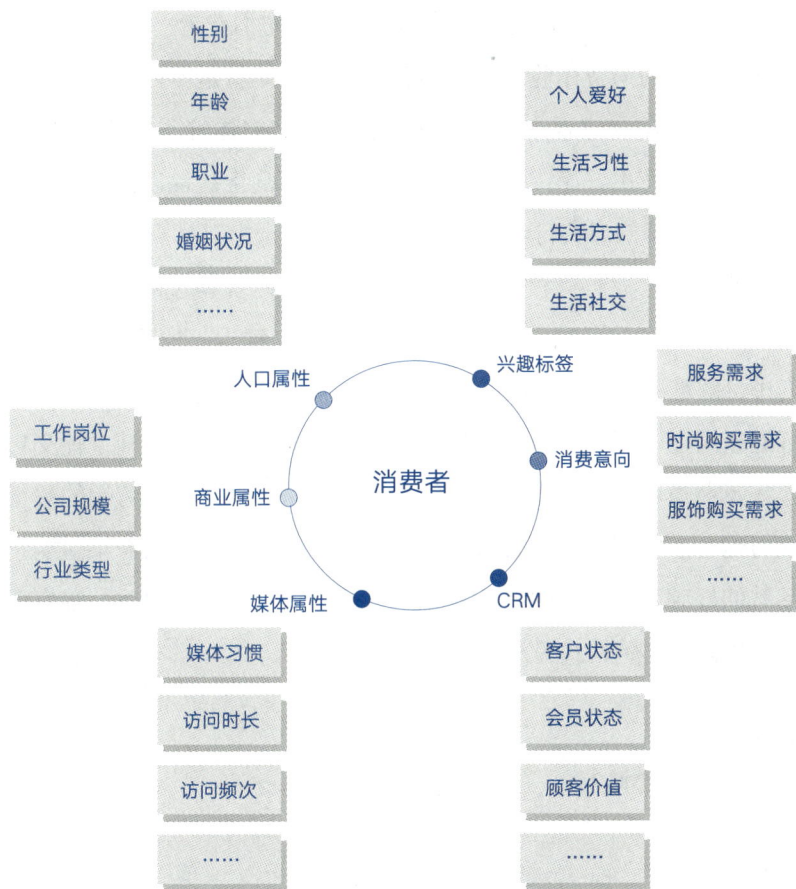

性别
年龄
职业
婚姻状况
......

个人爱好
生活习性
生活方式
生活社交

服务需求
时尚购买需求
服饰购买需求
......

工作岗位
公司规模
行业类型

人口属性
商业属性
媒体属性
兴趣标签
消费意向
CRM

消费者

媒体习惯
访问时长
访问频次
......

客户状态
会员状态
顾客价值
......

图 6-2　消费者全数据分析管理

整合线下实体店、线上电子商务和移动商务等渠道来销售商品或服务，向顾客提供无差别的购买体验，具体途径包括网站、实体店、服务终端、直邮、社交媒体、移动设备、电视、上门服务等。全渠道营销是营销方式变革中的重要一环，也是未来营销的方向。零售企业要做好全渠道营销，需要把握好以下三个关键点：

一是保证线上线下同款同价。整合线上线下资源，保证线上线下产品的同款同价是零售企业实现全渠道营销的重要手段。在新零售时代，消费者的需求更高，他们渴望获得更好的消费体验和更优质的服务。如果消费者发现同一家店铺的相同产品在线上线下的价格和服务差别很大，那么他们自然就会怀疑商家的诚信，其价格高、服务差就会给消费者带来不好的购物体验。即使实际上其服务和价格未必很差，但是这种比较产生的负面效果也总是会让消费者印象深刻。所以，零售企业应该改变传统思维，不应将线上线下分开运营，而是要将它们打通并整合在一起，统一核算成本和利润，保证线上线下的产品同款同价，以真诚的姿态面对消费者。

二是重视消费者的消费体验。重视消费者的消费体验是零售企业实现成功营销的基础。如果消费者在购物过程中获得了快乐愉悦的购物体验，精神需求得到了满足，他们自然就会对企业产生好感，认为这个企业所售商品正是自己所需要的，是最适合自己的，进而成为品牌的忠实粉丝。

零售企业要认真分析消费者群体需求，使自己的经营理念和价值观与消费者的观念完美契合，为他们营造轻松舒适、充满乐趣的购物氛围，加强与他们的互动交流，积极为他们排忧解难，为他们提供更加个性化的产品和服务。

三是打通全渠道数据。打通全渠道数据，即打通线上线下店铺、社交自媒体内容平台、线上线下会员体系、线上线下营销数据，这是实现全渠道营销的关键步骤。零售企业若能将这一步骤完成好，就可以让消费者感受到无缝化的跨渠道购物体验，从而加深对品牌的好感，使自己的品牌获得更多消费者的追捧。同时，零售企业的影响力和产品销量也会得到跨越式提升。

🗝 即学即问
全渠道零售就是O2O吗？

3. 全媒体

在传统媒体时代，信息传播的主要媒介是报刊和电视。但是，自互联网崛起以来，报刊和电视这两大主要传媒渠道的地位似乎受到了威胁，与之相对的是互联网作为一个新兴传媒渠道得到了快速发展。近年来，随着移动互联网的逐渐普及，移动传媒渠道也受到了各企业和商家的高度重视，很多零售企业通过新媒体来进行产品的宣传介绍，现在，报刊、电视、互联网、移动互联网就发展成为当前主要的传媒渠道，简称"全媒体传播渠道"。

基于此，越来越多的企业希望建立自己的全媒体传播渠道。当然，其中不少企业已经利用全媒体传播获得了成功。以海尔为例，该集团围绕着微信、微博等平台建立了自己的全媒体矩阵。据相关数据显示，海尔集团的微信账号数量已经超过200个，微博账号数量也超过了160个。由此看来，在建立全媒体传播渠道方面，海尔集团确实下了不少功夫。

在数字化时代，随着经营理念的创新，传统媒体和新兴媒体的结合形成融媒体，更快、更高效地进行信息的传达。但对于零售企业来说，只建立全媒体传播渠道是远远不够的。因为如果营销跟不上，即使全媒体传播渠道建立得再完善，也无法获得良好的传播效果，所以，零售企业在建立全渠道传播渠道时，还要考虑营销手段的选取，两者结合才能达到良好的效果。

执善向上与坚守
全媒体时代塑造主流舆论新格局

党的二十大报告明确指出："加强全媒体传播体系建设，塑造主流舆论新格局。"在全媒体时代，零售企业应如何塑造主流舆论新格局？

第一，"全媒体"需形成"全矩阵"。全媒体需要建立多个媒体账号，包括微信公众号、微博、抖音、B站等社交媒体平台。这些账号可以用来发布内容，与用户互动，提高品牌曝光度和知名度。但是，建设全媒体传播体系，不是越全越好、越大越好、越新越好，技术与内容契合，方能相得益彰。

第二，"大流量"要迈向"高质量"。无论传播形式如何嬗变，公众对有思想、有温度、有深度的作品的追求是永恒的，全媒体时代更要咬定"内容为王"，突出特色优势，创新话语体系，切实深入群众，抒发群众心声，凝聚发展共识。

第三，"主力军"须挺进"主战场"。网络空间不只是人们生产生活的空间，也是凝聚共识的空间。通过媒体融合博采众长、提升能力；营造调查研究之风，生产实事求是的全媒体内容；强化精品意识，力求每一次策划、每一篇文章都经得起网民"咂摸"，每一个视频、每一张图片都体现出工匠精神。

4. 全链路

在新零售时代，零售企业不仅要改变生产模式，还要改变营销模式，而实现全链路营销就是改变营销模式的第一步。

全链路有两种解读：一是从整个品牌管理维度出发，企业要实现品牌策略、传播、运营和数据沉淀的全链路；二是从品牌和消费者关系的维度出发，每个消费者在做决策时，都有一个网状的、立体的和个性化的决策链路（见图6-3）。实现品牌在消费者购前、购中、购后的有效触达和转化，消费者在对品牌的关注、引发兴趣、搜索、行动、分享环节中，形成了便捷的消费环境。

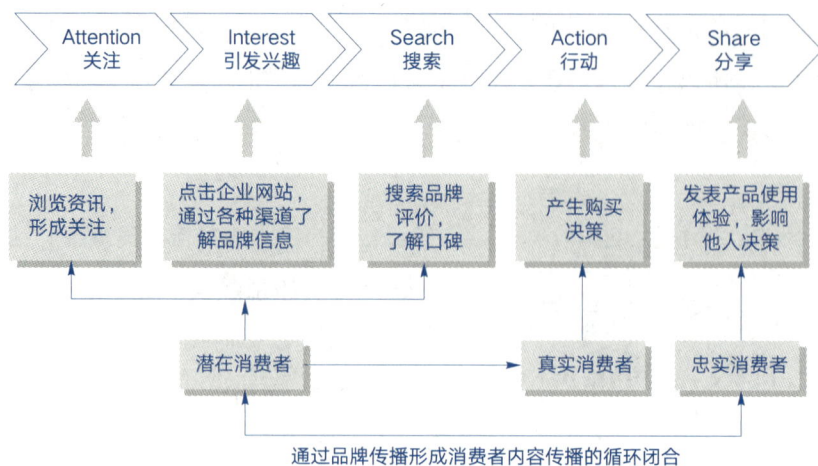

图 6-3　消费者决策全链路

总之，全链路是企业向新零售转型的必经之路。在这种情况下，零售企业就应该抓紧时间，尽快实现整个供应链的贯通和联动，只有这样才可以提高自身的竞争优势，从而跟上新零售时代的步伐。

📖 即学即练

以小组为单位（每3~5人为一组），选择某一家零售企业，从零售媒介、渠道等环节进行调研，分析该企业是如何开展全域营销的。

二、跨界营销

对于企业营销人员来说，营销并没有统一的套路和做法，只要把好消费者的脉，把产品以最好的方式销售出去，就是成功的营销。在新零售时代，消费者所能接触到的场景会越来越多，每一个场景都是一个好的营销途径。因此，企业要将营销渗透到各个领域，做到无时不营销，无处不营销。

（一）跨界营销的起源

"跨界"的英文为 Crossover，原为交叉、融合、跨越之义。跨界在艺术领域使用较多，而营销必然包含设计和艺术元素，因此跨界很快就被引申到市场营销领域。如今，IT业、时尚业、娱乐业都开始尝试跨界，在全球范围内掀起了跨界营销的浪潮。

跨界营销兴起的原因大致有以下两点：

第一，随着全球经济的迅速发展，经济全球化使得全球市场竞争愈发激烈，激烈的市场竞争导致许多产品同质化，缺乏独特的产品特色使得企业只能打价格战，从而失去了活力。企业要想在市场中站稳脚跟，就必须创新产品，扩大自身的差异，走差异化路线，而跨界营销正好可以满足这种需求，通过跨界，围绕创意点进行全新的产品设计，让产品紧跟社会潮流，从众多产品中脱颖而出。

第二，经济的发展，社会的进步，使得消费群体更加细化和多元化。个性化需求成为当今的热点。在移动互联网时代，消费者不仅满足于生存、生理的需求，更加注重心理和精神的追求，对产品的需求也更加精确，而移动互联网正好提供了这样一个平台，消费者在网络上寻找自己感兴趣的产品，购买契合自己消费需求的产品。跨界营销的出现，使得这一需求得到了满足，不同元素的结合，形成了具有多种特质的新产品，既满足了消费者的个性化需求，也打破了原有的产品界限，引发了新的生活方式和消费方式。

（二）跨界营销的概念

所谓跨界营销，就是指两个不同领域的品牌合作，强强联手，分别以对方作为媒介和平台，在对方领域内推广自己的品牌。"跨界营销"多用于描述异业品牌间的相互合作营销。如今，跨界营销已经成了一个新的发展方向，越来越多的零售企业开始相互合作，走上跨界营销的道路，形成了品牌协同效应。例如，大白兔是一个经营了60多年的中华老字号，从2015年开始，大白兔每年都与其他品牌展开跨界合作。大白兔与美加净联合推出了"大白兔奶糖味唇膏"，与气味图书馆合作，联合推出了"快乐童年"系列产品，包括香水、沐浴乳、身体乳、护手霜等产品，让消费者不断感受到老字号的新活力。

（三）跨界营销的要求

跨界合作对品牌产生的最大益处就是让原本毫不相干的元素相互渗透、相互融合，从而促使品牌产生一种立体感和纵深感。要想发挥不同品牌的协同效应，形成"1+1>2"的效果，在开展跨界营销时要找准契合点和互补点。

（1）品牌资源相匹配。品牌资源相匹配是指在开展跨界营销时，两个不同的品牌在品牌实力、营销思路、品牌战略、消费群体、市场地位等方面存在一定的共同性和对等性，这样才能发挥双方品牌的协同效应。跨界营销要寻求强强联合，获得双赢。资源不匹配的跨界营销不仅不能实现强强联合，甚至还会给品牌形象造成伤害。

（2）品牌之间不存在竞争关系。多个品牌开展跨界营销主要是为了通过合作来丰富各自品牌或产品的内涵，进而提升自身品牌下产品的销售，达到双赢的效果。也就是说，参与跨界营销的品牌之间应该是一种互惠互利、互相借势增长的共生关系，而非此消彼长的竞争关系。因此，跨界营销要求合作的品牌之间不存在竞争关系，只有这样才有跨界合作的可能。

（3）产品属性相互独立。进行跨界营销的产品属性要具有独立性。产品属性相互独立，指的是进行跨界合作的品牌各自的产品在属性上要具有独立性。跨界营销并不是要从产品功能上对对方的产品进行补充（如碗和筷子、西服和领带等），而是需要两个品牌的产品本身是相互独立的存在，在跨界合作过程中各取所需，如合作方产品的人气、消费群体、销售渠道、品牌内涵等。

（4）品牌效应互补。品牌效应互补是指进行跨界合作的两个品牌要在优势和劣势上形成一定的互补效果，将各自形成的市场口碑、人气和品牌内涵互相转移到对方品牌身上，或者在品牌传播效应上形成互相叠加，从而丰富自身品牌的内涵，提升自身品牌的立体感、纵深感和认可度。

每个品牌都诠释着一种文化或者一种生活方式，体现着目标消费群体的个性化。一些竞争品牌和外界因素的干扰往往会削弱品牌对文化或生活方式、理念的诠释效果，而通过跨界营销就可以有效地避免这种问题的产生。

人们常说"宝剑配英雄"，如果将"宝剑"和"英雄"当作两个不同的品牌，"宝剑"只有被"英雄"使用，才能淋漓尽致地发挥其威力；"英雄"只有与"宝剑"相配，才能体现神勇气概。"宝剑"和"英雄"两个互相补充才能相互衬托，使对方发挥最大的效用，反之只会让各自的价值削弱。对于跨界营销来说也是同样的道理。

（5）消费群体具有一定程度的一致性。每个品牌都有自己的消费群体，都会对自己的目标消费群体的特征进行深度分析，以更好地挖掘目标消费群体的需求，掌握目标消费群体的消费行为特征。由于跨界营销的参与者所属品牌不同、行业不同、所提供的产品不同，要想保证跨界营销的顺利实施，就需要双方在消费群体上具有一致性。

🔧 即学即问

王饱饱低温烘焙燕麦片可以与麦当劳进行跨界合作销售吗？

（6）坚持以用户为中心。随着市场环境的变化，企业营销的工作重心也发生了巨大的转变，品牌的营销行为从以品牌和品牌下的产品为中心转变为以用户为中心，从关注品牌和品牌下的产品转变为关注用户的需求。对于跨界营销来说，只有更多地强调用户的体验和感受，才能让跨界营销发挥更大的效用。

在过去，企业的生产经营活动主要是关注产品，生产什么产品，产品有什么特点，都是基于企业对市场的理解，而这种理解大多站在企业的维度上。随着经济的快速发展，社会产品的日益繁多，用户的选择越来越多，卖方市场转为买方市场，企业之间的竞争日趋激烈。而有些企业转变了维度，开始以用户为中心，全力开发以满足用户需求为主的产品，抓住了用户需求，迅速掌握了市场。经过数十年发展，如今企业发展的重点已经由品牌和产品逐渐转移到了用户身上。

在互联网时代，仅仅把用户当作中心已经不能满足新的需求了。互联网时代下用户的需求更加多样化、个性化，不再是单纯地使用产品，而更加注重产品的使用体验。用户在使用产品时，往往形成主观感受，做出主观评估和判断，然后对产品和品牌形象做出评价，并形成记忆和形象。

良好的使用体验可以改变用户的态度，促使其产生长期消费行为。因此，一种产品能否以用户为中心，抓住用户不同的需求，提供良好的消费体验，就成为占领市场的重要前提。

数实融合新世界
故宫文创的国潮风

2018年8月，故宫文化服务中心联合农夫山泉限量推出9款"农夫山泉故宫瓶"，文案和包装十分年轻化，以瓶身为载体，让消费者在有趣的古画和文字中感受到故宫里那些真实的人间烟火，建立起情感勾连。产品一上线，在苏宁直播间，5分钟观看人数破16万人，引发逾千条评论，上线9天就获得4 000箱销售的佳绩。故宫的跨界宣传，在为自己成功"圈粉"的同时，进一步扩大了影响力，逐步形成了"故宫出品，必属精品"的良好口碑。

2023年端午节前夕，故宫又推出了《上新了·故宫》×"臻味"端午节礼盒文创产品。《上新了·故宫》是一档由故宫博物院、北京电视台、华传文化联合出品的大型文化节目。"臻味"是北京臻味坊食品有限公司旗下的品牌，该品牌以"让更多的人吃上营养新鲜好坚果"为使命，为消费者带来了多款优质产品。此次端午节礼盒的设计灵感源于"养心殿宝匣"，将其所蕴含的紫禁城色彩美学和图案样式应用于礼盒上。包装以经典"故宫红"为配色，以宫门、四季宫墙为插图，共同传达吉祥喜庆之意。

故宫文创的一大优势就在于其产品类型多样，能够满足不同层次、不同需求的消费者。对于普通消费者来说，他们可以根据其生活实际需要，选择印有皇帝语句、故宫文物纹饰等的鼠标垫、服饰、冰箱贴、手机盖、钱包等，较容易获得他人关注。而对于追求高档次的人群来说，故宫文化创意产品并不只是有趣好玩，更有艺术审美性，诸如精品刺绣、陶瓷等。

在数字创意方面，故宫文创也进行了不断创新。以故宫字画、历史故事、建筑文物、服饰等为基础开发的《胤禛美人图》《皇帝的一天》《紫禁城祥瑞》等App，用户使用手机就能轻轻松松地浏览和分享。

故宫文创的红火充分借助了互联网的作用。故宫淘宝、故宫天猫旗舰店让故宫文创的销量大增，这让不能去故宫的人也能够欣赏故宫文化的创意。

故宫文创
端午节礼盒

（四）跨界营销的类型

对于品牌商来说，它们之所以开展跨界营销，一是为了借势品牌元素，提升品牌格局；二是为了拓展销售渠道，增加用户量；三是为了延伸用户使用场景记忆；四是为了扩大产品的功能点。因此，按照品牌开展跨界营销的不同动机，跨界营销大致可分为四类，即跨品牌的"界"、跨用户的"界"、跨场景的"界"及跨产品利益点的"界"。

1. 跨品牌的"界"

借势品牌元素，提升品牌格局。跨界营销的精妙之处就在于它可以让参与者借助对方积累的品牌资源为自己的品牌增加新的元素，从而提升自身品牌的知名度和品牌形象，扩展品牌格局，为自身品牌带来新的活力和增长点。因此，如果品牌需要强化或优化自身在某一方面的形象，可以尝试跨界营销，借助其他品牌之力来增加自身形象的溢价。

例如，说起百雀羚，人们总会把这个成立于1931年的品牌定位为国货品牌。其最经典的产品可能是消费者在宣传海报上看到的百雀羚雪花膏。然而，百雀羚并没有像大多数国货品牌那样只活在人们的回忆里，而是连续四年都位列天猫"双11"美妆品类销量前十名。除了产品的不断升级，百雀羚很好地运用了跨界营销的方式，成功引起年轻消费者的关注。百雀羚多次与故宫珠宝设计师合作推出了中国风产品，如限定梳妆礼盒——燕来百宝奁、两款定制气垫BB霜和随礼盒赠送的首饰"东方簪"。销售数据显示，燕来百宝奁上市仅35秒便售罄。"百雀羚+故宫文化"展现了东方美学的魅力，受到大批年轻消费者的青睐，并带动了百雀羚品牌其他产品的销量。百雀羚的跨界营销重塑其品牌形象，让它焕发活力与美感的同时，也助推了国货品牌整体的兴起。

对于品牌商来说，如果想让自身品牌获得更多年轻人的喜爱，就可以寻找带有年轻元素的品牌进行跨界合作；如果想增加自身品牌的科技感，就可以寻找带有科技元素的品牌进行跨界合作。

2. 跨用户的"界"

扩大渠道覆盖，增加用户量。由于渠道不同，每个品牌所能覆盖的消费群体也会有所不同。跨界营销可以让品牌商借用对方的渠道资源和粉丝群体，覆盖更多有价值的目标消费群体，这就是跨用户的"界"。这种跨界营销类型的品牌商通常还有大量的潜在消费人群未被挖掘，其共同的目标是需要找到一个触点，激发潜在客户对品牌的探索和认知。品牌B手握品牌A想要的用户资源，通过跨界合作形式由品牌B把品牌A引荐给它的用户，就可以让品牌A与用户之间建立更深的联系。如网易云音乐与农夫山泉合作，消费者购买一瓶500毫升的农夫山泉矿泉水就可以在网易云上听歌、看乐评，扫码获得个性化歌单推荐。饮用水作为刚需产品，其消费群体无疑是巨大的，而网易云音乐也想在原有18~29岁用户定位的基础之上，把年龄范围放得更宽些，吸引更多不同年龄层次的用户，农夫山泉广泛的用户群体对于网易云音乐来说，就如同待挖的矿藏。

3. 跨场景的"界"

延伸用户使用场景记忆。由于产品销售渠道固化，为了拓展渠道，增加用户量，企业从消费和使用场景入手，帮助用户建立新场景，增加用户购买决策和使用产品的概率。跨场景的"界"，其核心就是通过开展跨界营销，延伸或强化用户使用场景记忆。在移动互联网时代，争夺用户的注意力非常重要。从场景入手寻找容易被大众忽略的契合点，用富含趣味性和未知性的产品载体激发用户消费欲望就显得尤为重要。

4. 跨产品利益点的"界"

放大产品功能点。跨产品利益点的"界"，简单地说就是通过跨界营销放大产品的功能点。如小米与短跑名将苏炳添展开合作，将其作为"速度特使"。苏炳添用自己的毅力不断刷新自己的百米成绩，小米则用技术快速提升用户的使用体验。速度是两者之间最直接的共同点，小米等产品通过与苏炳添的合作，放大"快"的优势。

（五）打造专属跨界联名产品

品牌商开展跨界营销，必然会产生联名产品。联名产品是跨界营销的产物，是让用户切身体验跨界营销的媒介。通常来说，通过跨界营销打造跨界联名产品主要有以下三种方法：

（1）品牌授权定制款产品。品牌双方联名制作定制款、限量款产品是比较常见的打造跨界产品的形式。通常来说，这种定制款、限量款产品大多通过品牌（IP）授权的形式来实现的，如星巴克联合淘宝推出的天猫精灵方糖R星巴克定制版智能蓝牙音响机器人AI语音助手礼物，以及亚朵酒店联合网易云音乐推出的主题酒店等都属于品牌（IP）授权定制。

（2）快闪店和快闪活动。多数情况下，跨界营销会表现为事件营销，具有一定的时效性，线下快闪店和快闪活动是较常见的事件营销。当然，除了专门开设快闪店外，举办各种线下快闪活动也是跨界营销的常用方法。

（3）开展资源技术合作。跨界营销也可能是两个品牌借助自身的技术或资源与对方进行合作，包括开展推广活动或生产定制产品等。例如，"宜兰幸福转运站"便是漫画师几米跨界做建筑师的首秀，几米的设计团队通过彩绘、拼贴和艺术装置让这栋老建筑不但变新了，而且变得十分有趣。

（六）跨界营销效果衡量

如果说品牌商是跨界营销的制造者，那么受众就是跨界营销的接收者。跨界营销只有真正触达受众，在受众中形成广泛影响，才能真正达到营销效果。因此，在开展跨界营销时，还需要考虑跨界营销是否能够触达目标受众，以及目标受众如何参与到跨界营销之中。在跨界营销的实施过程中，品牌商可以从以下两个方面来衡量跨界营销是否能够真正触达。

一是产品层面的触达受众，即目标受众能否直接接触到跨界营销产品，能否获得、体验、分享跨界营销打造的产品。

二是信息层面的触达受众。一个跨界营销产品是否成功，不仅要看该产品是否能够引发受众的广泛讨论，更重要的是要看受众在体验、分享产品时是否能够感受到品牌的利益点，是否认同合作品牌想要体现的理念和调性。

即学即练

某企业推出一款目标客户为学生的智能阅读器产品，请根据产品特性来选择跨界合作伙伴和营销方式。

三、内容营销

目前，电商已经从运营产品转向运营内容，再以内容为纽带触达人群，获得消费者，最后转化为会员。在这种大趋势下，企业需要转变思维，开动脑筋，利用各种新颖的手段把营销模式从运营产品转移到运营内容上来，以吸引消费者的兴趣，调动他们的好奇心，达到成功营销的目的。

(一) 内容营销的概念和形式

企业要做好内容营销（Content Marketing），提升内容的质量是根本。因为泛泛的广告、粗制滥造的图片和视频不仅无法吸引消费者的注意力，还可能引起消费者的反感，使他们对企业的资质和能力产生怀疑。所以，企业一定要对自己所营销的内容给予足够的重视，努力将其打造成精品，使其能成功引起消费者的关注，成为企业的流量入口。

1. 内容营销的概念

对于内容营销而言，"内容"一词是指来自出版界的文字、图片、动画和视频，是指可以吸引报纸、杂志、电视和多媒体的读者的信息。内容营销的内容按不同身份的创作者和专业程度区分为用户生产内容、品牌生产内容、专业生产内容，其简称分别为UGC（User Generated Content，用户生产内容）、BGC（Brand Generated Content，品牌生产内容）和PGC（Professionally Generated Content，专业生产内容）。大多数企业主要采用无须额外付费的BGC形式在其官方微信、官方微博上生产内容，但由于其内容主题、内容质量、内容价值过于主观，频频出现质疑BGC就是企业自夸行为的声音。UGC是消费者通过互联网浏览与品牌相关的内容时，以点赞、评论、关注、分享的方式参与互动，与品牌双向交流反馈的信息。这些原创内容以消费者主动参与的方式提供给企业，能够帮助企业营销人员深入洞察用户的情感偏好和兴趣动态。PGC内容是企业借助代理或专业内容方的外部内容，为更广泛的消费者群体提供品牌信息。和BGC的目的不同，PGC是能够吸引用户主动关注的优质内容，用户甚至愿意付费关注，比如知识付费（如线上的各种课程），其主要作用是扩大品牌影响力，获取新客。

内容营销可以帮助消费者树立并增强品牌意识，其主要目的就是通过传递有意义的内容，鼓励消费者积极参与互动，培养并维护企业与消费者之间的持久关系，而非仅仅追求短期利益。

学者们对内容营销的解读不尽相同，但基本都体现以下几个共性：

第一，传递的内容必须与消费者建立关联，能为消费者带来功能信息、娱乐服务等多种价值。

第二，内容营销不等同于产品硬性推广，它是以制作高质量内容作为发力途径，以达到吸引目标客户人群的效果。

第三，随着时代的发展和技术的更新，受众的需求倾向多元化、个性化，内容营销的形式和渠道也随之趋向多样化、创新化。

基于上述分析，本书认为内容营销就是依赖多种网络媒介，实现与受众的双向沟通与互动，不断输出有价值的内容，进而吸引、留存潜在或已有的消费群体，最终为企业带来理想收益的战略营销方式。

2. 内容营销的形式

当前学术界较为认可且广泛应用的内容营销包括三种形式：对话沟通、讲故事和消费者互动参与，涵盖了互联网和新媒体等多个领域。

（1）对话沟通。内容营销强调品牌与消费者之间的双向互动，用户既是内容的消费者，又是内容的传播者和创作者。

（2）讲故事。适当设计有情感的故事，可以让企业更有效地传播其文化与品牌内涵。

（3）消费者互动参与。内容营销可以提高消费者的品牌意识，增强消费者的参与度和互动性，从而有效地维系客户关系，培养消费者的品牌忠诚度。

🖳 即学即问
内容营销中的PGC和UGC你更信任哪个？为什么？

（二）内容营销的传播路径与渠道

在内容营销过程中，针对不同的平台和渠道，在全域营销推广过程中，会采用多种表现形式向目标受众人群进行信息传递。如图文曝光、音频/短视频传播、直播营销、购后链路的图文和视频二次传播等，使消费者形成忠诚复购，最终形成全链路的消费者购买过程。各种形式的内容会形成重复曝光，加深消费者对品牌的认知。KOL的主动宣导会加深消费者对品牌的兴趣，增强新用户对于品牌的信任感；短视频和直播的表现形式增强了消费者对于产品实物的近距离体验和感受，更加生动形象地向目标人群传递品牌内涵和价值主张，刺激消费者产生消费行为。

内容营销是通过文字、图片、音频、视频等载体向用户传达企业的品牌价值信息，提升产品销量。企业进行内容营销的主要渠道有：各大电商平台站内的内容渠道资源，包括图文、短视频、直播等不同形式；微博、微信、知乎等自媒体平台；抖音、快手等直播短视频平台；小红书等社交电商。

随着信息传播方式的日益多样化和迅捷化，内容营销的方式将会越来越多，作用也将越来越大。相关数据显示，在微信智能营销系统手淘上，内容频道页所提供的流量占据了整个手淘首页的70%，而被内容营销所吸引来的手淘达人则为手淘上的各店铺贡献了30%~50%的流量。

（三）内容构建

在内容构建上，首先要明确内容营销的受众与目标。比如，如果针对的是处在"存在感"层次的受众群体，为了提升其忠诚度，内容营销的内容核心可以为树立品牌与产品价值，让用户更好地理解品牌及产品优势。为了吸引用户主动了解相应的产品，从而提高企业品牌和相关产品的传播效果，实现内容营销目标，就需要考虑内容对消费者的吸引力。

企业发布的营销内容在素材组织上应具有时事性、娱乐性、丰富性等特征，这是说服消费者关注营销内容的基础；在价值呈现上，营销内容要与消费者的需求之间彰显相关性、质量性和选择性等特征，这是影响消费者分享内容的决策条件。

内容类型方面有服务型内容、销售型内容、软文型内容、互动型内容。具体的内容构建思路如下：

1. 服务型内容

基于用户调查，针对用户在购买或使用同类产品时的痛点问题，通过用户一听就明白的语言，提供专业的解决方案，与用户一起解决问题。比如，百果园企业公众号要宣传自己的服务，可以在内容营销上，构建榴梿挑选技巧的内容，为多数用户因为不会挑选而购买了太熟或不熟的榴梿，打开后无法食用的痛点提供了专业建议，最后再引出百果园的价值服务，消除了用户的购买风险。在价值呈现上，体现了内容与消费者需求的相关性。

2. 销售型内容

销售型内容是指企业生产的关于新品上市推荐、品牌促销、节假日主题活动和会员福利等相关内容。在做这一类内容构建时，企业可以围绕目标受众阶段性的相关需求变化来做相关主题的选择。比如，快到冬季时，一个经营品牌女鞋的公众号可以针对用户经常买到穿着体验感不好的打底裤，推出关于打底裤的品牌试穿体验内容，向用户提供有价值的信息，并通过图片中各品牌袜子的搭配鞋来建立产品链接，在活动中可以将好评度较高的女袜作为促销赠品来提升用户体验。

3. 软文型内容

软文型内容是指目标受众感兴趣的故事、热点事件、企业文化、品牌新闻等内容。企业往往会借助一段时间内人们关注的热点事件构建内容，提高对受众的吸引力。需要注意的是，虽然热门事件能够快速吸引受众的关注，但需要合理地运用热门事件，而不能盲目运用。在信息快速发展的时代，企业可以及时了解热点事件，同时结合自己的品牌与产品定位，通过对热点事件进行分析，判断此素材是否适合通过内容构建实现内容营销的目标。一旦符合，就可以在一定时间内更好地帮助品牌与产品传播，让用户更好地了解相应产品的优缺点及相关性能。

4. 互动型内容

这类内容包括吸引用户参与的主题活动、与企业对话的留言互动、问题解答等。比如，某休闲品牌服饰零售企业，在国庆节日前，通过有奖征集"国庆去哪玩"主题活动，吸引用户参与，对参与活动或者微信转发、分享、提问、建议等任何互动行为的用户，提供购物优惠、赠送企业的主推产品、抽奖等奖励行为。虽然这类短时间活动在执行过程中可能存在曝光点和参与黏度不足的现象，但是好处在于目标受众量大，奖励与活动的持续性强，参与方式容易，且有利于潜移默化地培养用户形成自动的品牌传播互动习惯，从而保持用户活跃度。这类内容营销主要体现了内容的丰富性与娱乐性。

在内容构建时，很多企业会将多种内容类型进行组合，比如将服务型与互动型的内容组合在一起，匹配用户需求，打造优质的复合型内容，从而实现营销目的。将内容进行投放时，与传统的广告不同，并不是投放得越频繁越好。如果内容投放得太频繁，内容质量得不到保障，也容易使用户反感，甚至取消关注企业的微信公众号。同时，在用户接收信息量巨大的背景下，有价值的内容需要高效且高质量地完成，需要重视内容的创作流程管理，否则会导致内容无法落地，甚至造成内容断档、编排混乱等问题，失去忠实用户对企业的信任。比如，企业可以根据后台统计数据找到合适的推文频率和推文时段，保证持续、定期更新的内容是让用户主动了解企业品牌与产品的相关知识的渠道，可以让消费者通过分享的方式，达到较好的传播效果。

（四）内容营销应把握的原则

党的二十大报告明确提出："健全网络综合治理体系，推动形成良好网络生态。"企业内容营销的传播，不仅有助于形成良好的网络生态，也有利于获得实实在在的经营效益。无论是机构媒体还是自媒体，做内容营销有些原则应把握好。

1. 以内容建设为根本

内容营销的前提和基础是内容，营销只是手段，目的是让内容产生良好的社会效益和经济效益。中共中央办公厅、国务院办公厅在 2020 年 9 月印发的《关于加快推进媒体深度融合发展的意见》中明确："逐步构建网上网下一体、内宣外宣联动的主流舆论格局，建立以内容建设为根本、先进技术为支撑、创新管理为保障的全媒体传播体系。"这是在媒体深度融合发展阶段，国家管理层面对如何认识内容的一次厘清。

企业做好内容营销，要重视优质内容供给。李子柒走红海内外，对于做好内容营销具有启示意义。内容优质是李子柒视频的一个特点。为了做好一条视频，李子柒投入了大量的时间与精力：为了拍"活字印刷"，她花了近半年时间去学习；为了拍兰州牛肉面，她先去面馆学艺，又在家练了一个多月；为了酿酱油，她从种黄豆开始；为了做蛋黄酱，她从养小鸭子开始；为了给奶奶做蚕丝被，她从养蚕开始……对此，《人民日报海外版》刊文评价："用心制作内容，才能感染观众。"这是以内容建设为根本，获得流量和用户的生动体现。

数实融合新视界

在唯美氛围中激发顾客的购买欲望

李子柒是美食短视频的创作者。她原先是淘宝店主，自 2015 年开始拍摄美食短视频，在很多平台发布乡土气息浓厚的视频，深深吸引了很多观众的目光。除了短视频营销外，她还撰写了一些内容唯美的文章，在内容营销方面的表现出色。例如，在今日头条的公众号里，有一篇介绍玫瑰花饼等产品的文章，题目叫《做一桌玫瑰，送给我最爱的你们》。文章一开始说玫瑰花是个好东西，可以赏、可以吃，还可以用来制作玫瑰酱、玫瑰熏鸡、花米藕、玫瑰米酒，以及大家最爱的玫瑰花饼。接着从整理玫瑰园开始，有视频、有图片，拍了山东平阴和滇红的玫瑰苗，配有它们从小苗栽下到渐渐长大、开花的视频和图片。然后是李子柒采摘玫瑰、清洗和晾干玫瑰的视频和图片等，最后是李子柒用玫瑰做玫瑰酱、玫瑰米酒，以及玫瑰花饼的视频和图片。

整篇文章没有一句吆喝卖玫瑰花饼等产品的词句，但是从这些视频、图片的画面中，消费者不自觉地被"种草"，最后主动下单购买了这些产品。

---

2. 增强用户意识

无论是"用户第一"，还是"用户至上"，都要求企业增强用户意识。增强用户意识并不是说要去迎合用户，甚至去生产和传播一些低级趣味的内容，而是要考虑用户的体验和感受，想用户之所想、急用户之所急，找准用户的诉求和痛点。如美的空调推出了智能控制的功能，让用户能够通过手机App或语音指令来操控空调，这就解决了用户需要在空调旁边频繁操作的问题。这都是根据用户需求来提供服务，体现的正是用户意识。企业做好内容营销，用户意识必不可少。

3. 及时跟上网络热点

内容传播速度快是移动互联网时代的显著特征之一。网上热点来得快，去得也快，企业做好内容营销，可以适当跟上网络热点。但是，不是每个热点都可以利用，有价值、与自己的产业有关联的热点才可以利用。

紧跟网络热点做好内容营销，还要谨防"反转新闻"。"反转新闻"已经成为近年来随着新媒体的发展而出现的一种新的传播现象。在新媒体环境中，"反转新闻"以强劲的势头进入公众视野，并且愈演愈烈，颇有泛滥之势。作为一种异常的传播现象，"反转新闻"从表面上看似乎不过是一场"新闻闹剧"，但从深层次来反思，"反转新闻"无疑给受众、媒体和社会带来了极大的伤害。这提醒企业在紧跟网络热点做内容营销，一定要建立在核实求证的基础上，否则就有损企业的声誉。

4. 不违背公序良俗

党的二十大报告指出："加强全媒体传播体系建设，塑造主流舆论新格局。"无论是企业还是自媒体，进行内容营销必须以正确价值观为导向，不违背公序良俗，这是必须坚持的原则。

即学即练

大润发超市中秋节进行月饼促销，请为稻香村品牌月饼设计促销方案，并为此款促销产品写一款软文。

执善向上与坚守

创造与分享
生活之美

创立于1984年的天虹面临诸多的经营困难，但是凭着"敢闯敢试，敢为人先，埋头苦干"的深圳精神，不断发展壮大，从深圳走向全国，从单一业态走向多业态，在行业内的规模和影响力不断提升。2022年在大环境不佳的情况下，天虹公司仍然实现销售额335.12亿元，公司年度纳税额5.11亿元。它是如何做到的呢？

一、引领智能零售创新，赋能大众美好生活

作为智慧零售的倡导者和先行者，天虹凭借数字化技术的先行优势及深耕线下的网络优势，通过消费者洞察、模式创新、数字技术研发及深度应用、供应链管理和场景升级等维度，持续进行线上线下融合的探索，助力消费品质与用户体验的升级，赋能消费与零售生态，为行业发展贡献力量。2022年，天虹数字化会员逾4 200万人，通过为会员细分标签实现精准的人群分层，加强会员精细化管理，打通线上线下全渠道用户触点，追踪单个会员行为，实现实时、自动、精准的顾客全生命周期节点营销服务。线上平台针对产品、内容、视觉等进行了全面的迭代优化，带动平台流量同比增长35%，平台销售同比增长32%，从硬件和软件上优化顾客体验，助力释放消费潜能；深耕供应链，效率效益双上升，多举措提升顾客满意度

二、以人为本，携手员工成长

天虹始终坚持"尊重人、发展人、共同成长、彼此成就"的人才发展理念，通过完善人才招聘与培训体系，持续优化人才梯队，将学习发展作为承接业务与策略变革的助推器，为员工提供广阔的发展平台，助力员工内部成长，实现个人价值。

三、伙伴携手，齐心共赢

天虹致力于实现与各方合作伙伴的共存共荣，通过体系化的管理及专业化的支持，携手合作伙伴共同成长，贡献行业价值。2022年，天虹积极响应国家号召，宣传国家减免政策，争取港资股东及中小股东的理解和支持，履行国有控股上市公司的社会责任，切实帮扶小微企业及个体工商户恢复发展，共渡难关。

启示：天虹将坚守以顾客为中心的初心，不断提高自身的顾客经营能力，强化核心竞争力。打造本地化最好的线上线下一体化消费服务平台，科技赋能新零售，内部通过人员关怀，提升员工的归属感和创造力；外部与合作伙伴携手共赢，共同发展。

零售调研与践悟

任务目的：

根据门店业态类型、目标顾客和促销主题等来选择营销模式。

任务条件：

具有拍摄功能的手机、笔记本电脑、摄影支架、补光灯、麦克风、耳麦等。

任务组织：

1. 每4~6人为一组，其中一人担任组长，其他人根据需要和任务需要进行角色设计。

2. 根据门店的促销活动主题来进行软文撰写推广、短视频宣传促销、选择直播平台进行直播促销。

3. 各组汇报营销方案，展示推广软文、短视频成品、直播方案和直播录像（限时10分钟内），由每组选出的评委进行评价，并提出可行性建议。

4. 遵守直播平台规则，注意视频素材的原创性，不盗用版权素材。

任务成果：

推广软文和直播方案各一份、短视频一个。

课后巩固

一、不定项选择题

1. KOC（Key Opinion Consumer）是指（　　　）。

    A. 关键意见社群成员　　　　　　　　B. 关键意见消费者

    C. 关键顾客　　　　　　　　　　　　D. 关键明星

2. 大白兔曾与美加净合作推出大白兔润唇膏，一推出后就卖到脱销，这属于（　　　）。

    A. 全域营销　　　　　　　　　　　　B. 跨界营销

    C. 内容营销　　　　　　　　　　　　D. 社群营销

3. 下面属于全渠道零售的特征的有（　　　）。

    A. 全程性　　　　　　　　　　　　　B. 全面性

    C. 全线性　　　　　　　　　　　　　D. 全域性

4. 一支直播运营团队一般由（　　　）组成。

    A. 编导　　　　　　　　　　　　　　B. 产品运营人员

    C. 后期制作人员　　　　　　　　　　D. 客服人员

5. 内容营销的内容按不同身份的创作者和专业程度区分为（　　　）。

    A. 用户生产内容　　　　　　　　　　B. 品牌生产内容

    C. 专业生产内容　　　　　　　　　　D. 企业生产内容

6. 做好跨界营销需要从（　　　），以及消费群体具有一定程度的一致性等方面找准契合点和互补点。

    A. 品牌资源相匹配　　　　　　　　　B. 品牌之间不存在竞争关系

    C. 产品属性相互独立　　　　　　　　D. 品牌效应互补

二、思考题

1. 常见的内容营销平台有哪些？

2. 新零售的营销模式有哪些？

3. 全城营销包括哪四大方面？

4. 内容营销有哪些类型？

5. 实体门店开展社群营销的基本步骤有哪些？

三、案例分析

线上线下齐发力，"数实融合"显成效

来自盐城的森林果业一直遵循传统的经营方式，开一家小门店，做的是相邻街坊的熟客生意。直到2019年5月，森林果业接触了到店小程序，才发现原来卖水果可以这么轻松，只需要一个线上系统，客流便会源源不断涌来。在点点客盐城运营中心的协助下，森林果业搭建了线上门店，并新增外卖业务，开启新零售经营。

1. 打地基：流量转化

森林果业虽然从未有过线上运营的经验，但凭借果品丰富的种类和新鲜的品质，在线下果业经营中积累了一流的口碑和信誉，随之而来的便是大批忠实的熟客。种子用户是引流转化的基石，将业务引入线上，自然不能把这部分客流落下。如何将基础用户引流到线上呢？通过"到店小程序＋公众号"，森林果业为自己建立了一个完美的流量池。

森林果业在线下门店放置了一个易拉宝，通过店员的引导，告知每一位到店顾客扫描二维码关注公众号和店铺。注册会员不但可以参与幸运大转盘的抽奖活动，而且还能享受会员日特惠等线上专属优惠活动。

大转盘共分为六个奖项，一等奖为价值98元的水果大礼包，二等奖是价值60元的酸奶一箱，三到六等奖则是价值5~30元的代金券，中奖率高达75%。用户中奖后可当场兑换奖品，真实可见的奖励激发了顾客的参与热情，线上转化率高达89%。

2. 破关口：转发裂变

与线下渠道相比，线上渠道最大的优势是触达范围不断扩大。对于门店来说，日常业绩全依靠方圆两三公里的自然客流，但借助线上社交裂变手段，一家店可以突破地域限制。

到店的分享有礼活动，最大限度地利用了微信的人际关系链，达到以老带新的裂变效果。森林果业鼓励老用户转发店铺或优惠活动链接给微信好友，如果新用户访问微信公众号，老用户可获得30积分；新用户关注，每人可获得1元红包；新用户消费，可以获得3%的奖励金。假设一个用户有300个微信好友，那么随手转发便相当于为店铺增加了300次曝光量。

在信息碎片化现象日趋严重的当下，仅依赖转发，极有可能复制纸质传单被随手丢弃的悲剧，导致信息被淹没在朋友圈。为了增加吸引力，森林果业进行了进阶版的尝试，用户将推文转发至朋友圈时配上"集赞领甜瓜，限量500份，先到先得"的文字，集满38个好友点赞，即可到店领取甜瓜一个。在宣传时突出"有奖品""限时"的特点，加速用户的互动和传播热情。仅一次活动，微信公众号粉丝便增加了500%。

3. 走长线：复购直升

水果店同质化严重，竞争激烈。如何将好不容易吸引来的顾客留住，是不少水果店经营者头疼的问题。

提升用户黏性是解决难题的关键。为了和买家维持长期的客户关系，森林果业推出了限时充值优惠活动。用户充值500元送40元，加9.9元送麒麟瓜一个；充值1 000元送100元，加9.9元送金枕榴梿一个。作为日常生活必备的水果，消费8次左右就能将价值540元的储值金额用完，消除了用户的后顾之忧。采用这种方式，森林果业巧妙地将复购率提升到63%，销售额较之前翻了3倍。

为了增加用户购物的频次，进一步提升销售额，森林果业首次尝试了线上拼团，选取了平均客单价为20元的哈密瓜、水蜜桃等夏季热卖水果进行试水。由于价格低、选品好，开团后仅半天时间，便卖出350份团购产品，线上营业收入破7 000元，拼团带来了新客341名。

思考题：

1. 森林果业采取线上营销的影响因素有哪些？

2. 森林果业上线之后，采用了哪些营销手段？

第 七 章

零售供应链管理

学习目标

素养目标

■ 引导学生关心我国零售供应链体系的发展，树立零售业以高质量
发展助力消费提质升级的信念

■ 培养学生在供应链管理中绿色、环保、低碳的意识

■ 培养学生在商品采购中廉洁从业的职业操守

知识目标

■ 了解供应链的基本概念及分类，熟悉新零售供应链的内涵及特征

■ 熟悉零售企业采购管理的原则及基本模式

■ 掌握新零售背景下智慧物流的内容及构建

技能目标

■ 能够以消费者为中心，构建个性化供应链服务系统

■ 能够基于企业的采购特点确定适合的采购模式

■ 能够理解新零售智慧配送及智慧仓储的要求，建立智慧物流体系

思维导图

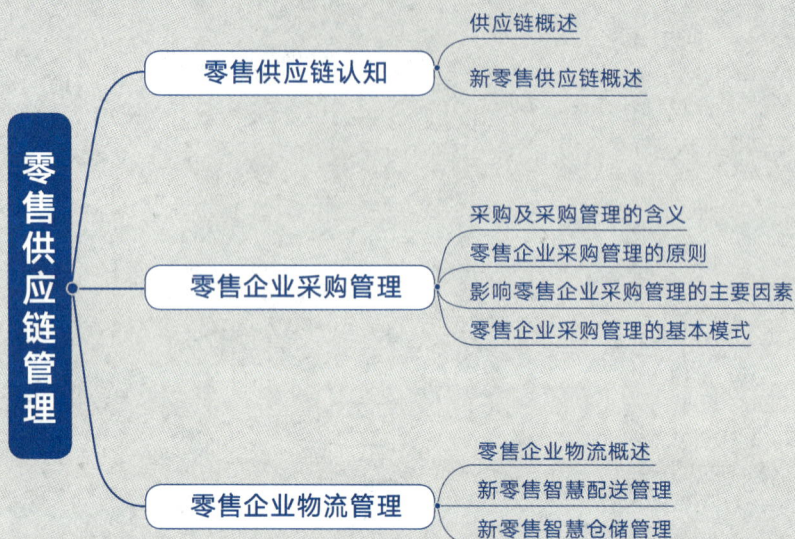

零售供应链管理
- 零售供应链认知
  - 供应链概述
  - 新零售供应链概述
- 零售企业采购管理
  - 采购及采购管理的含义
  - 零售企业采购管理的原则
  - 影响零售企业采购管理的主要因素
  - 零售企业采购管理的基本模式
- 零售企业物流管理
  - 零售企业物流概述
  - 新零售智慧配送管理
  - 新零售智慧仓储管理

学习计划

■ 素养提升计划

_____

_____

■ 知识学习计划

_____

_____

■ 技能训练计划

_____

_____

引导案例

零售中的柔性供应链

从犀牛智造的官网可以看到这样一句话：是以消费者需求为核心，重构传统的以产定销的生产模式，实现按需开发，按需制造。从其登录方式来看，犀牛智造目前服务的对象是以淘宝商家生态为主，遵循的是大数据爆品思维，其核心能力在于"按需定制，100 件起订，最快 7 天交付"，目的是让服装品牌快速抓住时尚潮流。

众所周知，服装是一个大产业，有近 3 万亿元的市场规模。但服装行业也是一个高库存的行业，在个人消费端，因为受到时尚潮流的影响，供需的匹配在服装行业是个永恒的难题。

库存、仓储、物流背后是巨额的成本，这些成本会带来高加价率，最终转嫁到销售端，最终由消费者埋单。从生产端、销售端到消费者，几乎是全输的局面。

"怎么才能实现更精准的匹配？"犀牛智造给出的答案是对传统服装供应链进行柔性化改造。它的着眼点并不是制造业的机械延伸，而是把科技互联网与传统制造对接，把需求和生产打通，实现预测流行、以销定产和柔性制造。通俗点说，就是从"5 分钟生产 2 000 件相同产品"跨越到"5 分钟生产 2 000 件不同产品"。这意味着，中国的中小商家能通过犀牛智造，以较低的门槛获得原来国际巨头引以为豪的供应链能力，从而进入同一赛道。让再小的卖家也能成为中国的国际化企业犀牛智造的追求。

思考：

1. 犀牛智造通过哪些措施让服装品牌快速抓住时尚潮流？
2. 犀牛智造如何实现供应和需求的"精准匹配"？

第一节　零售供应链认知

课前思考
新零售供应链管理与传统供应链管理相比有哪些变化？

20世纪后期，伴随着经济全球化的浪潮，物流业为了充分满足顾客的需求，从单纯管理物品的物理空间转移演变为注重关联环节间的信息共享和规划，对资金流、信息流、物流进行协调，使批发商、制造商、零售商和最终用户形成了一条高效的链条。

一、供应链概述

（一）供应链的概念

中华人民共和国国家标准《物流术语》（GB/T 18354—2021）中对供应链（Supply Chain）的定义为：生产及流通过程中，围绕核心企业的核心产品或服务，由所涉及的原材料供应商、制造商、分销商、零售商直到最终用户等形成的网链结构"。网络中的各个实体称为节点，本书将以此作为供应链的定义。

人们对供应链的认识经历了一个从简单到复杂、从内部到外部、从理论到实践的过程。事实上，早期对供应链的认识，局限于制造企业内部的生产过程，从企业采购原材料和零部件，经过生产加工，转换为外部用户所需要的产品。早期供应链研究的重点在于如何提高企业内部资源的有效利用，提高生产运作效率。随着对供应链研究的深入，逐步将企业内部生产流程与外部供应商联系起来。进而将供应链的概念扩展成完整的供应链系统和价值增值过程，涉及从原材料至最终用户的各种经济活动。这些经济活动包括寻找资源、采购、生产规划、订单处理、库存管理、运输、仓储和消费者服务等。尤其重要的是，这里还包括监控这些经济活动的整个信息系统。现代经济学者进一步认为：供应链是一种动态的功能网链（见图7-1），因此展开了范围更广的生产组织关系研究。

（二）供应链的特征

供应链具有复杂性、动态性、面向市场需求及交互性的特点。

1. 复杂性

在实际运作中，供应链不可能是单一链状结构，而是交错链状网络结构（Supply

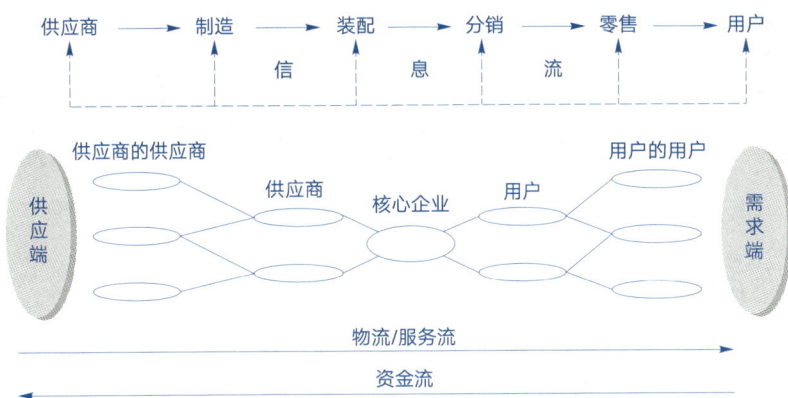

图 7-1　供应链的功能网链结构模型

Network）。供应链往往是由多个不同国家或地区、多种不同类型、不同实力的节点企业构成的。由于各个企业的地理位置、所处的政治和法律环境、文化背景、经营理念等都可能存在着较大的差异，因此供应链结构模式比一般单个企业的结构模式更为复杂。

2. 动态性

从短期来看，供应链结构一旦形成，应尽可能保持其稳定性，不要过于频繁地更换节点企业。但由于市场的变化性和不可预测性，供应链管理需要随时做出战略调整。从长期来看，这就需要供应链上的各个节点企业能够更新和调整，以适应市场的新需求。因此，供应链具有动态性的特点。

3. 面向市场需求

供应链的形成、存在、重构，都是基于一定的市场需求而发生的，并且在供应链的运作过程中，客户的需求拉动是供应链中信息流、产品流、服务流、资金流运作的驱动源。

4. 交互性

供应链节点企业是相对而言的，某个供应链的核心企业可能是另一个供应链的节点企业，而另一个供应链的核心企业也可能是该供应链的节点企业，这主要是由于研究的重点和角度不同，这也增加了供应链协调管理的难度。

即学即问

如何理解供应链是一条增值链？如图 7-2 所示，经常吃的食品经历了哪些增值过程？

图 7-2　食品的增值过程

(三) 供应链的分类

根据不同的标准，可以将供应链分为不同的类型。

1. 稳定的供应链和动态的供应链

根据供应链存在的稳定性不同，可以将供应链分为稳定的供应链和动态的供应链。基于相对稳定、单一的市场需求而组成的供应链稳定性较强，而基于相对频繁变化、复杂的需求而组成的供应链则动态性较强。在实际管理运营中，需要根据不断变化的需求，相应地改变供应链的组成部分。

2. 平衡的供应链和倾斜的供应链

根据供应链容量与用户需求的关系不同，可以将供应链划分为平衡的供应链和倾斜的供应链。一个供应链具有一定的、相对稳定的设备容量和生产能力（所有节点企业能力的综合，包括供应商、制造商、运输商、分销商、零售商等），但用户需求处于不断变化的过程中，当供应链的容量能满足用户需求时，供应链处于平衡状态；当市场变化加剧，造成供应链生产超时、成本增加、库存增加、浪费增加等现象时，企业不是在最优状态下运作，这时供应链就处于倾斜状态，如图7-3所示。

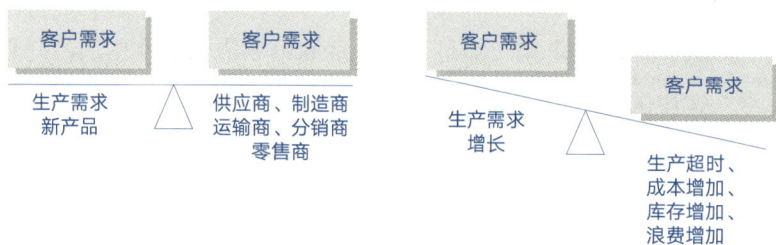

图 7-3　平衡的供应链和倾斜的供应链

平衡的供应链可以实现各主要职能（低采购成本、生产具有规模效益、低分销和储运成本、产品多样化和资金周转快）之间的均衡。

3. 有效性供应链和反应性供应链

根据供应链的功能模式（物理功能和市场中介功能）不同，可以把供应链划分为有效性供应链和反应性供应链。有效性供应链主要体现供应链的物理功能，即以最低的成本将原材料转化为零部件、半成品、产成品并在供应链中进行储运；反应性供应链主要体现供应链的市场中介功能，即将产品分配到满足用户需求的市场，对未预知的需求做出快速反应等。两种类型的供应链比较见表7-1。

表7-1　反应性供应链和有效性供应链的比较

项目	反应性供应链	有效性供应链
基本目标	尽可能快地对不可预测的需求做出反应，使缺货、降价、库存最小化	以最小的成本满足可预测的需求
制造的核心	配置多余的缓冲库存	保持较高的平均利用率
库存策略	安排好零配件和成品的缓冲库存	创造高收益，使整个供应链的库存最小化
提前期	大量投资以缩短提前期	尽可能缩短提前期
供应商的标准	速度、质量、柔性	成本、质量
产品设计策略	采用模块化设计，尽可能实现差异化	绩效最大化，成本最小化

即学即问

某老牌服装企业，以其产品质高价廉取胜，在市场上有着较高的知名度，与其布料供应商一直保持着长期稳定的合作关系。但随着服装市场竞争对手越来越多，竞争日益激烈，尤其是另一家服装企业以其款式多、产品推陈出新快，逐渐在市场上超越了老牌服装企业的声誉。你觉得该企业应如何应对这种市场变化？

（四）基于产品的供应链设计

1. 产品类型

产品通常分为两种，功能型产品和创新型产品。从需求端来看，功能型产品需求具有稳定性和可预测性。这类产品的生命周期较长，但它们的边际利润较低，无法承受高成本供应链。功能型产品一般用于满足用户的基本需求，如生活用品（柴米油盐）、男士套装、家电、粮食等，其特点是变化很小。功能型产品的供应链设计应尽量减少供应链中物理功能的成本。

创新型产品的需求一般难以预测，其生命周期较短，但利润空间大。这类产品是按订单制造的，如计算机、流行音乐、时装等。生产这种产品的企业没接到订单之前开工不足，接到订单就要快速制造。创新型产品供应链设计应较少关注成本而较多关注向客户提供所需属性的产品，重视客户需求并对此做出快速反应，因此特别强调速度和灵活性。两种不同类型的产品比较如表7-2所示。

表7-2 两种不同类型的产品比较

需求特征	功能型产品	创新型产品
产品生命周期	>2年	3个月～1年
边际贡献	5%～20%	20%～60%
产品多样性	低	高
预测的平均边际错误率	10%	40%～100%
平均缺货率	1%～2%	10%～40%
季末降价率	0	10%～25%
按订单生产的提前期	6个月～1年	1天～2周

即学即问
人们日常使用的手机属于以上哪一类产品？

2. 基于产品的供应链设计策略

企业在确定了自己的产品在需求和供应两端各自属于哪种类型之后，就能够制定适合自身的供应链战略了。企业可借助供应链设计与产品类型策略矩阵来选择适合自身的供应链战略，如图7-4所示。

	功能型产品	创新型产品
有效性供应链	匹配	不匹配
反应性供应链	不匹配	匹配

图7-4 供应链设计与产品类型策略矩阵

若采用有效性供应链来提供功能型产品，可采取如下措施：

（1）削减企业内部成本。

（2）不断加强企业与供应商、分销商之间的协作，从而有效降低整条供应链上的成本。

（3）降低销售价格，这是建立在有效控制成本的基础之上的。但一般不轻易采用，需要根据市场竞争情况而定。

用市场反应性供应链来提供创新型产品时，应采用如下策略：

（1）通过不同产品拥有尽可能多的通用件来增强某些模块的可预测性，从而减少需求的不确定性。

（2）通过缩短提前期与增加供应链的柔性，企业就能按照订单生产，及时响应市场需求，在尽可能短的时间内向顾客提供所需的个性化产品。

（3）当需求的不确定性已被尽可能地降低或避免后，可以用安全库存或充足的生产能力来规避其剩余的不确定性，这样当市场需求旺盛时，企业就能尽快提供创新型产品，从而减少缺货损失。

供应链设计中还存在着不匹配的情况，图7-4中右上方的情况就很常见（企业用有效性供应链提供创新型产品），由于创新型产品的边际利润较高，尽管竞争日益激烈，越来越多的企业还是不断从生产功能型产品转向生产创新型产品，但其供应链并未发生变化。

数实融合新视界

鲜花电商的供应链管理

鲜花本身价格便宜，为何到了消费者手中就会身价倍增？这与鲜花自身的特点有关。鲜花具有易损、保质期短、对温度湿度要求高等特点，在产地、大型交易市场、批发商等层层流转中，鲜花损耗成本均会相应加入售价之中。目前，鲜花的供应链仍难以实现全程冷链，其中涉及车辆、运输、包装标准化等各方面的问题。

鲜花电商在一定程度上减少了鲜花的多层流转。一些垂直电商会直接与花田签约，甚至自己打造完整供应链。流转中的每个环节都是独立的市场主体，会产生运营成本，打造完整的供应链可以让部分成本内部化。生鲜电商卖鲜花的优势是可以共享供应链，垂直赛道上的鲜花电商则必须有足够的客户群体，并通过销售稀有品种等方式提高客单价，这样才能摊薄建设供应链的成本。

然而，除了头部垂直电商，以及有现成供应链的生鲜电商，单个店铺很难搭建鲜花供应链。因此，鲜花行业兴起了一件代发与基地直发模式。一件代发，即花店、网店等商户接单，基地或厂家代为发货；基地直发则是基地或厂家直接面对消费者进行小件交易。两种模式均减少了中间流转环节，拓宽了销售渠道，降低了消费者的买花成本。

实现规模化、集约化的农业生产是降低鲜花产业成本的有效途径。从供应链源头鲜花种植来看，个体农户是我国花卉产业的生产主体，生产规模小且较为分散。鲜花电商应该充分发挥农户精耕细作的优势，成立农民合作组织，统一进行花卉采后处理，通过产品的标准化来实现规模化，形成分散生产、统一包装、统一品牌、统一销售的解决路径。

不过，花店进驻外卖平台仍有问题待解。花店需要适应外卖平台规则，解决节日期间订单集中等问题；外卖平台则需要在提升客户体验上发力。饿了么鲜花绿植负责人表示："外卖平台重点要在服务标准化上发力，比如对商户进行履约管控、进一步提高配送时效等。"

实体花店在主动拥抱互联网的同时，鲜花电商也在积极布局线下渠道，一些垂直电商选择了实体店加盟的模式。总体而言，垂直电商开展实体门店经营有品牌优势，但也面临着多元化经营的挑战，不过总体来看，对行业发展是有利的。

此外，鲜花消费具有情感属性，线下花店可满足有个性化需求的客户。我国目前鲜花消费的主力之一是"90后""00后"。几年后，他们的消费理念可能会发生变化。对于鲜花电商而言，未来线上线下并不一定界限分明，类似线上下单、线下交付的模式或许更能满足客户重体验的需求。

（五）中国供应链模式变迁

中国供应链模式的变迁经历了以下四个阶段：

1. 供应链1.0—以生产商主导的直线型供应链

供应链1.0是计划供应链，在产品稀缺的计划经济时代，需求远远大于社会的生产能力，供应链"以产定销"，由国家来统一调控所有的消费品和生产资料的供应、采购、结算、物流等。各企业都是先确定生产指标，然后根据生产指标编制销售计划。供应链的运作基于"指标"，生产出标准化的产品，并通过供销社的渠道送到消费者手中，基本没有中间商，商品流、信息流、物流和资金流都低效单一。供应链结构是简单的直线式结构，呈单链状（见图7-5）。例如，在计划经济时代，由国营天津无线电厂生产的风靡一时的"北京牌"黑白电视机，是典型的计划供应链的产物。

图 7-5　以生产商主导的直线型供应链

2. 供应链2.0—以中间商为主导的网链型供应链

供应链2.0是产品供应链，经济体制的变革和社会生产力的提升等因素让企业产能持续提升，市场不断活跃，商品交易更加自由和频繁。在供应链中承上启下的中间商开始主导交易，通过有效匹配上游（生产商/制造商）和下游（零售商）的供需结合成相互协作、互补互惠、共享资源的集成体。供应链运作基于"产品"，供应链结构呈现网链型（见图7-6），具备了链状和网状的一些特点，典型的企业有新华书店系统等。

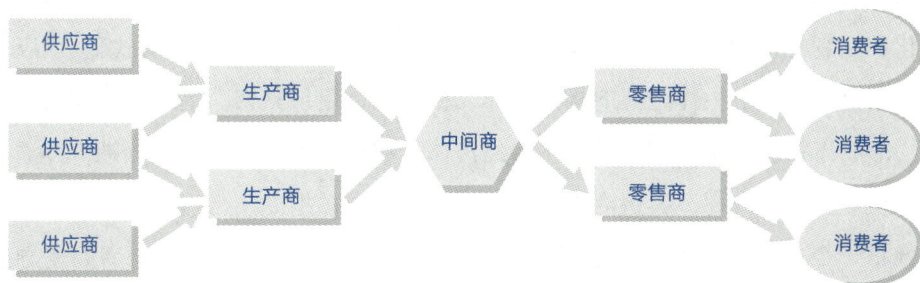

图 7-6　以中间商为主导的网链型供应链

3. 供应链3.0—以零售商为主导的放射型供应链

供应链3.0是信息供应链，经济社会进入了丰饶经济、商品不断丰富、供给开始大于需求的时期，消费由卖方市场向买方市场转变。物质生活的极大丰富，使人们的消费观念发生了改变，更加追求消费的品质，注重服务与体验。专卖店、会员店、购物中心等零售业态大量出现，满足多样化的品质消费诉求。供应链运作基于"信息"，按照需求来"以销定产"，即从市场的需求出发组织生产，一方面对商品的数量、规格、质量、包装等按照市场的需要来安排生产；另一方面，由单一品种大批量生产方式向多品种、小批量的敏捷生产方式转变。同时，由于互联网技术以及物流的快速发展，大量中间商开始被取代。供应链结构呈现由需求驱动的放射型特征（见图7-7），其典型的企业有沃尔玛、永辉超市等。

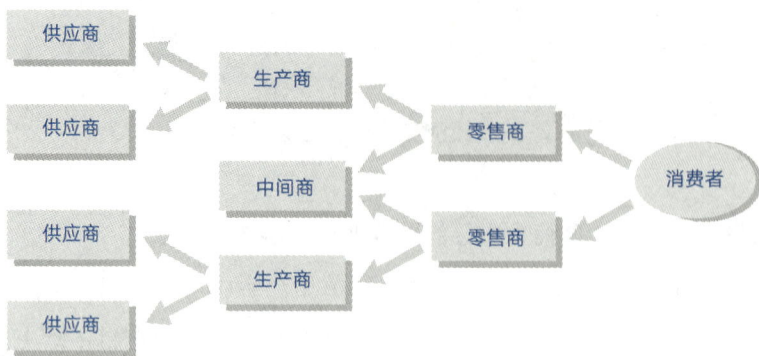

图7-7　以零售商为主导的放射型供应链

4. 供应链4.0——以消费者为主导的平台型供应链

供应链4.0是价值供应链，以创造客户价值为核心，构建生产、零售、物流等高效协同、资源共享的互利共赢生态体系。消费升级让需求变得更加多元、快速迭代，个性化和定制化消费崛起，形成无数细分的利基市场组成的"长尾模式"。供应链开始高度整合，其各个主体之间的相互协作、相互融合更加紧密。借助商业逻辑连接在一起，形成高频次交换能量数据的平台经济体。数据实现实时上传至云端，并通过云计算在供应商、生产商、零售商等主体之间准确发送"指令"，进行高效的资源分配，就好像每一个主体上面都有一朵"云"，按需生产，按需分配。以消费者为主导的平台型供应链如图7-8所示。供应链运作基于"大数据"，实现"按需定产"，供应链结构呈现由大数据驱动的平台型，目前，拥有海量交易数据和强大云计算能力的亚马逊和阿里巴巴均具备打造平台型供应链的基础。

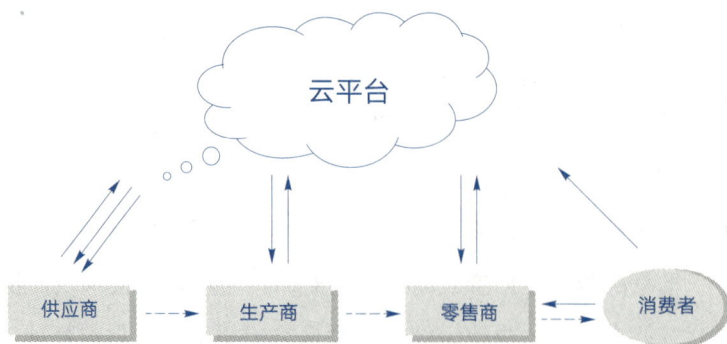

图7-8　以消费者为主导的平台型供应链

二、新零售供应链概述

(一) 新零售供应链的概念

在新零售背景下，供应链的本质并没有改变，仍然要做到各个节点企业协同合作，以最快的速度、最准确的数量、最可靠的质量把商品交到客户手中，在保证服务质量的同时，实现整个系统的成本最优。但新零售背景下的供应链需要结合新时代的特征，通过运用新技术和新的管理理念进行升级改造。

本书界定的新零售供应链的定义为：以客户需求为导向，以降本增效、服务创新为目标，整合先进的产业资源，以大数据、人工智能、流程再造、供应链金融等新技术为基础，实现生产、制造和物流的智能化、全渠道销售、全场景体验、可追溯售后等全过程高效协同的网络组织形态。

新零售供应链是一个复杂的供应链系统，它需要与互联网、物联网深度融合，借助新技术及金融手段，协同各个供应链主体，运用新理念、新模式、新技术，重塑新零售供应链的体系结构。

(二) 新零售的供应链主体

新零售的供应链主要包含四个类型的主体：零售商、经销商、物流服务商、品牌商/生产商。

1. 零售商

零售商是将商品直接销售给最终消费者的中间商。新零售供应链中的零售商，需要根据其服务的消费者群体特性来决定服务水平，从而指导供应链策略，决定合理的成本。从网络布局规划（仓库、门店）到库存水平和位置设置，到补货/送货计划，再到最后一公里的配送，都支撑着供应链发展水平。除了内部供应链外，零售商上游的供应链集成在当前变得更加重要，这是因为上游供应链的集成决定了产品的品质、供货的时效、采购的成本等。

2. 经销商

经销商处于品牌商与零售商之间，其价值由品牌商和零售商共同决定。经销商为上游品牌商提供的价值主要是促进销售，具体包括：销售渠道管理和拓展、终端维护的服务、市场活动的发起等。经销商为下游零售商提供的价值主要是供应链服务，具体包括：商品的供应、库存与补货的服务、销售方法的指导等。经销商的其他价值还包括垫资（预付款）、门店选址等。

3. 物流服务商

物流服务商提供从接收消费者订单开始到将商品送到消费者手中为止所发生的所有服务，承载了交付环节的消费者体验要求。我国的消费市场幅员辽阔，业态众多，消费需求在不同区域、不同人群中有着不同特点，这些对物流服务商既是挑战，也是机遇。

4. 品牌商/生产商

品牌商/生产商是新零售供应链的供应来源，其总体的供应链战略应当是建立需求驱动的供应链。在消费者体验的需求之下，新零售对品牌商/生产商的要求是：定制化生产；小批量、多批次的柔性生产；新产品的快速投产。

(三) 新零售时代的供应链需求

目前，消费者的消费需求已成为价值活动的重要起点。于是，新零售供应链的目标就是为目标消费者提供良好的购物体验，即以最低的价格，在最短的时间内向消费者提供其需要的优质商品。为了达成这一目标，新零售时代所需的供应链应该符合以下两点要求：

1. 能够及时响应市场需求

在传统供应链条件下，通常都是制造商利用从零售仓库中接到的订单来预测消费者的需求，而上下游企业之间的"孤岛现象"①让整条供应链对市场变化做出反应的时间大大增加。如此一来，很可能等供应链反应过来时，市场需求早已变化，从而导致商品的库存积压，造成浪费。此外，如果市场出现突发情况，对某些商品的需求急剧增加，也无法做到及时生产与补货。因此，无论是效率、利润，还是用户满意度，都是大打折扣的。

在新零售时代，市场需求的不确定性进一步增加，来自客户的订单更为多样化，品种在增加，批量在缩小，交货期在变短。此时，提升供应链响应市场需求的速度已经成为当务之急。其意义在于：对商家自身而言，可以实现库存最优乃至零库存，降低成本；对行业而言，可以比竞争对手抢得商机，获取利润；对消费者而言，可以做到"心想"即"事成"，改善消费体验。

---

① 孤岛现象：源自物理学中的"孤岛效应"，是指在某个区域有电流通路却没有电流通过，引申为大生态系统中的小系统之间没有应该具备的能量交换和循环，各子系统间缺乏联通，导致整体系统效能难以实现的现象。

2. 要满足消费者的定制化需求

消费需求一般可以划分为大众需求和小众需求两个维度。在移动互联网时代，消费需求通常会呈现出较为明显的长尾效应：大众需求会集中在头部，引领市场的消费潮流，即"流行"；小众需求则分布在长长的尾部，表现为个性化、零散且少量的需求。长尾效应就在于小众需求的数量。换言之，将所有"非流行"的部分数量加总，便会形成一个比头部流行市场大得多的市场空间。

目前，消费需求比以往更加多元化。此时，小众需求被进一步切割，市场也越分越精细。这意味着，商品与服务也要满足小众需求，甚至满足每一个用户的需求，充分为他们实现个性化和定制化生产。而这一过程必然需要高效的供应链作为支撑。为此，过去冗长散乱的供应链模式已经无法适应当前消费市场的新变化，实现大规模定制才是未来的方向，供应链转型势在必行。这就要求供应链上设计、生产、制造、分销与物流等每一个环节，都必须要更加柔性与灵活。

💡 即学即问
新零售供应链与传统供应链有哪些不同？

（四）新零售供应链的特征

在新零售背景下，供应链具有协同化、智慧化、实时化、全程可视化、柔性化和以消费者体验为中心的特征。

1. 协同化

传统供应链的发力点在采购、制造、运输等前端环节，对渠道和消费者体验的重视程度不够，致使供应链系统受到"牛鞭效应"[①]和"孤岛现象"等负面影响，供应链的运作会处于滞后的状态。

在新零售时代，供应链上所有的职能必须以消费者体验为中心，及时响应消费者的需求变化，在此过程中所产生的大量信息使供应链节点企业不能仅仅被动地等待信息的传递，而是要求各节点企业主动投身到服务消费者的行列中，强调"全方位一体化"。

近几年，得益于互联网和大数据等技术的快速发展，信息传递速度越来越快，

---

① 牛鞭效应：根据中华人民共和国国家标准《物流术语》（GB/T 18354—2021），牛鞭效应是指由供应链下游需求的小变动引发的供应链上游需求变动逐级放大的现象。

这使供应链各参与企业之间信息公开，能及时准确地掌握合作企业的内外部信息，如果信息发生改变，能随时调整供应链管理的过程、环节和内容，加快了供应链协同化进程。

2. 智慧化

随着新零售业态的出现和快速发展，企业对新零售供应链管理有了更高的要求。新零售供应链的智慧化主要来自新技术（如物联网、大数据、人工智能等）的支持，这些技术的兴起能够使供应链各节点企业的需求得到更好的满足。

数据智慧化和决策智慧化是新零售供应链的主要表现形式。数据智慧化指的是利用智慧化设备（例如传感器、RFID标签、GPS等设备），搭建出一个先进的系统，这个系统可以起到收集和反馈信息的作用。决策智慧化指的是决策者能够借助智能系统收集的信息和数据全面衡量约束和选择条件，并展开行动。在有些情境下，系统能够完全脱离人工干预，自行学习和决策。

3. 实时化

新零售供应链实现数据的实时化、计划与执行连接体系的实时化要依托大数据、物联网等新技术。

数据的实时化应用范围较广，供应链节点企业可以从供应链云平台上实时获取自己需要的、真实的信息。例如，以往的供应链节点企业往往无法对流动的商品进行实时追踪，但是由于物联网技术的出现，供应链能够随时向参与企业传递数据信息，极大地减少信息失真现象的出现。

计划与执行连接体系的实时化指的是供应链计划与执行体系的连接可以在数据和流程两个方面一起实现。计划层面和执行层面都要求信息是全面的，既包括以往的，也包括正在进行的和即将发生的。两个层面运作的有效性在于能否实现数据和信息的同步化。对于计划层面来讲，同步化指的是供应链在计划时能否获得全面的信息和数据，并以此为依据对供应链规划加以指导。对于执行层面来讲，要对正在进行和即将进行的活动进行合理估计，及时准确地配备所需资源和能力，以保证供应链在执行时平稳、有效。

例如，盒马鲜生的出现是新零售的代表，它将商品统一归类，并配有电子标签，能够实现线上下单，线下发货，保证线上线下数据同步，并由后台统一规定价格及营销策略。

通过大数据挖掘真实的用户需求

新零售的核心离不开两个关键词：技术和用户。大数据、人工智能、生物支付等科技为新零售的发展提供了可能，用户则是新零售与传统零售最根本的区别。在传统零售行业中，一直存在着"产品为王"还是"渠道为王"的争论，但是进入新零售时代，随着消费的升级，消费者的需求日益重要，"用户为王"成为企业公认的新零售思维。如何掌握用户需求？如何了解用户千人千面的个性化需求？大数据技术为企业提供了可能。

新零售时代最大的特征就是线上与线下的融合，而在这个融合的过程中，会产生庞大的数据。传统的线下门店多拥有成熟的会员体系，而线上商城对于用户的消费轨迹都会有清晰的数据痕迹，只有通过大数据技术将线上与线下的数据打通，建立一个多维度的用户画像，才能够做到"大数据比你自己更了解你自己"。比如，利用消费者浏览历史数据、历史消费数据，以及售后反馈数据等进行分析，准确把握消费者需求商品的种类、价位、偏好等，从而去挖掘消费者的需求。

零售企业在用户画像的绘制过程中，主要是利用标签对用户进行分群、建模。从人口统计学、资产情况、设备属性、地理位置特征、人生阶段、兴趣特征六个基础标签出发，延伸出兴趣偏好、人群组合、职业状况、出没轨迹、性别年龄等更为广泛的特征属性，并根据不同的标签再次进行细分，建立起多维度的用户画像标签，从而去洞察用户的个性化需求。

除了对现有数据的收集和处理，大数据更大的作用在于通过处理海量数据对未来进行预测。近年来，C2B、C2M、S2B[①]等新模式纷纷出现，一个大趋势是产品生产的重心正在从商家转向用户，但C2M也好，C2B也好，都是根据已有的用户需求去提供服务。如果企业能够运用大数据，根据已有的用户模型去预测用户的需求，

---

① C2B，英文全称为Customer to Business，即个人通过互联网将产品或服务出售给企业的电子商务模式。
C2M，英文全称为Customer to Manufacturer，是指用户直连制造商的电子商务模式。
S2B，英文全称为Supply Chain to Business，其主要理念是以供应链数据平台构建为基础，以大量的供应链节点企业为主体，通过与用户的沟通了解用户的需求，然后通过供应链的整合能力来满足用户的定制化需求。

那么就能够在市场上抢到先机。虽然数据只是过去或者当下的情况，但企业可以通过对这些数据的分析挖掘出用户的潜在需求。比如，当消费者开始购买奶粉，企业就可以根据关联向他推荐尿不湿等更多的母婴用品。通过大数据预测、挖掘用户的潜在需求，能够为其提供合理的建议、贴心的服务和优质的体验，以实现消费者价值最大化。

4. 全程可视化

可视化是利用信息技术将供应链信息以图形化的方式展示出来。全程可视化指的是在任意环节的任意时间段，都可以对整个供应链实时追踪，保证及时了解供应链运行的状况。全程可视化可以有效提高整条供应链的透明度和可控性，降低供应链风险。

新零售供应链可视化以后会继续朝着顾客、SKU、店员延伸，同时将从传统网络逐步向云计算转化。借助可视化集成系统，零售企业可以实现战略计划和业务密切关联，需求和供应平衡，订单交付策略的执行，库存和服务水平的调整等规划的高效运作。

5. 柔性化

在消费需求多样及变动快速的今天，为了提升消费者体验，新零售供应链比传统供应链更具柔性，或者说更具弹性。新零售供应链柔性化指的是生产线和供应体系能够根据需求的变动，在个性化、小批量、大批量之间自由切换，而成本不会变化很大。柔性化的主要目的是实现供应链随需而动，实现供需和谐。

即学即练

请以小组为单位（每3~5人为一组），到学校附近一家服装店现场调研，询问并记录该服装店出现缺货后，订货的流程及到货的时间，思考服装生产企业如何实现柔性制造。

6. 以消费者体验为中心

新零售业态和新零售供应链都要把消费者的体验作为核心，精细地分析每一个消费者的需求，满足他们的个性化需求；精准地预测时尚潮流趋势，向消费者提供符合时尚潮流的商品，让他们满意。这所有的一切都是以打造优秀的客户体验为始，并以打造更加优秀的客户体验为终。

数实融合新视界

C2M 时尚定制满足消费者的个性化需求

青岛红领集团有限公司（简称"红领"）作为中国男装高级定制企业中的领先者，在用互联网思维革新男装定制的道路上走在了前面。

红领经过多年的客户数据和资金积累，建立了个性化定制C2M平台"酷特智能"并投入使用。这一平台充分运用互联网思维，将男装定制从面料的选择与供应，到产品的设计与研发，到产品的生产和物流，甚至是产品销售之后的客服等售后系统，全部在一个平台上呈现。同时这个平台上集合了面料商、辅料商，设计与搭配师、测量师等资源，男装定制的各个环节都能通过互联网完成。值得一提的是，这一个性化定制系统的建立，大大缩短了定制的时间，"七天完美呈现"是红领对消费者的承诺。

客户在红领的个性化定制平台上完成服装定制要经过以下步骤：客户选择产品→自动匹配板型→板型、工艺匹配系统→自动排成、剪裁的柔性制衣→智能配套物流系统，至此，一件产品从顾客选择产品到生产以及顾客签收的过程完美结束。从第一步到第五步，只需要7天时间，红领便可以快速便捷地将产品送到客户手中。而且红领没有顾客试衣的程序，基于强大的与全球90%的人体吻合的板型，红领的个性化定制平台不通过试衣也能完美贴合消费者的体型。

对于红领来说，在智能化管理体系中，个性化定制模式已经趋向成熟，在此基础上形成了C2M经营模式，即消费者直接对工厂。这一模式取消了从消费者到工厂之间所有的中间环节。目前，红领品牌已经发展为全球C2M时尚定制品牌，客户需求直达智能工厂。以需求驱动生产，把互联网、物联网等信息技术融入柔性化制造中，实现了以工业化手段、效率和成本制造个性化产品。

执善向上与坚守

践行企业责任，发展绿色供应链

党的二十大报告明确提出："推动经济社会发展绿色化、低碳化是实现高质量发展的关键环节。"作为数字平台的运营者，阿里巴巴希望通过技术和模式创新，践行绿色供应链。

一、打造绿色物流运输

智能化和电动化相结合，可以提高运输效率，从而起到减碳作用。2020年，阿里巴巴达摩院自动驾驶实验室研发了一款电动无人物流车"小蛮驴"，续航里程超100公里。2022年"双11"，阿里巴巴已在全国400多所高校投放了"小蛮驴"，提供末端配送服务，配送包裹近200万件。目前，阿里巴巴正在研发自动驾驶卡车"大蛮驴"，将面向城市配送场景，主要负责将货物从配送站送往物流末端。

二、建设绿色仓库

提高原箱发货比率。包裹在出库过程中，仓库可直接贴面单出库，该发货方式可有效减少快递包装箱、包装袋和胶带的使用，减少温室气体排放，目前已有40%的商品实现原箱发货。

推进仓库节能改造。阿里巴巴在高鑫零售仓库和门店开展照明LED光源改造、高效中央空调自动化改造和排油烟机自动化控制改造等多项工程，仅排油烟机自动化控制改造每年节约用电超过2 000万千瓦时。此外，在物流仓储方面，菜鸟旗下的中国智能骨干网济南历城仓库获得"一级绿色仓库"标识，是目前国内绿色化程度较高的仓储物流设施。

三、打造绿色配送体系

智能运维减少碳排放。除了加大清洁能源使用和提升硬件设施，通过智能分仓这一重要环节，实现前置分拣和集装运输，可有效减少非必需调拨带来的物流能源消耗。

推动快递末端绿色自循环。阿里巴巴正在尝试将10万多个菜鸟驿站铺设绿色回收箱的快递包装回收，鼓励消费者将旧的快递箱放到菜鸟驿站，在下次消费者寄快递时使用，让其再次进入物流末端可回收再利用环节。

四、全面推行绿色包装

通过包装材料使用的可持续更新、电子面单升级迭代、实施包装回收计划、采用智能算法支持包裹"瘦身"等措施，在绿色包装上取得了显著成效。如通过对电子面单持续迭代升级，目前每个一联单包裹相较传统五联单包裹可节省至少4张纸，已累计应用于超过1 000亿个快递包裹，帮助全行业节省纸张4 000亿张。

任务目的:

熟悉供应链的结构与流程。

任务条件:

具有拍摄功能的智能手机、笔记本电脑等。

任务组织:

1. 每4~6人一组,其中一人担任组长,其他人根据任务需要进行角色设计。

2. 到附近超市选择一种商品,考察该商品的进货渠道,并追溯其生产企业的分销渠道。

3. 绘制该商品的供应链网链结构图,并分析该供应链哪些地方需要改进。

4. 以小组为单位进行课堂汇报。

任务成果:

汇报PPT一份。

第二节　零售企业采购管理

课前思考

零售企业选择采购供应商时,主要考虑哪些因素?

企业都需要采购原材料或产生品,采购成本直接影响到企业的利润和资产回报率。过高的采购成本会影响企业资金流动的速度。因此,在零售企业的管理活动中,采购活动一直是管理者关注的重点。

一、采购及采购管理的含义

采购是一个复杂的过程,目前还很难对它进行统一的定义,根据不同的环境有不同的定义。狭义地说,采购是企业购买货物和服务的行为。广义地说,采购是企业取得货物和服务的过程。然而,采购的过程并不仅仅是各种活动的机械叠加,而是一系列跨越组织边界的活动的实施。因此，对采购的定义可以是：用户为取得与自身需求相吻合的货物和服务而必须进行的所有活动。对采购活动进行的领导、组织、计划与控制的总称，就是采购管理（Purchasing Management）。

二、零售企业采购管理的原则

零售商品采购是充足货源的有效保证。商品采购可以使企业合理利用资源，使经营活动顺利进行，并努力降低成本，增加企业利润。要实现这一目标，商品采购应遵循以下原则：

1. 适用性

适用性要求所采购的商品必须符合消费者需求，品种规格要对路，质量和技术性能要适宜，数量要准确。采购的商品品种不对路、质量不合格、数量不足，都会导致供应链中断，直接影响经营的正常进行，造成企业经济效益的下滑。因此，采购部门必须正确地选择和核算商品，并随时掌握销售情况。

2. 及时性

及时性是指采购时间安排必须与销售时间相衔接，既要防止采购不及时造成经营停滞，又要避免进货过早而增加不必要的库存，占压资金。因此，采购部门必须预测销售进度，安排好进货周期，同时要充分了解供应商按时组织供货的可靠性和运输条件的可能性。

3. 经济性

经济性是指采购商品时要努力降低采购费用，合理地选购商品，做到物美价廉，降低经营费用和物流费用，为企业盈利创造条件。为此，采购部门应确切掌握消费者需求，加强经济核算，进行价值分析，正确运用商品流通方式，严格控制库存，并遵循采购总费用最小的组织原则。

4. 齐备性

齐备性是指采购的商品应满足经营的配套性要求，它是保证经营顺利进行的客观要求。为此，采购部门要掌握各种商品之间的比例关系，安排各种商品的进货数量和进度，注重它们之间的平衡衔接。

5. 协作性

协作性是指采购部门要与供应商，以及企业财务、销售等部门都建立良好的协作关系，只有相互协调，密切合作，才能保证供应质量，保证企业经营的顺利进行。为此，采购部门在与供应商的关系处理中要重合同、守信用，注意双方的经济利益，建立双赢的长期合作关系；而在企业内部，应以全心全意为企业服务的观念来处理部门之间的关系。商品采购的目标要求也是商品采购的指导思想，采购部门应注意协调这些目标要求，切实做好采购工作，为企业的经营做出应有的贡献。

数实融合新视界

采购数字化转型

作为互联网科技发展的推动者，小米集团针对业务曾开展了三次数字化战略转型，构建线上线下一体化的数字新生态体系。

一、采购数字化1.0：小米中国区采购线上化

小米采购中存在以下问题：一是需求的管理确认，原来需求的管理确认、项目预算、审批都是线下，但是各部门之间有很多规定，这些规定没有统一。二是采购过程存在问题，包括供应商引入、招采、下单、管理、验收，这些过程没有在线上体现，存在信息不对称、不合规的风险等。于是，2020年，小米集团"采购数字化项目"开始立项。2021年4月，"易购"一期上线，通过智能化的采购管理SaaS服务，实现了小米市场类采购从需求到寻找货源，再到订单完成和结算的全流程线上化管理，大幅提高了工作效率和业务合规性，降低了运营和管理成本。

二、采购数字化2.0：推行至整个集团

2021年7月，"易购"二期上线，并从中国区全面推广至小米集团。"易购"二期主要有两个升级：一方面在采购品类上进行拓展，从小米中国区的市场品类拓展到整个小米集团的非生产性采购，主要涉及市场、建店、行政办公、技术等。另一方面，在原来的基础功能上进行迭代升级。例如增加采购策略、供应商入库资质评审等功能。

三、采购数字化3.0：将与业务系统打通

"易购"三期正在建设中，将会与小米集团更多的业务系统进行连接，例如，品牌管理系统、建店系统、资产管理系统等。这是因为"易购"承载了采购职能，但采购不是独立的，而会与业务产生黏性和连贯性，承接供应链上下游的相应系统，上游是业务系统，下游是财务系统。

从公司集团化管控的角度来看，如何在确保业务灵活性的同时，提高采购成本管控集约效应，确保过程透明合规，是每个快速增长的高科技企业所面临的共性问题，而小米集团为国内企业采购数字化转型积累了经验。

三、影响零售企业采购管理的主要因素

零售企业采购商品时，必须保证选购的商品符合零售企业的目标需求。否则，选购的商品就无法获取足够的利润。采购决策应从以下几方面入手，以确保采购的顺利进行。

（一）采购数量

通常采购数量越大，价格越便宜，但不是采购得越多越好，零售企业应根据资金的周转率、储存成本、消费者需求计划等因素综合计算出最经济的采购量。商品采购量过大，会造成过高的存货储备成本与资金积压；商品采购量过小，则会造成采购成本提高。因此，商品采购要做到适量。

怎样才能做到适量呢？采购部门首先应对每一份请购单审查，审查其请购数量是否在控制限额的范围内，其次是审查部门主管是否在请购单上签字同意。对于需大量采购的商品，必须进行采购数量对成本影响的成本分析。成本分析的主要内容是将各种请购项目进行有效归类，然后利用经济批量法测算成本；对于请购数量不大或者零星采购的商品，采购批量的成本分析控制可对照资金预算来执行。

经济订购量是指在存货总成本最低的情况下所订购的批量。存货总成本包括订购成本和存货储备成本，订货成本随订购量的增加而减少，与订货成本相反，存货储备成本会随着订购量的增加而增加。

（二）采购时间

现代零售业的竞争非常激烈，采购部门应确保采购计划的精确性，只有按计划适时地采购，才能使采购与销售顺畅配合，并节约成本，提高市场竞争力。

采购时间是指从提起请购单到采购商品入库的时间，采购时间包括：请购单的核准、呈请时间；处理请购单的时间；供应商制造备货的时间；运输交货的时间；验货的时间；入库时间。根据不同的采购方式，可以确定采购的适当时间。在以最佳成本为原则的前提下，采购时间的长短必须用公式计算出来。在存货控制的情况下，按照存量控制的方法来决定采购时间。在定量订购条件下，当某项物料达到订购点时，即为适当采购时间。在定期订购条件下，每隔一定时期即进行采购。

（三）采购方式

零售企业的采购方式多种多样，根据不同的标准可以划分为不同的方式，采购部门可根据具体情况选择。

1. 按采购形式划分

按采购形式不同，可以将采购方式分为直接采购、委托采购和调拨采购。

（1）直接采购：直接向生产商采购。

（2）委托采购：委托某代理商向生产商采购。

（3）调拨采购：在几个分厂、合作厂商或客户之间，将过剩的物料互相调拨。

2. 按采购政策划分

按采购政策不同，可以将采购方式分为集中采购和分散采购。

（1）集中采购：由企业总部采购部门统一进行采购，如医药连锁药店、连锁超市等由总部进行统一采购。

（2）分散采购：由各分店的采购部门独立进行采购。

3. 按采购性质划分

按采购性质不同，可将采购方式分为以下几种：

（1）公开采购和秘密采购：公开采购是指采购行为公开化。秘密采购是指采购行为秘密进行。

（2）正常采购和投机采购：正常采购是指采购行为正常化而不带投机性质的采购行为。投机采购是指物料价格低廉时大量买进以期涨价时转手卖出图利的采购行为。

（3）特殊采购和普通采购：特殊采购是指采购项目特殊，采购人员事先需花很多时间进行采购情报收集的采购行为。普通采购是指采购项目普通的采购行为。

（四）供应商选择

对零售企业来说，选择供应商十分重要，供应商选择得合适，就能保证所供应的商品的质量和交货期，并能得到较合理的价格。采购部门可以选择一个供应商，也可以选择多个供应商。如果有多个供应商，则采购不到特定商品的风险较小，供货的可靠性较高，讨价还价的余地和对物资技术规格的选择余地较大。选择多个供应商的弊端是工作量较大，与供应商的关系较松散，供应商的责任心不强，对长期合作信心不足。

（五）价格折扣

商品采购的基本目标之一是按较低的价格进行采购。降低价格的一个重要方面是利用折扣。常见的折扣方法有贸易折扣、季节折扣、数量折扣和现金折扣。

即学即练

以小组为单位（每3~5人为一组），选择某一家零售企业进行现场调研，记录该企业在进行商品采购时如何确定一个合适的价格。

四、零售企业采购管理的基本模式

零售企业采购管理的基本形式按照零售店是否连锁，可分为单店采购和连锁采购。

（一）单店采购

单店采购常由一个采购部负责，直接与众多供应商打交道，一般进货量较小，配送成本较大，必须努力实现采购的科学管理，否则失败的风险很大。对于规模不大的零售店，实现较为理想的商品组合仍是困难的，因此降低商品价格十分困难。

单体零售店规模一般比较小，经营商品的品种一般在 2 000 种以下，在竞争中往往处于劣势。单体零售店一般采用以下三种方式进行采购：

（1）店长或经理全权负责。这是一种权力集中的采购模式，由店长或经理选择供应商，决定商品购进时间和购进数量。

（2）采购部门经理负责。零售店长将采购商品的工作下放给采购部门的经理，由采购部门经理根据零售店经营的情况决定商品采购事宜。

（3）商品部经理具体采购。因为商品部经理是一线管理人员，他们对商品的经销动态更为了解，也更了解消费者的偏好，能够根据货架商品的具体陈列情况以及仓储情况灵活进行商品的采购决策。所以这种形式更为有效。

（二）连锁采购

按照集权与分权的程度不同，连锁采购又可分为集中采购和分散采购。

1. 集中采购

集中统一的商品采购是连锁零售企业为实现规模化经营而采用的一种方式，真正做到统一陈列、统一配送、统一促销策划、统一核算，有助于发挥连锁经营的优势。其主要优势有：

（1）有利于提高零售商与供应商谈判中的议价能力。连锁零售商实行集中采购制度，大批量进货，就能充分享受采购商品数量折扣的价格优惠，发挥价格优势，同时满足消费者求廉的心理需求。

（2）降低商品采购成本

大批量集中采购，可大幅度减少进货费用，再配以合理的统一配送机构与制度，就能有效控制零售商的商品采购总成本。

（3）规范零售店采购行为

在分散采购制度中，由于权力下放，零售企业对采购行为很难进行有效控制，采购人员易产生不规范行为；集中采购对企业采购行为有规范的效果，能够为零售商营造良好的交易秩序和条件。

数实融合新视界

供应链助力农牧产品原产地直采

2022年的"6·18"，天猫超市依托"有确定性的供应链"，加大特色农牧产品原产地直采，为商家提供确定性的销售保障。开通农牧产品优先入仓绿色通道，将农牧产品智能分仓存储，提前存入离消费者最近的仓库，保障了特色农牧产品"出得来、卖得动、送得快"。

天猫超市产地直采的10万吨农牧产品，运送至天猫超市全国28个省市的城市前置仓和冷链仓。黑龙江绥化玉米、广西南宁的水牛奶，江西上饶山茶油，贵州湄潭茶叶、新疆天山牧场牛奶，广东妃子笑荔枝等农牧产品，从前置仓和冷链仓被送至全国各地的消费者手中。

"今年一些农牧产品上市后销路不畅，我们通过直采包销，通过确定性的供应链，给农户和商家更多的利益保证。"天猫超市供应链负责人介绍，在"6·18"前，通过提前增加人力投入、扩容仓储设施，开通面向农产品的入仓绿色通道，同时启动紧急预案，一旦局部发生意外事件，能快速实现全国各仓库间切换发货，确保整体物流供应链畅通。

2. 分散采购

分散采购就是指零售商将采购权分散到各个分店，由各个分店在核定的金额范围内，直接向供应商进行采购的方式。分散采购的缺点是不易控制、没有价格优势，以及采购费用高。长期来看，这种形式是不可取的。

分散采购具体有两种形式：完全分散采购及部分分散采购。完全分散采购的采购权完全下放，由各分店根据自己的情况灵活实施采购，它最大的优点是灵活，能对顾客的需求做出有效响应，比较有利于竞争。

部分分散采购是零售企业总部对各分店地区性较强的商品（如一些地区性特产就只适合于该地区销售），以及一些需要勤进快销的生鲜品实行分散采购，由各分店自行组织进货，而总部对其他商品进行集中采购的方式。

每3~5位同学组成一个调研小组，走访当地的一家连锁零售企业，调研哪些商品采用集中采购，哪些商品采用分散采购，完成调研报告，并在课堂上分享。

执善向上与坚守

某零售企业廉洁从业经验谈

"作为物资采购部的一员，我感触很深。采购是关键敏感的工作岗位，作为采购员，我们直接面对供应商，诱惑很大，微腐败问题也时常发生，因此，开展廉洁从业工作对我们来说具有非常重要的意义。"某零售企业的采购员讲道。

1. 廉洁从业从思想抓起

结合发生在公司内部或身边的腐败案件开展警示教育，以案说纪，以此为戒，真正起到教育触动一片的效果，使廉政教育更有说服力，预防腐败更有推动力，反腐倡廉更有号召力。针对某个阶段的突出问题集中开展整顿教育，针对岁末年初容易发生请客送礼的敏感期，可在元旦、春节到来之前开展廉政系列教育，使廉洁教育形成声势。在采购招标实施前，也要不失时机地对有关人员进行提醒教育，讲明职责，强调纪律，防患于未然。

2. 廉洁从业从制度管起

要坚持用制度管事、管人的思想，规范采购过程中每项可能涉及腐败的活动。物资采购部全员严格按照公司的物资采购管理制度执行，从根本上用制度来规范采购活动，形成一整套内外结合、全方位、多层次、科学有效的监督制约机制。

3. 廉洁从业从自律做起

作为物资采购部的负责人，更要做到严格自律，以身作则，规范和推进采购工作，强化责任担当，抓好职责范围内的党风廉政建设和反腐败工作，切实做到守土有责，守土尽责。严格要求采购部全员落实《廉洁从业承诺书》的各项要求，增强全员遵规守矩和廉洁自律意识。

启示： 党的二十大报告明确提出："做深做实干部政治素质考察，突出把好政治关、廉洁关。"廉洁从业绝不只是简单学习理论知识，做做样子，而是要将各项要求贯穿在日常工作中。企业领导干部更是要率先垂范，常怀畏惧之心，只有坚持常抓不懈扎实推进廉政工作建设，才能保证企业的经济效益和社会效益。

零售调研与践悟

任务目的：

利用网络资源进行供应商调查，会用合适的方法对供应商进行评价。

任务条件：

计算机、智能手机等。

任务组织：

1. 每4~6人为一组，其中一人担任组长。

2. 每组选定一种电子产品，运用网络进行供应商调查，建立供应商选择的指标体
   系，确定合适的方法对供应商进行评价，最终确定供应商。

3. 各组将供应商选择的整个流程梳理分析并进行总结，开展组内自评及组间互评，
   选择出评分最高的三个方案，进行课堂展示。

任务成果：

调研PPT一份。

第三节　零售企业物流管理

课前思考

菜鸟驿站提供的取件、发件服务，是否就是物流管理？

物流业是支撑国民经济发展的基础性、战略性、先导性产业。服务体验升级、建
设"物流强国"的内在需求、供应链协同管理等新理念的应用等诸多因素，对物流业
的发展提出了更高的要求，如何发展新物流，从传统单一、条块分割的物流业态向连
接、联合、联动、共利、共赢、共享的综合物流与一体化物流转变，扶持引导数字物
流、智慧物流、共享物流、协同物流、平台物流、末端物流等物流新物种，成为我国
物流业面临的一项新课题。

近两年，新零售模式成为社会各界关注的焦点，无论是阿里、京东等电商企业，还是
永辉超市、银泰百货等传统零售企业，都积极投身于以消费者为中心、以数字化为核心驱

动力的新零售变革，而物流作为新零售的重要组成部分，其转型升级是新零售模式落地的基础和前提，物流服务效率与水平的提升，能够带来更加良好的用户体验，提高用户消费愿望，确保零售企业的可持续增长，而零售企业发展又会催生更多的物流需求，反哺物流企业，双方互惠互利，合作共赢，物流与新零售的碰撞融合前景可待，未来可期。

一、零售企业物流概述

1. 物流的定义

2021年12月1日，由国家市场监督管理总局和国家标准化管理委员会发布的中华人民共和国国家标准《物流术语》（GB/T 18354—2021）开始实施，该标准中物流（logistics）的定义为：根据实际需要，将运输、储存、装卸、搬运、包装、流通加工、配送、信息处理等基本功能实施有机结合，使物品从供应地向接收地进行实体流动的过程。将物品或货物（goods）定义为：经济与社会活动中实体流动的物质资料。

对物流定义的准确理解应包括以下几方面：

（1）物流活动中涉及的物品可以包括原材料、半成品、产成品、回收品，以及废弃物等，但这些物品产生实体流动的前提是满足经济与社会活动需要。

（2）现代物流过程主要关注物品的流动属性与变换，并不涉及物品所有权的流转，计量物品价值、实现物品所有权的转移必须依靠商流活动，商流、物流、信息流、资金流一起构成了现代流通活动。其中，商流是经济活动的主体，起引领与主导作用，一般先发生商流后发生物流。但通常情况下，如果没有物流，商流也就无从实现，物流服务滞后会影响商流发展。

（3）物流的过程如何展开，其实与物品实体的性质密切相关，有什么样的"物"，就有什么样的"流"，如有的货物适宜铁路运输，有的货物需要包装，有的货物需要低温储存等。

🖳 即学即问

"四流"包括商流、物流、信息流、资金流，任何一单交易中是否都必须含有这"四流"？如果没有物流，能否完成商品交易？

2. 物流的分类

社会经济领域中物流活动无处不在，许多有自身特点的领域，都有其独特的物流活动。它们的基本要素是共同的，但由于物流对象不同、目的不同、范围不同，形成了不同的物流类型。

（1）按照物流系统的性质不同，可将物流分为社会物流、行业物流和企业物流。

社会物流属于宏观范畴，是全社会物流的整体，因此也被称为宏观物流。行业物流属于中观物流，是指在一个行业内部所发生的物流活动。企业物流是微观物流的范畴，是从企业角度研究有关的物流活动。

（2）按照物流活动的空间范围不同，可将物流分为地区物流、国内物流和国际物流。

地区物流是指在一国疆域内，根据行政区域地理位置划分的一定区域内的物流。国内物流是指为国家的整体利益服务在国家自己的领地范围内开展的物流活动。国际物流是指在两个或两个以上的国家（或地区）之间进行的物流。

（3）按照物流在企业生产经营过程中所处的阶段不同，可将物流分为采购物流、供应物流、生产物流、销售物流、回收物流和废弃物物流。

①采购物流。采购物流是指包括原材料等一切生产物资的采购、进货运输、仓储、库存管理、用料管理和供应管理，也称为原材料采购物流。

②供应物流。根据中华人民共和国国家标准《物流术语》（GB/T 18354—2021），供应物流（Supply Logistics）是指为生产企业提供原材料、零部件或其他物料时所发生的物流活动。

③生产物流。根据中华人民共和国国家标准《物流术语》（GB/T 18354—2021），生产物流（Production Logistics）是指生产企业内部进行的涉及原材料、在制品、半成品、产成品等的物流活动。原材料、外购件等投入生产后，经过下料、发料，运送到各加工点和存储点，以在制品的形态，从一个生产单位（仓库）流入另一个生产单位，按照规定的工艺过程进行加工、储存，借助一定的运输装置，在某个点内流转，又从某个点内流出，始终体现着物料实物形态的流转过程。

④销售物流。根据中华人民共和国国家标准《物流术语》（GB/T 18354—2021），销售物流（Distribution Logistics）是指企业在销售商品过程中所发生的物流活动。它是商品经过运输、储存、装卸搬运，或加上包装、拣选、配送、销售，到达顾客的流动过程。

⑤回收物流。回收物流（Returned Logistics）是指不合格物品的返修、退货，以及周转使用的包装容器从需方返回供方所形成的物品实体流动。

⑥废弃物物流。根据中华人民共和国国家标准《物流术语》（GB/T 18354—2021），

废弃物物流是指将经济活动中失去原有使用价值的物品，根据实际需要进行收集、分类、加工、包装、搬运、储存等，并分别送到专门处理场所时所形成的物品实体流动。

8 即学即问
回收物流和废弃物物流有什么不同？

（4）按照从事物流的主体不同，可将物流分为第一方物流、第二方物流、第三方物流和第四方物流等。

①第一方物流。第一方物流（First-Party Logistics）是指由物质提供者（生产或流通企业）自己承担将产品或商品送到物质需求者手中的物流运作，也就是供方物流或销售物流，是由供应厂商到各个用户的物流。

②第二方物流。第二方物流（Second-Party Logistics）是指由物质需求者自己解决所需物质的物流问题。

③第三方物流。根据中华人民共和国国家标准《物流术语》（GB/T 18354—2021），第三方物流（Third-Party Logistics，简称 TPL 或 3PL）是指由独立于物流服务供需双方之外且以物流服务为主营业务的组织提供物流服务的模式。

④第四方物流。第四方物流（Fourth-Party Logistics）是指一个供应链的集成商，是专门为第一方、第二方和第三方物流提供物流规划、咨询、物流信息系统、供应链管理活动等的企业。

即学即练
以小组为单位（每3~5人为一组），选择某一家超市进行调研，从采购、库存、商品陈列、销售等方面进行分析，总结该超市如何开展物流管理工作的。

3. 物流对微观经济运行的作用

（1）物流是企业生产连续进行的前提条件。在现代企业生产经营中，物流贯穿于从生产计划到把产成品送达顾客手中的整个循环过程之中，企业生产经营的全部职能都要通过物流得以实现。因此，物流是企业生产连续进行的必要前提条件。

（2）物流是实现商品价值和使用价值的条件。任何产品从生产出来到被最终消费，都必须经过一段时间和距离，都要经过运输、保管、包装、装卸、搬运等多环节、多次数的物流活动。无论是生产资料商品，还是生活资料商品，在进入生产性消费和生活消费之前，其价值和使用价值始终是潜在的。为了能够将这种潜在变为现实，商品必须借助其实物运动即物流实现。

（3）物流是保证商流顺畅进行的物质基础。在商品流通过程中，一方面要发生商品所有权的转移，即实现商品的价值流动（商流）；另一方面要完成商品从生产地到消费地的空间转移，即发生商品的实体流动（物流），以便实现商品的使用价值。商流引起物流，物流为商流服务。没有物流过程，商流就不能最后完成，包含在商品中的价值和使用价值就不能真正实现。

（4）物流信息是企业经营决策的重要依据。近年来，物流信息在整个经济信息系统中占据着越来越重要的地位，许多生产企业和零售企业都建立了设备先进的物流信息中心，以便及时掌握企业内部和外部的物流信息，以此作为企业生产经营决策的重要依据。例如，利用计算机网络将超市、配送中心和供应商、生产企业连接起来，形成一个以配送中心为枢纽的商品、物流和生产企业的有效组合。借助计算机迅速及时的信息传递和分析，通过配送中心的高效作业与及时配送，将信息快速反馈给供应商和生产企业，从而形成一个高效率、高能量的商品流通网络，为企业做出管理决策提供重要依据。

（5）增强企业竞争力，实现企业战略。在经济全球化、消费需求多样化的时代，企业面临范围更大、速度更快、种类更多的生产要素组合与产品组合。特别是大型企业、跨国企业，不仅产品与服务的销售范围是全球化的，而且生产和原材料供应也是全球化的。这就要求必须在更大的范围内组织供应、生产、销售等阶段的物流，以获得产品、价格、服务等竞争优势。因此，物流已不仅是实现价值、降低成本、促进销售的手段，而且是直接决定产品、价格与销售，从而直接参与价值创造的过程，是决定企业经营成败的战略问题。

行业发展与瞭望
绿色产业链建设

绿色仓储、绿色物流、绿色包装、绿色运营、绿色办公多措并举，永辉超市绿色产业链建设成效斐然。

在"双碳"目标的推动下，关注ESG（Environmental, Social and Government，环境、社会和公司治理）发展已成为全球共识性的重要理念。作为企业，在追求经济利益最大化的同时，越来越需要综合考虑环境、社会，以及公司治理能力等因素，为构建更加繁荣、绿色、包容的世界贡献力量。

以"科技永辉、绿色永辉"为理念，以"节约能源、保护环境、提高效率"为目标，近年来，永辉超市着力加强企业能源管理，降低零售经营中水电等资源消耗与能耗水平，推动零售业可持续发展。永辉超市高度注重在仓储、物流端的节能管理。在四川、重庆等地，永辉超市还试点引入短途物流，采用新能源车型配送，以减少碳排放。同时，通过推行配送的标准化、单元化，永辉超市有效提升了作业效率和车辆周转效率。

在包装上，永辉超市引入了折叠周转筐、周转筐、铁筐、标准托盘等循环包装材料，逐步取代了纸箱、编织袋、塑料袋、泡沫箱等不可循环的包装材料。同时，永辉超市积极响应"限塑令"，一方面鼓励消费者自备购物袋、购物篮，使用布袋、纸袋等环保用品进行购物，提倡循环使用。另一方面，也稳步推进对传统塑料袋的更新替代。

4. 物流管理的含义

物流活动不仅包括运输、储存等作业活动，也包括物流管理活动。中华人民共和国国家标准《物流术语》（GB/T 18354—2021）中物流管理（Logistics Management）的定义为："为达到既定的目标，从物流全过程出发，对相关物流活动进行的计划、组织、协调与控制。"其目的是要运用系统的观点，对物流等活动进行综合管理，使各项物流活动实现最佳的配合与协调。

物流管理主要包括以下三方面的内容：一是对物流活动等要素的管理，包括对运输、储存等物流功能要素的管理；二是对物流系统等要素的管理，包括对人、财、物、设备、方法和信息等的管理；三是对物流活动中具体职能的管理，包括对物流计划、质量、技术、经济等职能的管理。

5. 零售企业物流管理的内容

对于零售业而言，其物流管理工作具体包含以下内容：

（1）采购管理。采购管理将实现产品向社会商业系统的输入。若采购管理工作存在问题，则必然影响商品的销售能力，即使保证了商品在流通过程中的物流效率，也无法顺利实现商业目标。若是商品批量过小且采购效率低下，则无法满足零售企业需求，导致出现缺货问题。因此，只有保证采购管理的科学性，才能确保商品流通的效率和效益水平。

（2）运输管理。零售企业很少涉及运输业务，因此缺乏对相关物流业务的管理能力。在市场风险的影响下，不同零售企业的分散经营将导致运输资源存在利用率低、风险高等问题，导致物流成本较高，物流效率较低。为了解决上述问题，必须建立健全科学的运输管理机制，发挥信息化系统的优势作用，提高物流配载管理水平，尽可能降低商品的单位物流费用，既实现物流企业的良好发展，也为零售企业创造更多的利润。

在对比分析不同运输方式经济效益问题的基础上，结合商品属性及需求情况，可制订相对合理的运输计划。通常情况下，直达运输更加适合大批量的商品运输，能够有效减少装卸、搬运等业务量，同时有效降低货物损失的风险。

目前，不少零售企业仍然选择自行运输的物流方式，并未将物流业务委托给专业的物流企业。这不仅使其在物流系统建设方面的投资巨大，也难以保证物流工作的科学性与效率性，不利于企业的良性发展。因此，对于零售企业而言，应当积极寻求物流外包合作机会，由专业的第三方物流企业提供物流服务，发挥其专业优势，实现更好的经济效益。

（3）储存管理。商品类型的不断丰富与消费者需求的多样化发展对零售企业库存商品的种类提出了更高要求，这就客观上加大了零售企业的库存规模，导致其对库存服务形成了更大需求。但是，越来越高的土地使用成本难以满足零售企业对仓库的需求，只能以储存管理为重点，在充分保证其销售供应能力的同时，尽可能减小库存规模，从而实现更好的经营效益。这就要求零售企业制定实施科学有效的储存管理策略。

（4）配送管理。在商品销售流通的过程中，物流企业需要根据零售企业的配送需求具体开展商品的配送工作，及时、准确、可靠地将货物送达零售企业指定的位置。配送管理的主要内容包括：

①收货管理。作为配送中心的业务基础，需要对不同供应商的货物进行集中处理，并规范合理地完成收货流程，根据管理计划将货物进行分类并分别存储于合理的位置。

②存货管理。存货管理主要以库存作为管理对象。在完成收货工作之后，配送中心需要以成本最低、配送最便利为目标开展存货管理，充分保证配送活动的效率和质量水平。

③发货管理。实现了商品由配送中心向零售企业指定位置的合理运送，发挥配送方法与管理流程的科学优势，充分保证货物配送的及时性与准确性。

(5) 销售服务管理。销售服务管理是企业最重要的管理任务之一，其目的在于充分保证商品销售的质量水平，为客户提供更好的销售服务，充分满足客户需求，从而获得客户的认可和支持。销售服务管理的基础是有效的商品管理，而商品管理则主要涉及标价作业、补货作业、陈列作业、促销作业、调价作业等一系列管理工作。

二、新零售智慧配送管理

（一）新零售智慧配送的特点

智慧物流管理

物流配送是新零售模式下良好客户体验的关键。例如，现阶段盒马鲜生店仓一体、京东的众包快递等极速配送服务，都是为了提升客户体验。

在新零售业务中，物流配送是让消费者购买的商品以最快的速度送达。新零售智慧配送有以下几个特点：

1. 更快的时效性

随着新零售的不断发展，消费者在购物之前更加希望能够对商品进行体验，可以在实体店体验之后提取商品，这样能够最大限度地满足消费者需求。在新零售模式下，不管采用什么配送模式的企业，都在追求速度，不断缩短配送时间。例如，天猫超市、盒马鲜生都为超市覆盖3公里范围内的消费者提供极速达服务，聚焦更为精准的配送范围，配送时效性不断提速。

如今，消费者对产品配送的时效要求非常高，很多消费者想要的时效都是网上下单后，在0.5~1小时送达指定地点。在这种背景下，有效提升物流配送速度是零售企业之间相互竞争的关键。

2. 更精准的配送

在新零售模式中，消费者有直接配送需求，即在消费者下单后，企业直接进行配送；还有预约配送，很多消费者在购买商品时，希望将商品直接配送到家。但是由于上班等原因，家中不能确保时时刻刻有人，因此，消费者会选定一个固定的时间范围，让商家配送，确保消费者在这个时间段能够收到商品。这也从侧面反映出一个问题，就是消费者希望零售企业能够在合适的时间配送。

3. 更加自动化智能化

随着社会的不断进步和科技的快速发展，在消费者不断提高要求的背景下，新零售的末端配送会越来越自动化、智能化，主要体现在智能设备的使用、智能决策的制定等方面。例如，现在被广泛应用的智能快递柜、无人拣货设备、无人送货设备等。

4. 更加协同共享

物流企业要打破自身能力的限制，更多地去共享资源、协同作战。比如近几年，"双11"天猫销售额不断刷新纪录，包裹数量屡创新高。但消费者普遍感到"快递快了好多"。"双11"改变的核心，一方面是菜鸟作为"智慧大脑"起到了总指挥的作用；另一方面，在总指挥的调度下，不同的物流资源被有序地组织在了一起。这种协调是一种基于全局视角的角色、任务再分配。

5. 更加社会化

与传统的物流配送相比，新零售业下末端物流配送更需要整合社会资源，减少资源的浪费。例如，众包快递就合理地利用了社会资源，将资源进行合理分配，缓解快递人员稀缺的问题。

"最后一公里"的末端配送对配送的高效准时要求越发的严格。末端配送的质量已经成为新零售提升消费体验的法宝，这一领域必将成为新零售企业竞争的焦点。

（二）新零售"最后一公里"配送模式

配送的"最后一公里"并不是真正的一公里，而是指从物流分拣中心到客户手中这一段距离，通过运输工具，将商品送至客户手中的过程。由于距离短，俗称"最后一公里"配送。这一短距离配送，是整个物流环节的末端环节，也是唯一一个直接和客户面对面接触的环节。

新零售的核心在于提高消费者的体验，让消费者能够快速获得自己想要的商品。"最后一公里"是新零售模式中的一个重要环节，一些零售企业的行业领先者正在通过店仓一体化、众包物流、设置快递自提点、智能快递柜、前置仓等手段优化新零售模式中的"最后一公里"，实现更高效的商品配送服务。

1. 店仓一体化

店仓一体化是指线上线下全渠道融合的多功能门店不仅承担着展示商品的职能，还兼具仓储、商品分拣、配送等职能。在门店内，线下门店货架就是线上店铺的虚拟货架，通过使用电子标签、自动化物流设备，实现在店内分拣商品。在配送端，凭借门店自营物流和合作物流，实现门店经营半径5千米范围内的线上订单30分钟送货到家，极大地提高了物流配送速度，满足了消费者对线下及线上业务高效率的需求。

线上线下全渠道融合的多功能门店能够有效提升消费者的消费体验，但店仓一体化模式也面临着诸多问题。首先，要实现店仓一体化需要有较大的门店面积，门店的租金成本将会上升；其次，如果门店自建配送队伍，也需要花费一定的物流成本；最后，门店的配送范围受到限制，如果配送范围在门店经营半径5千米之外，就难以保证配送时效和服务水平，如果零售企业选择与第三方物流合作，合作物流方的管理和服务水平就难以得到有效保障。因此，店仓一体化模式的落地实施还需要通过不断的探索与实践来完善。

数实融合新视界

即时物流成新零售标配

在新零售业态下，天猫与菜鸟联合物流伙伴和商家开通了基于门店发货的"定时达"服务，即消费者网购下单时可以选择从就近的实体门店送货，商品最快2小时送达。此外，消费者还可以预约特定时段送货。

目前，屈臣氏的天猫旗舰店已经开通了"定时达"服务，屈臣氏在上海、广州、深圳、杭州、东莞五个城市的上百家门店变身"前置仓"，可以为距离门店3千米范围内的网购消费者提供门店送货服务。

消费者在屈臣氏的天猫旗舰店购物时，系统将根据消费者的收货地址定位该地址附近3千米范围内的屈臣氏门店。同时，根据消费者所购的商品，查询门店内的库存。如果消费者所选购的商品在该门店有库存，系统将在消费者确认订单信息的页面上显示"定时达"字样。消费者选择"定时达"服务后，就可以根据自己的情况选择送货上门的时间段，最快在下单2小时后收到商品。

屈臣氏的"电商平台（销售）＋商家门店（前置仓）＋即时达物流"模式是新零售模式下线上线下物流融合的一大突破，由此消费者在屈臣氏购买的商品不仅可以由专属的电商仓库发出，而且可以灵活地从附近门店发货。屈臣氏位于线下的门店成为放在消费者身边的一个个"前置仓"，既能满足消费者极速、精准配送的物流需求，又能帮助屈臣氏降低仓储成本，更加智能化地进行供应链运营。

2. 众包物流

众包模式（Crowd-sourcing）是指一个企业或机构把过去由员工执行的工作任务，以自由、自愿的形式外包给非特定的大众网络来完成的模式。众包的任务通常由个人承担。众包物流是对现有物流有效、灵活的一种补充，它可以使快递人员短缺的情况得到有效的缓解。

众包配送的作业流程见图7-9。发件人通过App平台发布订单，软件自动核算快递费用，自由快递员抢单，成功派送后获取报酬。

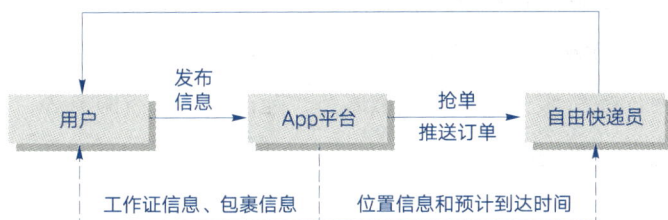

图 7-9　众包配送的作业流程

从众包物流的运作流程来看，首先，它拓宽了组织边界，将所有众包合作伙伴拉入自己的阵营中，企业的管理边界不再局限于组织内部，也需要对外部合作伙伴进行规范和引导，共创企业价值理念。其次，众包物流充分利用了社会资源和群体智慧，让需求方和服务方实现了无缝对接，降低了沟通成本，有效地提高了企业的运作效率。最后，众包物流可以解决物流行业需求波动的问题，即波峰跟波谷的平衡问题，在配送高峰期，企业可以采取众包物流的方式，依靠社会闲置资源完成速递服务，以满足自身在特殊时期对物流配送的需求。

即学即问

众包物流有哪些缺点？

3. 设置快递自提点

快递自提点是比较常用的一种末端配送方式，具有节省时间和人力资源的优势，消费者取件不受时间的限制。

目前，快递自提点有加盟和自建两种模式。菜鸟驿站是加盟模式的代表，即物流公司与社区内的便利店进行合作，在消费者不方便签收的情况下，快递员将快递寄放在便利店，消费者可以在方便的时间点去自提。京东采取的是自建自提点的模式，即企业出资在人口密集的地方设置自提点，消费者可以选择将快递寄送至自提点，在自己方便的时间点自行取货。

智能快递柜作为一种末端快递投递方式，通过为消费者提供智能化的寄件、取件服务，在很大程度上解决了快递员与消费者时间节点不对称的问题。同时，通过集中配送，有效缓解了快递末端行业的人力成本问题。此外，智能快递柜在保护消费者隐私方面也有着较大的优势。

但是，由于智能快递柜的建设成本和维护成本较高，仅凭单一的快递服务功能较难实现盈利。在大数据、云计算等新科技的推动下，为了深入挖掘末端配送服务潜藏的商业价值，智能快递柜的运营者要通过拓展智能快递柜的其他辅助功能和增值服务，如广告服务、自助缴费服务、代收代缴服务、社区信息发布服务等，探寻新的利润增长点，以此来提高末端收益。

👥 即学即问

生鲜品放自提柜变质，谁来承担责任？

4. 前置仓

社区仓/微仓是指将仓储前置，即设置前置仓。以生鲜行业为例，生鲜类商品存在保质期较短、损耗严重、商品非标准化、冷链物流成本高等劣势，而物流运输是关键。对于生鲜行业来说，布局前置仓成为其提高配送效率、降低运营成本的一项重要措施。

在前置仓模式中，每个零售门店都是一个中小型的仓储配送中心，这样零售企业总部中央大仓只需对门店供货也能够覆盖"最后一公里"。消费者下单后，商品从距离消费者最近的门店发货，而不是从远在郊区的某个仓库发货，这是支撑前置仓能够在门店3千米范围内30分钟送达的重要前提。简单来说，前置仓就是在距离消费者较近的地方（如某个办公楼、某个社区里）设置一个小型仓库，当消费者下单后从这个小型仓库发货，1~2个小时消费者即可收到商品。

具体来说，前置仓模式具有以下特点：

（1）及时性。前置仓模式可以使店铺的商品配送更加及时、快速。消费者下单后，是从最近的仓库也就是附近的零售店发货，可以在短时间内将商品送到消费者手中，满足其对高效率物流配送的需求。

（2）改变门店选址逻辑。前置仓模式改变了传统门店以流量来选址的逻辑。在前置仓模式中，门店选址首要考虑的不是流量，而是门店与消费者之间的距离，通过选址下沉以及选址社区化，以距离优势让前置仓和商品主动"走向"消费者。从某种意义上说，前置仓也可以理解为一种使消费者获得良好购物体验的到家服务。

（3）降低门店运营成本，让利消费者。在传统的门店仓储一体化模式中，门店选址首先考虑的是流量，流量高的地址物业成本也相对较高。此外，各种商品要在门店中展示，又会产生较高的店铺装修成本和商品展示成本。

但是，"线上下单+前置仓"的模式用前置仓取代了传统的门店，为消费者提供到家服务，对门店的位置没有特殊的地段需求，因此，门店的物业及装修成本也较低，而这些节约下来的成本就可以作为品牌的让利优势提供给消费者，进而打造品牌在消费者心目中的良好印象。

即学即练

以小组为单位（每3~5人为一组），走访某一快递企业，分析该企业的末端配送具体采用哪些方式来完成。

（三）新零售末端配送优化

在智慧物流时代，企业要注重对先进技术的引进与应用，依托大数据、云计算、物联网等技术手段，优化现有车辆路径、提供可视化配送服务、优化配送模式的智慧分析，从而帮助物流企业降低末端配送的成本，提升其服务质量，实现资源的整合利用，使企业跟上新时代发展的步伐。

1. 优化车辆路径

接收到客户的需求信息后，配送中心要安排车队为其提供配送服务，在具体运营过程中，为了降低成本，或者缩短总体路程，或者节约时间，企业不仅要满足用户的需求，还要对车辆的行驶路线进行规划。通过建设智慧物流，企业能够通过大数据、云计算、物联网等技术的应用，迅速获取相关路段的实时交通状况，根据分析结果选择最合理的行车路线。在优化车辆路径的基础上，迅速完成配送任务，满足客户需求，不仅能够提高配送效率，而且能够减轻交通压力，提高资源利用率。

2. 优化可视化配送

可视化配送是实时跟踪物流运输状态，利用车辆定位、在线调度等技术，为顾客提供货物的物流运输情况。现阶段很多物流企业都已经推出了可视化配送服务，但其发展尚未成熟，顾客只能获取关键节点信息，信息提供缺乏时效性并不能向顾客提供末端配送途中的完整信息。随着智慧物流的建设与发展，企业能够利用物联网技术，为顾客提供更加详细的物流信息，再结合大数据、云计算等现代化技术手段，准确分析包裹送达时间。可视化配送服务的提供，能够帮助企业完善自身的服务体系，进一步降低顾客的投诉率。

3. 优化配送模式的智慧分析

由于客户分布缺乏集中性，不同客户的需求也不同，企业必须提供多样化的配送模式来满足他们的需求。在现阶段，物流企业的末端配送方式主要包括：上门送货、自助提货、智能提货柜三种。要想提高整体配送效率，在实现成本控制的基础上提供优质的服务，就要优化配送模式的智慧分析，在掌握顾客消费习惯、购买商品类型等信息的基础上，提高自身服务提供的针对性。

例如，家庭主妇、退休人员、老年人等居家时间比较多，可以提供上门送货服务。对于上班族和学生群体，可以选择为其提供自助提货与智能提货柜服务模式。如果商品本身体积较大，也应该送货上门。

除此之外，企业通过优化配送模式的智慧分析，能够丰富订单页面的功能，让消费者根据自身需求选择配送方式。比如，消费者可以自己决定送货上门的时间，选择自助提货的地点、提货柜地址等，为其取货操作提供更多便利，进一步提升物流企业的服务水平和消费者的满意度。通过这种方式，企业能够尽量避免二次配送，减少物品损坏与丢失，为顾客提供更加优质的配送服务。

三、新零售智慧仓储管理

智慧仓储旨在通过信息化、物联网和机电一体化等先进技术来实现仓库高效管理，从而降低仓储成本、提高运营效率、提升仓储管理能力，多利用RFID射频识别、信息系统应用、智能化设备等，以实现出入库、移库管理信息自动采集、识别和管理等目的。

👥 即学即问
智慧仓储就是仓库无人化吗？

（一）智慧仓储趋势
未来仓库厂房的需求会大大提升，物流将成为支撑整个零售运营的"动脉"。今后的仓储发展将有协同共享及仓库细化两大趋势。

1. 协同共享
目前市场上的仓配物流公司数量较多，单独运作会造成很大程度的资源浪费，运输效率也有待提高。协同共享，简单来说就是"数字共享""仓库共享""物流共享"。

新零售立体化仓配结构不同于传统的供应链前端到后端、上游至下游的线性和树状结构。新零售重新梳理的仓配布局强化了物流与门店的匹配度和辐射度，通过大数据运算，采用最优化的路径，合理分配人力、物资、设施等资源，整条供应链的各个环节运作将实现有效同步和库存共享。

协同共享趋势下的立体化仓配结构有如下三个特点：

（1）"分仓建模+自由组合+按需调配"。多仓协同、分仓调拨是分仓模式的主要功能，它打破了电商物流供应链的单渠道全国配送模式，实现B2B/B2C/ B2B2C/ C2B（B表示Business，C 表示Customer）同仓管理、共享库存，提供一站式全渠道仓配服务。构建分仓数据模型，可以为客户定制一套由"中央配送中心（Central Distribution Center, CDC）+区域配送中心（Regional Distribution Center, RDC）+中转仓（HUB）"组成的分仓和物流解决方案。当客户需求变量发生变化时，数据模型会匹配生成新的最优方案，货物在仓网体系内进行重新调拨。

（2）高频、低频商品分级分仓。高频的货物可以通过发挥本地仓配的优势做到近距离的高效配送。配送中心的货物可以放在中转仓，进行中转后再进入本地配送。低频的货物在区域中心仓中远程配送。不同频率的货物分别进行有效配送，不至于在仓储过程中拖垮系统。这样的搭配方式能够有效缩短运输里程，热销爆款商品由城市三级仓（中转仓）（HUB）配送，销量一般的商品和长尾商品分别由一级仓（即中央配送中心，CDC）和二级仓（即区域配送中心，RDC）配送，从而全面提升整车到达率、整箱到达率、整单到达率等物流指标。

（3）单仓集CDC、RDC、HUB功能于一身。立体化仓储网络通过分析工厂所在地、销售渠道、消费人群的区域分布、产品属性等变量，对全国仓网和库内空间进行动态规划，实现单仓集不同品牌CDC、RDC、HUB功能于一身。仓配物流行业内的各家企业只有明确划定各自的业务范围，协调运作，整体规划，才能提高效率、降低成本。

2. 仓库细化

（1）布局细化。整体布局密度加大，单个仓库面积缩小，货物供应能力和辐射能力增强，配送呈网状分布，全面覆盖供货市场，以便快速进行商品补给。将供应链、库存、消费等数据打通，单个仓库的存货量实现可控、透明、可预测，加之物流速度加快、精准营销效率提高，货物在仓库的停留数量及停留时间将大大缩短。

（2）功能细化。仓库职能、用途将进一步细分。在效率上，仓库将按照规模、辐射能力分成大类，同一供货市场以大仓库为主、以小仓库为辅，通过扩大规模、拓宽区域、提高效率找到最优组合。在存储货物上，从仓库位置、交通、面积，甚至从库内地坪、层高、柱网角度，根据仓库能容纳货物的最大存量对仓库进行规划细分。在库内布局上，标准更为严格，空间使用更加细致，库内各职能区划分更加明确。

（3）动作细化。智能仓储技术拆解库内作业，各动作更加标准化、精细化、机械化、自动化。例如，在卸货入库过程中，使用整托入库输送机、箱型货物机器人自动码垛入库、纸箱货物自动拆箱或换箱入库、自动称重、自动回收空托盘或空纸箱等。

（二）智慧仓储管理与多物流机器人调度

1. 智慧仓储管理

智慧仓储管理系统是运用软件技术、互联网技术、自动分拣技术、光导技术、射频识别、声控技术等先进的科技手段和设备，对物品的出库、入库、存储、分拣、配送及其信息进行有效计划、执行和控制的物流活动。

从图7-10中可以看出，外部系统指企业管理层，仓储管理系统整体分为仓储管理层、中央控制层及执行层三层。

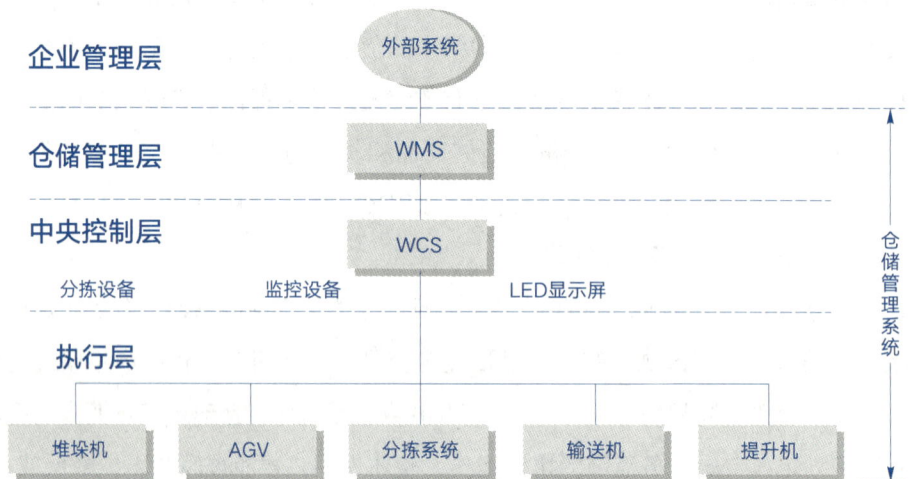

图 7-10　仓储管理系统结构

（1）仓储管理层。仓储管理层由仓储管理系统组成，其上端与外部系统（企业管理层）相连。仓储管理系统（Warehouse Management System，WMS）解决如何快速管理库存、有效地利用库房空间、合理地安置产品品项、正确地执行仓储任务等问题，为仓库和配送中心实现更快、更准确、更精确的数据管理提供系统支持。

（2）中央控制层。中央控制层由仓储控制系统（Warehouse Control System，WCS）组成，是整个自动化立体仓库实现自动控制的中心，控制和监视整个自动化立体仓库的运行。主要包括：接收并执行上级管理系统的指令；监视现场设备及各项业务的运行情况；设备（如堆垛机、输送机、分拣机）之间的通信；对设备进行故障检测及处理。

（3）执行层。执行层由可编程序控制器（Programmable Logic Controller，PLC）对各设备进行自动控制，直接控制堆垛机、输送机、自动导引车（Automated Guided Vehicle，AGV）等设备的状态，完成单机的自动控制以及与中控系统的通信联系功能。

2. 多物流机器人调度管理

目前，大量机器人已经应用于智慧仓储系统中。在智慧仓配系统中应用的机器人往往具有数量多、任务重、机器并行作业、任务实时变化、环境实时变化等特点，因此，需要专门针对多物流机器人系统进行调度管理。

（1）多物流机器人系统调度管理。多物流机器人系统（Multi-robot for Logistics System）指的是在一定环境布局下，按照固定原则，可以和外界进行沟通的两个或两个以上具有独自完成简单任务的能力且物流机器人之间可以产生协作关系的物流机器人组成的系统。仓配系统中使用的物流机器人就是一个典型的多物流机器人系统，相对于单个物流机器人来说，多物流机器人系统具有以下特点：

第一，能够完成单个物流机器人不能实现的任务，例如复杂、并行的任务。

第二，提高工作效率，单个物流机器人在同一时间只能完成一个任务，多物流机器人系统可以在同一时间由多个物流机器人完成多个任务。

第三，对于复杂的任务，设计多个功能简单的物流机器人，要比设计单个复杂的物流机器人更加简单经济。

第四，系统升级简单，多物流机器人系统中加入新的机器人就会提高系统的性能，不需要对整个系统进行大的调整，也降低了系统升级的成本。

第五，鲁棒性和柔性强，如果多物流机器人系统中的单个物流机器人在执行任务时发生故障，其余的物流机器人可以通过协商继续完成任务，对整个系统造成的影响比较小。

（2）多物流机器人系统调度管理的功能。多物流机器人系统调度管理就是要统筹所有物流机器人的行为。多物流机器人主要有以下功能：

第一，任务调度。任务调度就是与物流机器人通信，从空闲的物流机器人中选择一台，并指导其按照一定的路线完成运输的功能。

第二，路径规划。路径规划就是根据选中的物流机器人所在的位置，以及目标站点位置，对物流机器人的行进路线进行最优规划，并指导物流机器人按照规划路线行进，以完成运输功能。

第三，交通管理。某些特定区域，由于空间原因或流程需求，只能有一个物流机器人通过，或者两个物流机器人不能对头行驶，因此需要调度管理对物流机器人进行管理，指导某一物流机器人优先通过，其他物流机器人再按照一定的次序依次通过。

第四，信号采集与动作控制。仓储现场有些设备需要与物流机器人进行物理对接，在此种情况下，必须通过调度管理采集现场设备的运行状态信息，并且在某些时候需要发送信号控制现场设备的动作。

第五，物流机器人运行监控。对物流机器人的运行状态及任务信息等进行监控，对物流机器人的行进路线与位置信息进行显示，对物流机器人的突发情况进行响应处理。

第六，与上级系统对接。多物流机器人系统的任务信息来自WMS或ERP系统，因此要向上级系统反馈执行结果等信息。

多物流机器人系统结合仓储管理系统，能够高效、准确、灵活地完成物流作业，提高作业效率和仓储作业的柔性，将成为新零售物流的重要支撑。

即学即练

通过网络调研或实地走访的形式，了解当地某一物流企业仓库中有哪些智能化设备，这些智能化设备在采用过程中有哪些注意事项。

（三）云仓储

云仓储基于"云"的思路，在"云"平台的信息系统统一规划和计划各仓库的活动。分仓为云，将物流信息系统视为模拟服务主体，搭建任何人都可以用的仓储平台。零售企业可以根据距离的远近合理安排仓储，以实现物流服务的快速反应。云仓储的实施可以有效地让消费者、快递公司、产品提供商参与到整个供应链过程中。具体而言，云仓储是依靠云计算，在全国范围内建立超大信息平台，使货物可以按最近的方式得到配送。

1. 云仓储的模式

云仓储模式一般包括平台云仓、快递云仓和3PL云仓三种。

（1）平台云仓。平台云仓是一些规模较大的电子商务平台布局的云仓储。例如，亚马逊是平台云仓模式的领先者，国内京东商城布局的云仓网络是当前国内最成功的平台云仓。这个模式通过各地各级仓储的协同运作，实现缩短物流时间，提高资源利用效率，提高客户满意度等目的。

（2）快递云仓。快递云仓就是指物流快递企业自建的云上仓储，比如顺丰、EMS等，以下就以顺丰云仓为例来说明快递云仓。

首先，顺丰作为云仓储模式的代表，其快递云仓包括宅配网、干线网、仓储网、信息网。人们平时了解最多的顺丰就是其快递业务，这实际上是它内部的"宅配网"，只是顺丰物流网络的末端。事实上，顺丰构建了信息网、仓储网、干线网、零担网、宅配网（云物流）的整套服务。

其次，顺丰的另一大创新点就是它的退换货模式，也就是云仓储和快递协同的模式。由于它在各区域都有分仓布局，当顾客有退换货需求时，顺丰的工作人员会在就近快递点通过信息平台查询库存信息，并在1小时内到达商家或者最近仓库取出新货，然后同顾客一起对退换货产品的质量进行面对面检查。一般情况下的退货流程都是买家寻找快递企业把货物寄回商家，这一过程耗时较长，对消费者和电商商家都是一种资源浪费，货物损坏丢失等情况都无法避免。顺丰这种新式退货模式可以很好地解决逆向物流问题，更重要的是，此举可以给消费者带来极大的便捷，提高了效率，而顺丰的企业形象与信誉也会因此提高。

（3）3PL云仓。3PL（Third Party Logistics）云仓指的是第三方物流仓储提供商所建的云仓。如今，电商飞速发展，面临"6·18""双11"这类大型促销活动时，不少商家会出现仓储能力不足，进而出现配送迟缓，错误率大幅增高，严重影响顾客体验与评价等问题。为解决这种爆仓问题，第三方仓储就很好地体现了它的价值。

2. 云仓储的特点

（1）服务共享性。云仓储不同于传统的私有仓储。在一个云仓里，可能存放着来自多个货主的货。这种服务的广泛共享可以满足众多小微零售企业、小微电商企业的用仓需求。共享云仓资源，既能把仓库的利用率最大化，也能减少企业物流的投入成本，做到物流环节降本增效。

（2）快速精准的分拣能力。云仓储依托坐落在全国各地区中心的实体仓库，其服务范围辐射所在地区周边。由于云仓的服务共享性，必然会带来库内货物的多品类、多主体；同时，由于云仓储的服务覆盖范围较广，不同客户的不同需求就会产生多样化订单。货主与货物之间、货物与订单之间均是"多对多"的关系，大量的拣选拆零工作对分拣效率和操作的准确性提出了严格的要求。因此，具备自动化、信息化和智能化的分拣能力是云仓储高效运转的必要条件。

（3）高效的信息管理能力。信息管理能力是云仓储模式存在的基础，也是形成可视化供应链的重要因素。首先，云仓储要依据仓库历史数据和货主的经营数据，掌握货物的进出规律，当存在众多货主和货物，并且它们之间存在着"多对多"的关系时，只有进行高效地信息处理，才能使云仓储准确地预测需求并及时补货，快速响应下游订单及时发货。其次，云仓储要运用物联网技术对库内的货物进行位置、数量、状态等数据的采集，全面实时掌握不同产品的库存量和储存时间，通过数据管理提升对货物的管理水平，为不同地区云仓之间货物的合理调拨提供数据支撑。最后，信息共享是可视化供应链形成的基础，云仓的数据透明化、共享化，及时在供应链中公开物流数据，可以有效解决供应链仓储上下游信息的不对称问题。

（4）提供差别化定制服务的能力。不同货主、不同货物可能都存在着仓储作业需求的差别。比如有些货主的货需要在云仓中包装加工，有些货物在入库前需要进行质检流程，而有些货物不需要质检即可入库。在新零售环境下，不同商品的退换货政策与流程也都存在着差别。这时，具备服务共享性的云仓储，要能够提供差别化的定制服务以迎合供应链上下游的不同需求，这需要云仓储在具备严格标准作业流程的同时，还要具备一定的灵活性，并提供个性化服务的可能。

即学即练

以小组为单位（每3~5人为一组），通过网络调研顺丰、京东或者其他物流企业的云仓，分析其具备哪些突出价值。

执善向上与坚守

擅自投放快递柜将被罚

"您的快递已放置快递柜，请凭取件码×××到智能柜取件。"以后，在未经收件人允许的情况下，快递员不能随意发送这样的取件信息。

2022年1月，国家邮政局研究起草的《快递市场管理办法（修订草案）》（以下简称《管理办法》）规定，经营快递业务的企业未经用户同意，不得代为确认收到快件，不得擅自将快件投递到智能快递箱、快递服务站等快递末端服务设施。

近几年，快递未经允许即默认不送上门已成常态，屡遭公众诟病。业内人士认为，《管理办法》的出台或能有效解决此类问题，是贯彻快递企业高质量发展的重要措施。

《管理办法》除进一步明确投递细则外，还规定未按照与用户约定的收件地址投递快件的，未经用户同意以代为确认收到快件或者擅自使用智能快件箱、快递服务站等方式投递快件的，均可处三千元以上一万元以下的罚款；情节严重的，处一万元以上三万元以下的罚款。对直接责任人员，可处一千元以下罚款；情节严重的，处一千元以上三千元以下的罚款。

多位快递业内人士表示，以《管理办法》发布为标志，快递行业正在迎来一个全新的发展阶段。

通过价格战，以量取胜的模式已经走到尽头，接下来快递业的竞争会是全方位的。对于快递业而言，随着消费需求的旺盛，快递业末端趋于多元化，与快递配送的发展相适应的法律法规也在不断出台，这将成为快递业高质量发展的一个重要方向。

零售调研与践悟

任务目的：

零售企业物流运作模式分析。

任务条件：

计算机、智能手机等。

任务组织：

1. 每4~6人为一组，其中一人担任组长，由组长完成组内人员的具体分工。

2. 小组内讨论并确定一家零售企业为调研对象，分析其物流运作模式（自营物流、外包物流、物流联盟或其他形式），分析该企业进行物流模式选择的影响因素，目前实施的效果分析及改进建议，形成调研报告。

3. 各组进行课堂汇报（限时10分钟内），由每组选出的评委进行评价，并提出修改建议。

任务成果：

调研报告1份。

课后巩固

一、不定项选择题

1. 供应链不仅是一条连接供应商到用户的物料链、信息链、资金链，而且是一条（　　）。

    A. 加工链   B. 运输链

    C. 分销链   D. 增值链

2. 供应链的特征包含（　　）。

    A. 复杂性   B. 动态性

    C. 面向市场需求   D. 交互性

3. 新零售的供应链主要包含四个类型的主体，他们是（　　）。

    A. 零售商   B. 经销商

    C. 物流服务商   D. 品牌商 / 生产商。

4. 云仓储的模式主要包括（　　）。

    A. 平台云仓   B. 快递云仓

    C. 3PL 云仓   D. 4PL 云仓

5. 仓储管理系统整体分为（　　）三层。

    A. 仓储管理层   B. 中央控制层

    C. 执行层   D. 外部系统

二、思考题

1. 新零售时代的供应链应符合哪些要求？

2. 新零售供应链的特征有哪些？

3. 新零售配送的特点有哪些方面？

4. 新零售"最后一公里"配送模式有哪些？

5. 新零售末端配送优化表现在哪几个方面？

三、案例分析

社区电商便民利民，打通服务群众"最后一公里"

    "我们主要针对方圆几公里以内的社区居民，除了满足大家的购物所需，还能与他们进行面对面交流，在增进沟通的同时，也能随时接收到顾客反馈。"家住吉林省长春市的王莉（化名）是社区电商平台美团优选的一名"团长"。谈起自己在短短两个月里从全职妈妈转变为社区电商"团长"的经历，王莉颇感欣喜。

互联网的触角延伸到人们衣食住行的各个细节，不仅互联网企业开始入局社区电商领域，各快递公司也纷纷加入其中。产业模式的逐渐成熟，让越来越多像王莉这样的自由职业者、便利店店员、快递站点经营者等，通过社区电商平台加入"团长"队伍。

近年来，吉林省在实践中总结推广了"互联网＋社区服务＋流通"的社区电商"吉林模式"，促进社区实体商业与电子商务协同发展。通过在城市居民较为密集的社区，形成政策引导、电商企业承建、多方参与服务运营的机制，建设了200多个集网上购物、预约服务、查询服务、居家服务、政务服务、信息发布、数据采集等于一体的社区电子商务服务网络，以满足居民个性化、多样化的消费需求。

双佳科技是吉林省当地的一家主攻社区电商业务的高新技术企业，其研发的正云社区商业信息服务平台，已覆盖了吉林省内的吉林、松原、延吉、敦化等9个市州，以及省外沈阳、本溪、合肥、天津等区域的387个社区，逐渐探索出一种产销直连的社区模式，使得"便利店＋最后一公里物流"给用户带来更大的便利。

与传统商业模式相比，这种与消费者距离只有"一公里"、服务响应时间"半小时"的社区电商模式既高效又便利，实体店的部分流量转移到线上，实现线上与线下相结合，线上提高效率、降低成本，线下实现精细、专业、个性化的服务，有效提升居民的生活品质。

值得一提的是，在社区团购模式兴起的同时，各地大型零售商超也纷纷瞄准社区配送的"最后一公里"，推出自家App或小程序，推动线上线下的有机连接。比如，2018年，为传统零售提供数字化解决方案的服务商多点Dmall与物美合作推出了社区拼团业务，探索构建社区商业闭环；苏宁小店上线，主打社区拼团的"苏小团"App，并以"团长"为分发节点，通过微信群、小程序等工具深挖社区消费场景。

随着互联网技术广泛应用于电子商务的各个管理和服务环节，支撑电商产业的新模式、新业态不断涌现，社区电商逐渐成为消费与生产直连的新载体。据了解，"十四五"期间，吉林省将全面提升电子商务应用水平，引导城乡居民服务业应用电子商务，培育连接城乡、覆盖社区本土的线上营销平台，推动生鲜农产品实现"基地＋社区直供"，通过打通末端"最后一公里"，进一步实现互联网便民利民惠民。

思考题：

1. 目前新零售企业的"最后一公里"配送遇到哪些挑战？

2. 结合所学知识及本案例内容，谈谈新零售企业如何有效开展"最后一公里"配送？

第 八 章

零售服务管理

学习目标

素养目标
■ 培养学生的敬业品质、责任意识和服务意识
■ 培养学生善于观察和勤于思考的品性
■ 培养学生的创新意识和团队合作精神

知识目标
■ 了解零售服务的特点、期望服务与容忍区域
■ 熟悉零售服务的构成要素、类型与作用
■ 掌握零售服务设计的影响因素及内容设计
■ 熟悉服务质量管理的有关理论
■ 掌握零售服务质量管理策略

技能目标
■ 能够设计零售服务内容
■ 能够发现零售企业服务质量管理的主要问题
■ 能够有针对性地制定合理的零售服务质量管理策略

思维导图

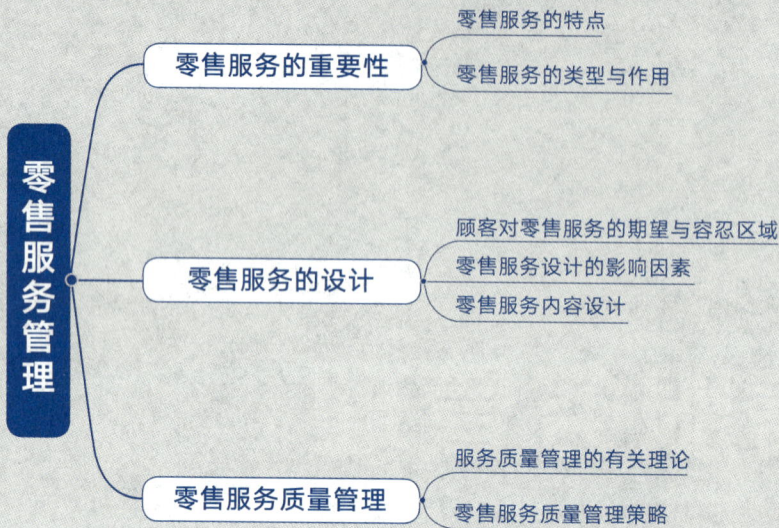

零售服务管理
- 零售服务的重要性
  - 零售服务的特点
  - 零售服务的类型与作用
- 零售服务的设计
  - 顾客对零售服务的期望与容忍区域
  - 零售服务设计的影响因素
  - 零售服务内容设计
- 零售服务质量管理
  - 服务质量管理的有关理论
  - 零售服务质量管理策略

学习计划

■ 素养提升计划

_____

_____

■ 知识学习计划

_____

_____

■ 技能训练计划

_____

_____

引导案例

李先生的经营"妙招"

芜湖新时代商业街的李先生经营着一家社区便利店,为了便于顾客订货、取货或咨询其他事宜,他每次都有意识地向对方索取联系方式,包括电话号码、QQ号码、微信号等。同时,他自己也开设了门店的抖音号,一方面利用QQ群、微信群等,顾客可以线上下单到店自取,也可以让李先生送货到家。另外,李先生还在抖音号上发布一些短视频。他这样做的主要目的是加强顾客服务,与顾客随时互动、随时沟通,以便顾客可以及时了解店里的促销、新品上架等信息,同时将自己的门店宣传出去,门店商圈范围不断扩大,吸引了更多的顾客来到门店。

在距离李先生门店不远处的另一家便利店,当顾客上门时,店主总是笑脸相迎,处处献殷勤,给人的印象特别好。为了不让上门的顾客空手而归,甚至不惜说谎话、赠送冒牌虚假的产品,以博得顾客在一时高兴下决心购买。结果很快就出现了问题,有的顾客买了一些"三无产品",有的顾客把东西买回家发现买贵了,有的顾客买了一些临期商品,当客户找上门要求退换货时,这位店主则翻脸不认人,而且百般刁难,找各种理由推辞,导致门店生意越来越冷清。

思考:
1. 两位店主的经营理念有什么不同?
2. 零售服务在门店经营中发挥着哪些作用?

第一节　零售服务的重要性

🖲 课前思考

在新零售背景下,服务对零售企业的重要性体现在哪些方面?

长期以来,很多零售企业本末倒置,以追求产品为中心,将服务定位为辅助产品销售的角色。但是当前,消费者对零售服务的要求越来越高,即使产品质量再好,没有完善的零售服务支撑，零售企业也很难在竞争中站稳脚跟。本章所指的零售服务，是零售企业为消费者提供的、与其基本商品相连的、旨在增加顾客购物价值并从中获益的一系列无形的活动。

一、零售服务的特点

与提供的商品相比，零售企业为消费者提供的服务具有无形性、生产和消费不可分离性、差异性和不可储存性的特点。

> **即学即问**
>
> **回忆你曾经消费过的5家服务业门店，指出有哪些门店在提供服务时会加入一些实物商品。**

（一）无形性

无形性是零售服务最主要的特征。首先，零售服务不像有形产品那样能够看得见、摸得着。零售服务及组成零售服务的要素很多具有无形的性质，看不见，摸不着，听不见，嗅不出。其次，零售服务不仅本身是无形的，而且顾客消费零售服务获得的利益也可能很难觉察到或仅能抽象地表达。因此，零售服务被购买以前，消费者很难去感觉、触摸到零售服务，只能在接受零售服务之后，评价其是否满足自己的需要。因此，消费者购买零售服务时，必须参考各方面的意见与态度。例如，家用电器发生故障，使用者将其交到维修公司修理，但在修理完成以后，使用者仅从外观上往往难以准确地判断出维修服务的质量。最后，无形性也使零售企业难以了解消费者究竟需要什么样的服务，即没有有形的要素评价零售服务质量，正是这种无形性使零售服务变得十分复杂，难以考核。

（二）生产和消费不可分离性

有形产品从设计、生产到流通、消费的过程，需要经过一系列的中间环节，生产和消费过程具有非常明显的时间间隔。而零售服务的生产和消费具有不可分离的特点，服务人员在向消费者提供零售服务的过程，也是消费者消费零售服务的过程。例如，教育服务业的教师和学生、医疗服务业的医生和病人，只有两者相遇（相遇的方式可以是多种多样的），服务才有可能成立。同时，如果零售服务是由人提供的，那么这个人也是零售服务的一部分，并且服务生产时消费者是在现场的，而且会观察甚至切入生产过程中，提供者和消费者相互作用，共同对零售服务的结果产生影响。

（三）差异性

服务业是以人为中心的产业，相关人员包括零售服务决策者、零售服务提供者和零售服务消费者，使得对于服务质量的评价难以采用统一标准。一方面，由于零售服务提供者自身因素的影响，即使由同一服务人员在不同时间提供的服务，也很可能有不同的质量水平；而在同样的环境下，不同服务人员提供的同一种服务的服务质量也有一定差别，因此没有两种服务完全一致。另一方面，消费者直接参与零售服务的生产和消费过程，每个消费者都会有独特的需求，不同消费者在学识、素养、经验、兴趣、爱好等方面的差异客观存在，直接影响到零售服务的质量和效果，同时，同一消费者在不同时间消费相同质量的服务也会有不同的消费感受。正是由于零售企业在提供稳定不变的优质服务时会遇到很大的困难，因此，能够做好这一点的零售企业具有创造持续竞争优势的机会。

即学即问
零售企业的服务要怎样做，才能保持服务水平一致呢？

（四）不可储存性

零售服务不能被储存、转售或退回。由于零售服务的无形性，以及零售服务生产和消费的同时性，使得零售服务既不可能像有形产品那样可以被储存，以备未来销售，也不可能由于消费者不满意而退货。例如，宾馆里的空床位只要过了该夜，就不可能再利用，从该项生产能力获利的机会就完全消失了；一个咨询师提供的咨询也无法退货，无法重新咨询或者转让给他人。

由于零售服务的不可储存性，使其不能通过集中生产来获得显著的规模效益，服务出现差错将造成顾客流失，从而造成经济损失。因此，零售企业在提供服务之前，必须建立一套服务流程标准和控制方法，尽力防止服务出现差错，同时还必须制定有力的补救措施，以减少差错造成的经济损失。

即学即问
零售企业怎样才能从规模经济（经营业务不断扩大）中获益呢？

二、零售服务的类型与作用

(一) 零售服务的类型

在对零售服务进行分类时，可以按照顾客购物过程、服务投入资源、服务成本及价值进行分类。

1. 按照顾客购物过程分类

按照顾客购物过程分类，零售服务可以分为售前服务、售中服务和售后服务。

(1) 售前服务。售前服务是指在顾客购买商品之前，企业向潜在顾客提供的服务。售前服务是一种超前的、积极的顾客服务活动，它的关键是树立良好的第一印象，目的是尽可能将零售企业的信息迅速、准确、有效地传递给消费者，沟通双方感情，同时了解顾客潜在的、尚未被满足的需求，并在企业能力范围内尽量通过调整经营策略去满足这些需求。

售前服务的主要方式有：免费培训班、产品特色设计、请顾客参加设计、导购咨询、免费试用、赠送宣传资料、商品展示、商品质量鉴定、调查顾客需求情况和使用条件等。

(2) 售中服务。售中服务是指零售企业向进入销售现场或已经进入选购过程的顾客提供的服务。这类服务主要是为了进一步使顾客了解商品的特点及使用方法，通过服务表现出对顾客的热情、尊重、关心、帮助、情感，并向顾客提供利益诱导因素，以帮助顾客做出购买决策。

售中服务的主要形式有：提供舒适的购物现场（如冷暖空调、休息室、洗手间、自动扶梯等）、现场导购、现场宣传、现场演示、现场试用（如试穿、试吃、试看、试听等）、照看婴儿、现场培训、礼貌待客、热情回答、协助选择、帮助调试和包装、信用卡付款等。

(3) 售后服务。售后服务是指零售企业向已购买商品的顾客提供的服务。它既是保证商品质量的延伸，也是对顾客感情的延伸。这种服务的目的是增加商品实体的附加价值，解决顾客由于使用本企业的商品而带来的一切问题和麻烦，使顾客方便使用、放心使用，降低使用成本和风险，从而增加顾客购买商品后的满足感，减少顾客购买商品后的不满情绪，以维系和发展零售企业的目标市场，使老顾客成为"回头客"，乐于向他人介绍、推荐本企业的商品。

售后服务的主要方式有：免费送货、上门安装和调试、包退包换、以旧换新、设置用户免费热线电话、提供技术培训、产品质量保证、配件供应、上门维修、巡回检修、提供特种服务、组织用户现场交流、处理顾客投诉、进行顾客联谊活动、向用户赠送自办刊物和小礼品等。

2. 按服务投入的资源分类

按投入的资源进行分类，零售服务可以分为硬服务和软服务。

（1）硬服务。硬服务是指零售企业通过提供一定的物资设备、设施为顾客服务。例如，商店向顾客提供休息室、电梯、停车场、寄存处、购物车、试衣室等，方便顾客购物。

（2）软服务。零售企业的软服务是指在传统的硬件设施和商品供应基础上，提供更加关注顾客体验和需求的软服务，如信息服务、医疗保健、会员服务等。很多零售企业，特别是餐饮企业，主要靠有特色的软服务取胜。软服务是商店员工与顾客进行的面对面接触，员工的形象和服务水平对商店的形象有直接影响，也是顾客评价商店服务质量的一个重要方面。相比硬服务，软服务有易变化的特点，管理起来难度较大。

3. 按服务成本及价值分类

为消费者提供优质服务是零售企业义不容辞的使命，但提供服务也要考虑运营成本与效果。零售企业应该向顾客提供真正有价值的服务项目。根据服务的成本及价值，可以把零售服务分为四种类型，如表8-1所示。

表8-1　按服务成本及价值分类的零售服务类型

类型	特点	示例
失望类服务	高成本，低价值，让顾客觉得很麻烦	强行推销顾客不需要的商品
基础类服务	低成本，低价值，一旦减少会影响购买率	免费停车、店内指导、电梯、购物车、试衣室
忠诚稳定类服务	低成本，高价值，让顾客的好感度增加	礼貌的服务、专业的购买建议、帮助调试和包装
忠诚培养类服务	高成本，高价值，使顾客好感度倍增	交易手续简便、送货上门及时、组织用户现场交流、组织会员联谊活动、以旧换新

顾客对零售企业的第一印象来自基础类服务。只要做好基础类服务，顾客就不会有什么不满。但想要顾客具有品牌忠诚度，就要具有忠诚稳定类的服务，若要进一步提高他们的品牌忠诚度，就必须投入成本进行忠诚培养类服务，以忠诚稳定类服务继续巩固顾客对零售企业的好感。总之，零售商应该在确保基础类服务的同时，增加忠诚稳定类服务和忠诚培养类服务，尽可能避免出现失望类服务。

（二）零售服务的作用

零售服务的作用包括以下三个方面：

1. 零售服务是零售企业经营活动的基本职能

零售服务的重要性来自零售业本身的特点，因为零售业是一个与顾客接触频繁的行业，以消费者为导向的经营观念决定了零售服务是零售经营活动的基本职能。顾客选择一家零售企业，一是为了购买称心如意的商品，二是为了享受零售企业优美舒适的环境和周到的服务。诚然，商品是零售企业经营的基础，一家零售企业即使有着舒适的环境和良好的服务，但没有适销对路、货真价实的商品也不能长久经营下去。然而，在零售企业经营商品大同小异的情况下，要保持显著的商品差别优势十分困难，只有在拥有竞争力强的商品基础上，只有以完善周到的零售服务来满足顾客的需要，才能形成自己的竞争优势。

2. 良好的零售服务对零售企业的营利性会产生积极影响

良好的服务能够帮助企业赢得积极的声誉，并通过声誉赢得更高的市场份额，从而有能力比竞争者索取更高的服务价格。从长远来看，良好的零售服务也可以降低成本。根据相关研究，争取1名新顾客比促使老顾客进行重复购买多花费近5倍的费用，因此，使老顾客满意并向他们销售更多的商品要比向那些从未在商店购买过东西的人推销商品花费少得多。

3. 良好的零售服务能够起到防御性营销的作用

良好的服务能起到防御性营销的作用（留住现有顾客），有利于培养顾客忠诚度。顾客背离或顾客动摇现象在零售业中十分常见。某咨询公司在调查中发现，顾客从一家零售企业转向另一家零售企业进行经常性购买，10个人中有7个人是因为零售服务问题。零售企业如果依靠开发新顾客代替失去的顾客，那么这种替代需要很高的成本，除了涉及运营费用外，还有广告、促销和销售成本。

线上线下融合服务
消除消费者痛点

近年来，随着线上线下融合服务模式的兴起，消费者开始采用网络渠道选购轮胎等汽车配件的风潮愈加强烈。相比于传统渠道，在线购买汽车配件的优势在于利用数字化技术，实现线上线下全渠道运营，在提高效率的同时降低成本。

京东"6·18"期间，针对轮胎相关行业存在的商品质量参差不齐、价格不透明、网购渠道安装难等问题，京东汽车联合包括米其林、邓禄普、倍耐力等20余家头部轮胎企业，共同发起"轮胎免费装，三年无忧质保"的联合声明，为消费者权益保驾护航。

尽管轮胎市场线上交易价格清晰、物流便利、服务透明，但扒旧胎、换新胎、动平衡、四轮定位等具体业务仍然需要线下开展，其服务水准、产品质量、过度检修等问题仍然亟待解决。京东对于售后服务可以说做到了专心。车主在京东平台上选购轮胎时，可根据需求选择线下京东"京车会"及第三方合作门店，可直接发货到店预约安装。据了解，作为京东汽车线下服务网络的核心，京东"京车会"目前已在160多个城市布局了超过1 400家门店。京东通过"商品＋服务"的模式，对合作伙伴持续进行赋能输出，同时为消费者提供"放心选胎""省心购胎""贴心装胎"等优质服务。

借助数字化、智慧化发展的东风，如今，"品牌化＋连锁化＋智能化"已成为汽车后端市场的发展方向。在行业持续变化、用户需求持续提升的时代，京东汽车深刻理解行业与用户在业务发展中的痛点和挑战，将持续携手行业合作伙伴共创共建，为行业与生态发展贡献新价值。

零售调研与践悟

任务目的：

调研零售企业的服务情况，运用相关知识分析零售服务实施效果。

任务条件：

实地走访调研；智能手机、计算机等。

任务组织：

1. 每4~6人为一组，其中一人担任组长。

2. 每组选择一家大型零售企业，实地走访调查其零售服务举措，并运用已学知识分析零售服务举措的实施效果，并提出改进建议。

3. 各组汇报调查报告，由每组选出的评委进行评价，并提出可行性建议。

任务成果：

调查报告一份。

第二节　零售服务的设计

🔖 课前思考

不同的零售企业，所提供的服务内容相同吗？

一、顾客对零售服务的期望与容忍区域

（一）顾客对零售服务的期望

顾客对零售服务的期望是零售企业设计服务的标准和参考点。当顾客评价零售企业的服务时，他们把接受零售服务的感觉与自己的期望加以对比。当他们得到的服务等同或者超出其期望时，就会感到满意，当他们觉得零售服务低于其期望标准时，就会产生不满。因此，在设计高质量的零售服务时，了解顾客的期望是首要的也是关键的一步。

顾客对零售服务的期望是以自己的知识以及他们与零售企业及其竞争对手打交道的经历为基础的。例如，消费者希望超级市场提供便利的停车场，拥有种类繁多并且易于寻找的鲜活食品，能够开架售货，并且提供快速结账柜台。同时，对不同类型的零售企业，顾客的期望也是不同的，同一名顾客可能对一家零售企业的低水平服务感到满意，而在另一家零售企业里，则不满于那里的高水平服务。例如，对于自选式的零售店（如超级市场），顾客存在较低的服务期望。但顾客对百货商店的服务期望要高得多，在百货商店中，当顾客有问题或者想购物时，没有售货员迅速到达，他们就会感到不满。如果不能提高零售服务的水平，那么顾客不断增长的服务期望将会降低顾客的满意度。因此，

零售企业必须小心谨慎地改进他们的服务质量，承诺他们能够提供给顾客的服务水平。

顾客对于零售服务有两种不同类型的期望：理想服务和适当服务。理想服务即顾客想得到的服务水平。理想服务是顾客认为"可能是"与"应该是"的混合物。但是，由于现实条件的限制，顾客希望达到的理想服务往往是不可能实现的。因此，他们对可接受的零售服务有另一个低水平的服务期望，也就是适当服务，即顾客可接受的服务水平。适当服务代表了"可接受的最低期望"。

（二）容忍区域

不同的零售企业，同一零售企业中的不同服务人员，甚至相同的服务人员，其服务水平也不会总是完全一致的。顾客承认并愿意接受该差异的范围叫作容忍区域。假如零售服务降到容忍区域的下限，即在适当服务水平之下，顾客将感受到挫折并降低对零售企业的满意度。假如服务水平超过容忍区域的上限，即在理想服务水平之上，顾客就会非常满意，并可能非常吃惊。容忍区域是这样一个范围，在这里顾客并不特别注意服务绩效，但在区域外（非常高或者非常低）时，该项服务就会以积极或消极的方式引起顾客的注意。顾客的两种零售服务期望及容忍区域如图8-1所示。

图8-1　顾客的两种零售服务期望及容忍区域

👥 即学即问

列举你所享受到的某一次服务，超出理想服务水平或未达到适当服务水平，对你的最终购买造成的影响。

二、零售服务设计的影响因素

零售服务的最终目的是促进销售，因此，一项零售服务项目应该直接或间接地促进销售，而不能完全与销售无关系。零售企业在设计零售服务项目时，不是越多越好，要分析零售服务与销售量的关系，要考虑增加一个服务项目以及该服务项目应达到的质量标准对销售量的影响。当然，有些服务项目从短期来看，也许对零售企业销售量的影响并不明显，需要进一步花费较长一段时间来考察。一般来说，零售服务设计的影响因素包括以下五个方面：

（一）零售业态的特点

不同业态的零售企业为顾客所提供的具体服务项目是有差别的。例如，电动车零售店会帮助顾客挑选适当的电动车，根据每个人的要求调试电动车并修理电动车，但是专卖店和超级市场等却不提供这方面的服务。对顾客而言，大型百货公司提供的导购、送货上门、退换、售后保修等多项服务是期望之中的；对于超级市场，人们期望更多的是购物便利与价格合算。由于零售企业提供的服务不一样，便产生了百货公司、超级市场、专卖店、购物中心、仓储式商店、24小时便利店等多种零售业态之间的差别。它们以各自的服务特色，满足着不同顾客的不同期望。表8-2列出了百货商店和专卖店、超市提供的服务项目对比，超市提供有限的顾客服务，百货商店和专卖店提供多样化的顾客服务。

表8-2　百货商店和专卖店、超市提供的服务项目对比

服务项目	百货商店和专卖店	超市
商品调换	▲	○
商品包装	▲	○
儿童看护设施	★	○
送货上门	★	★
商品演示	▲	★
商品陈列	▲	▲
更衣室	▲	○
延长营业时间	★	▲
识别商品的多种标识	★	▲
停车场	▲	▲
挑选商品的个人助理	▲	★
向特殊需求者提供的协助服务（如轮椅、针线包等）	★	○
修理服务	★	○

服务项目	百货商店和专卖店	超市
休息室	▲	▲
存包处	★	○
特别订货	★	★
品质保证	▲	▲

注：▲表示经常；★表示偶尔；○表示很少。

同一业态的零售企业，由于规模和等级不同，其所提供的服务项目也有差异。大型零售企业经营的品种与小型零售企业经营的品种不相同，顾客可以从大型零售企业得到比较多的服务，而从小型零售企业得到比较少的服务，但小型零售企业更加体现了购物的便利性。

(二) 竞争对手的服务水平

竞争对手提供的服务对零售企业的服务设计会产生直接影响。因此，零售企业必须考虑竞争对手提供的服务，并分析是否与竞争对手一样也提供这些服务或类似服务，或者是否应该比竞争对手提供更高质量的服务，是否用比较低的销售价格来取代这些服务。

(三) 经营商品的特点

每种商品在销售过程中都需要伴随一定的零售服务才能完成，而不同的商品需要伴随的零售服务是不同的。零售企业需要按照商品的销售特点提供相应的服务，耐用性商品（如空调、冰箱、洗衣机等），提供保修、安装和维修服务是必要的。对于一些技术复杂的商品，甚至还需要提供培训服务，如某公司推广智能家居系列新商品时，为了普及新技术，不得不提供相应的培训服务。

(四) 目标顾客的特点

零售服务存在差异性，不存在统一的模式。在目标顾客层面，不同的消费水平、消费目的、消费时间与消费地点，对零售服务水平的要求是不同的。目标顾客的消费水平不同，愿意支付的价格就不同，零售企业可以提供的服务也不同，零售企业提供一项服务项目的基础是顾客需求，但顾客需要的服务和零售企业的服务成本成正比。因此，基础服务一般是免费的，但若要获得额外服务，顾客被要求支付费用时，他们往往就会存在顾虑。目标顾客的消费目的不同，所需要的零售服务也是不同的。比如，有的顾客购买的商品是当作礼品，在此种情况下，就需要提供精美包装，有的顾客购买商品是自用，那就不需要精美包装。一般来说，顾客需要零售服务但不愿意付出太多费用，消费水平较低的顾客尤其如此。如果零售企业由于提供服务而提高商品出售价格，那么一部分顾客宁愿放弃需要的零售服务而接受低价格。在这种情况下，服务就不是顾客需要的。

（五）零售服务项目的成本

零售企业提供每一项零售服务都需要付出成本。因此，零售企业提供的零售服务项目的数量要视其承担成本的能力而定。例如，如果为顾客提供的服务每年预计要增加10万元的服务成本，而零售企业的毛利率为20%，那么零售企业所提供的零售服务必须能够促进销售，只有使销售额至少增加50万元，这项服务才是有效益的，这里关键的判断标准是增加或取消零售服务项目的经济效果。因此，零售企业在设计服务项目时，要研究零售服务与销售量的关系，要考虑增加一项零售服务项目以及该零售服务项目应达到的质量标准对销售量的影响，当零售企业发现有些零售服务是无价值的，或零售企业无力承担该项零售服务的高成本时，这项无效益的或高成本的零售服务就必须终止。

但是，零售企业可能会面临这样的情形：一旦零售企业的零售服务内容已经确定并开始执行，顾客可能对任何零售服务的减少都会产生消极的反应。此时，零售企业的最佳策略是直截了当地解释为什么终止该项服务，并告诉顾客将从商品价格下调中获得利益。零售企业也可以选择对先前的免费零售服务收费，允许那些想要此项零售服务的顾客继续使用。

三、零售服务内容设计

（一）零售服务内容设计的原则

零售服务内容设计的原则包括以下五个方面：

1. 注重感官体验，提升第一印象

越来越多的消费者在评价和购买商品时注重第一印象和综合感观，第一印象和综合感观来源于各种感官体验，如视觉、触觉、嗅觉、味觉、听觉，这些感官体验所产生的情感、态度决定着消费者的购买决策。

2. 关注情感因素，实现顾客让渡价值

当顾客感觉他所得到的总价值大于总费用时，他会对此次购物给予较高评价。但是，顾客所得到的总价值有些是无法衡量的，是人们的心理感受或抽象情感。这就要

求零售企业综合运用情感因素来影响顾客的心理感知，如制造共同话题拉近距离、充分沟通以情动人、礼貌热情感动顾客等。

3. 注重商品以外的附加服务竞争

顾客购买商品，不仅要求获得商品的使用价值，更注重商品的品牌、包装、款式、特点、附加服务等。因此，零售企业应提供除商品以外的附加服务，包括售前、售中、售后服务，以及技术性和知识性服务等高级服务，并突出企业的文化氛围，以创造和适应消费者的文化品位和个性化的需求。

4. 提供全方位的整体服务

零售企业提供的零售服务既包括硬件设施方面的硬服务，也包括信息服务、会员服务等方面的软服务。服务营销组合与一般商品营销组合的区别就在于服务营销的范围大于一般商品，即拓展到4Cs的四个要素：消费者（Consumer）、成本（Cost）、便利（Convenience）和沟通（Communication）。

5. 开展全员全过程服务

现代零售是全员式销售，零售企业所有与顾客接触的员工都是销售人员，包括商场的营业员、清扫员、收银员、寄存人员、导购员等，这些人员服务水平、仪容仪表、技能、服务态度等直接反映零售企业的服务质量。

⚇ 即学即问

如果你准备聘请一些销售员，你应该注意他们的哪些性格特征，以此来评价他们提供良好的顾客服务的能力。

（二）零售服务内容设计的分类

1. 营销类

营销类服务项目即在商品销售的同时或之后进行的与营销相关的服务项目，如商品售后的艺术礼品包装、服装扦边、购买布料代裁剪等。目前大型百货商场大多设有这类服务项目。

2. 辅助促销类

为促进商品销售，零售企业可以设立免费或少量收费的服务活动，如大型零售商场大件商品送货上门、App下单送货上门、退货运费险等服务项目。

3. 便利类

便利类服务项目即通过零售企业的服务活动帮助消费者方便购买和使用的服务项

目，如购物手推车、母婴室、顾客衣帽存放处、自动式物品存放箱、顾客休息厅、自动饮水机、便民打包台等。

4. 维修类

维修类服务项目即商品销售后出现质量问题和故障，商店帮助检查与修理的服务项目，这是售后服务的重要内容，如家用电器类商品修理、个人珍藏品清洗、皮衣清洗与保管等。这些维修类服务能够带来较多的回头客，解除顾客的后顾之忧。

5. 文化和情感类

通过企业文化和公共关系进行营销服务，以经营与服务感情为主线，将文化注入商业的服务项目，如现场促销演出、名人签售、文化艺术节、消费者品尝等。

6. 培训类

培训类服务项目是指在营销过程中，对经营范围内的商品或相关服务举办消费者培训班，有助于顾客掌握其使用及保管知识的服务项目。零售企业可以举办各种技艺学习活动，如烘焙制作培训、运动技巧讲座、篆刻知识教学、陶器烧制讲座、书法画技讲座、居室布置讲座、美发美容讲座、摄影创作讲座等。

7. 间接辅助类

与商品营销没有直接联系，但能间接为消费者提供服务，称为间接辅助类服务，如健康保健服务、汽车驾驶学习、交通违章讲习会等服务项目。

8. 质量保证类

质量保证类服务是指为消费者提供商品质量保证、财产保险等服务，这些服务可以提高企业信誉，树立企业形象，如金银饰品检验、手表灵敏度检测、商品财产保险、自行车试骑三天等。

即学即练

选择两家以高质量的顾客服务而著称的零售企业，实地走访、调查其服务内容，运用已学知识，分析他们提供优质服务的方法，并描述其不同之处。

(三) 零售企业人本服务

除了基础性的零售服务，越来越多的零售企业开始重视"以人为本"，提供人本服务。人本服务是现代零售商的深层次经营内容。人本服务是一种以客户为中心，以质量为根本，对客户实施人性化服务和人文关怀的服务模式。零售企业提供的人本服务主要体现在以下几个方面：

1. 环境保护与绿色营销

人本服务要求零售企业除了经营质量可靠的商品，还必须提供有利于消费者身心健康的购物环境，在营销过程中，将企业自身利益、消费者利益和环境保护三者统一起来。

2. 娱乐享受与陶冶情操

零售企业的内部环境既是展示商品、吸引消费者购物的场所，也是洋溢着文化气氛、令顾客精神愉悦的场所。基于这一特点，零售企业在进行准确定位、特色经营的同时，应不失时机地推出伴随精神享受的多功能服务，如读书活动、音乐欣赏、艺术讲座、健康服务等。

3. 合理组合自选与导购

自选业务适应了顾客自主挑选的要求。在零售企业中，一部分商品可由顾客随意比较挑选，使消费者真切体验到价值与尊严，并且在充分表现自主决策能力的同时享受到购物乐趣；对于另一部分技术复杂、价格高、涉及较多知识的商品，仅靠顾客自己的知识与能力难以达到购物享受的目的，此时提供导购或陪购服务，是辅助顾客实现自选性要求的积极形式。因此，因人、因物、因时提供咨询或建议性销售服务，有利于增加消费者的价值享受。

4. 概念营销与消费教育

零售企业可以宣传一种新的消费观念和生活方式，给顾客带来实惠和新知识，再以营销策略引导顾客购买使用相应的商品，并在使用中提高消费者偏好。例如，聘请专家、开办顾客讲座、设立咨询服务热线、开辟商品知识专栏、进行现场有奖问答等服务项目，可以从不同角度引发顾客的购买欲望，更新其观念，加快其对新商品的接受度。

5. 顾客组织与消费者参与

强化人本服务的目的之一是培养更多的回头客。顾客组织是吸引和维系回头客的好办法。零售企业实行会员制或建立会员俱乐部，既为老顾客提供了优惠条件，也迎合了顾客的归属心理，提升对零售企业的认可度。

行业发展与瞭望

从"货本主义"向"人本主义"的转变

在人才短缺的市场中，零售企业深知在转型的关键时期，留住人才是其首要任务之一。秉承"悦人先悦己"的理念，领先零售企业们纷纷采用独特的愿景使命、积极创新的文化氛围、具有竞争力的薪酬及晋升机制，为员工提供最佳的工作环境。

经历了系列转型的全球领先零售企业，完成了从"货本主义"向"人本主义"的模式转变，实现了远高于市场增速的增长，稳居行业头部。从这些零售企业的转型历程中，可以发现"人本主义"不止于"以顾客为中心"的口号，它具有更深刻的内涵。

（1）"人"的动态刻画。"人本主义"不是对目标客户群体人口学特征的一次性描绘，而是在确定目标客群后，通过标准化流程和机制，持续捕捉市场变化中的消费者需求，以适时对商品及服务做出调整。

（2）"人"的有效转译。"人本主义"不是顾客洞察的归集，而需要打造体系化的综合能力，并需要供应链及运营平台支撑，将顾客洞察有效转译为适应顾客需求的商品及服务，突显零售品牌的差异化价值定位。

（3）"人"的多重内涵。"人本主义"不止是以顾客为本，亦是以员工为本，重视人才培养及员工自身价值的彰显。

（4）"人"的自驱迭代。"人本主义"不是自上而下的理念贯彻，而是在充足的资金、人才基础之上，以恰当的考核及激励机制转变员工意识，形成服务顾客的主观能动性，自下而上不断驱动变革。

只有达成以上条件，才是真正实现了从"货本主义"向"人本主义"的转变。

（资料来源：中国连锁经营协会，《区域零售企业的未来：打造中国"人本主义零售"》）

（四）零售企业电子商务服务

在新零售背景下，电子商务服务同样重要。建立在信息技术基础上的电子商务开辟了网上购物的新业态，这一新业态并不因为销售人员和顾客互不认识而降低了服务的重要性，相反，这一现代经营业态对服务提出了更高的要求。首先，在售前服务中，零售企业通过网络介绍商品，比起面对面直接介绍要困难得多，这就要求企业要充分考虑顾客需求，结合商品特性，提供主动、形象、详细的商品信息。其次，售中服务要求零售企业迅速、准确地把商品送到顾客手中，并准确无误地结算。最后，售后服务要求零售企业提供强有力的维修保障体系，以解除顾客的后顾之忧，这都要求零售企业提供更好的服务。在电子商务活动中，零售服务的重要地位没有降低，它仍然是零售企业营销的核心。

假如你开设了一家网上店铺，主营土特产，请设计该店铺的电子商务服务内容。

执善向上与坚守
树立"以人为本"的服务思想

"以人为本"的服务思想体现在哪些方面呢？又应该从哪些方面去改善、去提高呢？具体体现在四心上——专心、耐心、细心、真心。专心为消费者提供服务，耐心倾听消费者的要求，细心观察消费者的行为举止，真心诚意为消费者提供亲切优质的服务，让消费者有一种"宾至如归"的感受。

1. 注重服务

注重在服务过程中与消费者的情感互动，真正体现"以人为本"的服务理念。以人为本即为消费者着想、为消费者解忧，尊重消费者、关心消费者，这就是要遵循消费者的心理需求和传统观念，以善良、诚恳乃至真诚的心态，设身处地地尊重和善待消费者，从消费者追求优质产品和优质服务的需求出发，努力实现供求双方的愉快合作，实现互动双赢。

2. 关注服务细节

服务来源于细节，很多令人满意的服务不是真正为消费者做了多么大的事情，而是关注了细节，关注了消费者的内心。服务中有很多细节值得关注，就像引例中的李先生在销售产品的同时，还主动获取消费者的联系信息，建立多个沟通平台，与消费者保持互动，工作做得如此细致，服务工作必然会令人满意。

3. 主动服务

对消费者的服务应该积极、主动，谁能做到主动服务，谁就能前进一大步。主动服务对应的是被动服务，这也是当前服务体系常见的一种状态，通常都是先由消费者提出服务请求，零售企业的服务人员才会提供相应的服务。主动服务则正好相反，需要零售企业的服务人员主动去找消费者沟通，主动发现问题，然后由消费者根据自己的需要选择服务内容。

启示：服务的对象永远是人，坚持"以人为本"的原则，首先要从服务对象出发，先让消费者在心理上得到满足。作为零售企业经营者，应该意识到这一点的重要性，利用消费者的这种心理，打出"服务"牌，利用良好的服务来争取消费者更大的信任。

第三节　零售服务质量管理

课前思考

在全渠道零售模式下，零售企业如何开展线上线下服务协同？

一、服务质量管理的有关理论

黄经理的
苦恼

　　服务质量是顾客对零售企业所提供服务的一种"感知"，也就是说，它是一种"主观意识"。服务质量具体是指零售企业当前所提供商品（或服务）的最终表现与顾客当前对它的期望、要求的吻合程度。如果顾客对零售企业提供的服务（感知）接近他对这家零售企业的服务期望，他的满意程度就会较高，他对这家零售企业的服务质量评价就高；反之，如果顾客在这家零售企业感受到的服务与他的期望差距较大，他就会产生不满，从而对这家零售企业的评价就会很差。

可见，服务质量与两个要素有关：一是顾客的"期望"；二是向顾客提供其所期望的服务，或向其提供超出期望的服务。其中，前者为基础，后者为主要内容。

零售企业服务质量管理是零售企业及社会各项管理中的一项重要管理内容。关于服务质量的理论研究有很多，本节着重对顾客感知服务质量理论、服务质量差距理论进行介绍。

（一）顾客感知服务质量理论

1. 顾客感知服务质量理论的含义

随着全球服务业的迅猛发展，服务业在经济发展中的地位越来越高，越来越多的学者开始研究服务营销和管理的问题。事实上，一直到20世纪80年代初，服务管理和营销科学才真正诞生，诞生的标志就是1982年出现的顾客感知服务质量概念，相关学者对其构成进行了详细的研究，从而完成了对服务质量管理与科学中最重要概念的界定，由此也标志着对顾客感知服务质量管理研究的全面开展。

服务是顾客参与的过程，顾客感知服务质量被定义为顾客对期望服务（Expected service，ES）与感知服务（Perceived Service，PS）之间的比较，感知服务大于期望服务时，则顾客感知服务质量是良好的；感知服务小于期望服务时，则顾客感知服务质量是较差的。顾客满意的感知服务质量至少是感知服务和期望服务相符，或比期望略高。追求过高的服务质量在经济上是不划算的，而太低的感知质量则会导致顾客不满意。因此，服务质量管理的主要目标就是追求最佳（即性能／价格比最高）的顾客感知质量。顾客感知服务质量模型如图8-2所示，期望服务受到口碑、顾客个人需要和以往经验的影响。

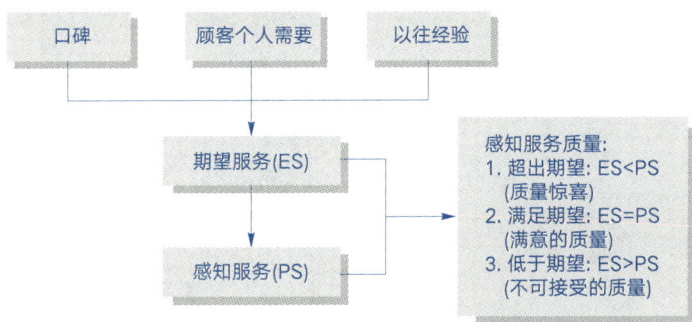

图 8-2　顾客感知服务质量模型

顾客感知服务质量模型的核心是"质量是由顾客来评价的",实际上是要求零售企业从顾客的角度来评价和管理服务质量,顺应了"以客户为中心"的现代市场营销趋势。特别是在市场竞争越来越激烈的服务市场营销中有特别重要的指导意义。

2. 顾客感知服务质量理论的要素

(1) 技术质量与功能质量。技术质量与服务的产出有关,是在服务生产过程中及买卖双方的接触过程结束之后,顾客所得到的客观结果。功能质量与服务过程有关,是在服务生产过程中,通过买卖双方的接触,顾客所经历和感受的服务质量。服务的技术质量表示顾客得到的是什么(What),便于顾客客观地评估;而功能质量则表明顾客是如何得到这些服务结果的(How),颇具主观色彩,一般很难客观地评定。

(2) 期望质量与经验质量。期望质量就是顾客在头脑中所想象的或期待的服务质量水平。它是一系列因素综合作用的结果,包括:①营销宣传,如广告、邮寄、公共关系、推销等;②顾客以往接受的相同或类似服务的经历,顾客会将此作为质量标杆,对其期望产生影响;③提供服务的企业形象越好,顾客对其服务质量的期望值就越高;④其他顾客接受类似服务后所做的评价,即顾客对服务质量的口碑也会影响某个顾客的服务质量评价;⑤顾客对服务的需求越强烈紧迫,对服务质量的期望值就越低。

顾客的经验质量是指顾客在接受服务的过程中,通过对服务的技术质量和功能质量的体验和评价而得到的印象。

顾客感知服务质量理论的要素如图8-3所示。

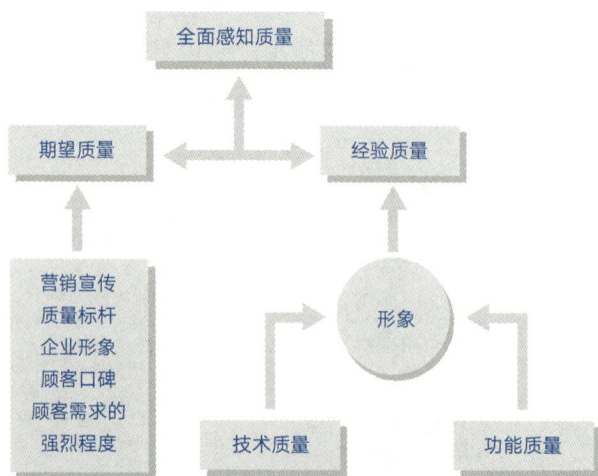

图8-3　顾客感知服务质量理论的要素

（二）服务质量差距理论

服务质量差距理论是20世纪80年代中期到90年代初提出的，又称5GAP模型，是专门用来分析质量问题的根源的基本理论。

服务质量差距模型可以作为零售企业改进服务质量和营销的基本框架，有助于分析服务质量问题产生的原因，并帮助管理者了解应当如何改进服务质量。服务质量差距模型如图8-4所示，该模型的上半部分与顾客有关，下半部分与服务提供者有关。在该模型中，顾客所期望的服务受到其以往经历、个人需求和与其他顾客进行的口碑沟通的影响；顾客所体验的服务在该模型中被称为感知服务，它是一系列内部决策和外部活动的结果。

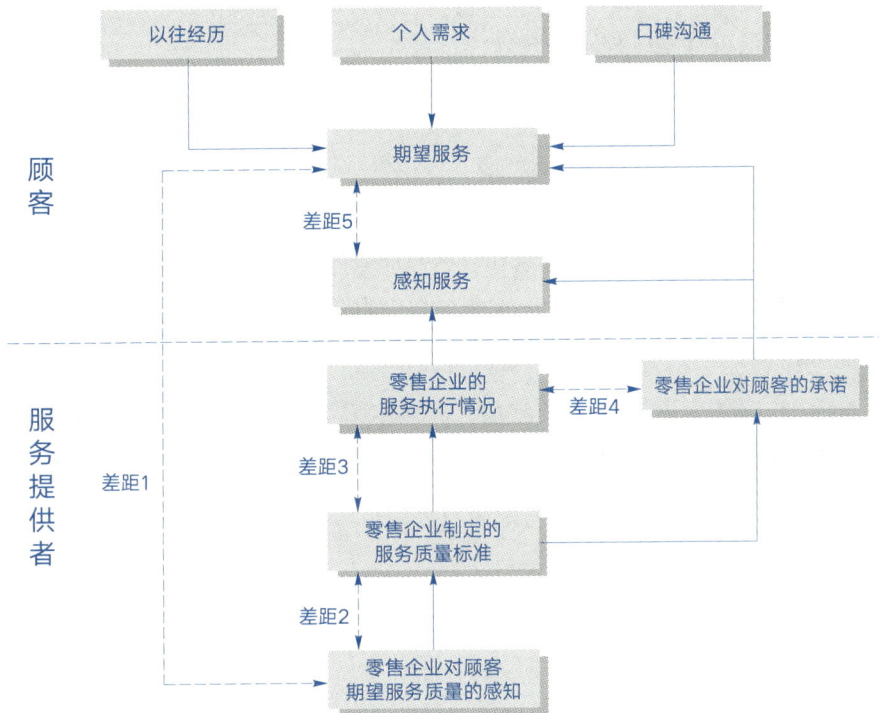

图 8-4　服务质量差距模型

该理论认为服务质量差距来源于服务管理各个环节的差距，是各个环节质量差距之和，即服务质量差距（差距5）=质量差距1+质量差距2+质量差距3+质量差距4。以上五个差距以及它们造成的结果和产生的原因如下。

1. 差距1：零售企业认识差距

零售企业认识差距（Knowledge Gap）是指零售企业对顾客期望服务质量的感知

与顾客自己的期望服务之间的差距。其产生的原因有：

（1）对市场研究和需求分析的信息不准确；

（2）对顾客期望的信息不准确；

（3）没有进行顾客需求分析；

（4）从零售企业与顾客联系的层次向零售企业管理者传递的信息失真；

（5）臃肿的组织层次阻碍或改变了在与顾客联系中产生的信息。

可见，如果零售企业一旦缺乏对服务需求的了解，就会导致严重的后果。

2. 差距2：质量标准差距

质量标准差距（Standards Gap）是指零售企业制定的服务质量标准与零售企业对顾客期望服务质量的认识不一致造成的差距。其产生的原因有：

（1）计划失误或计划过程不够充分；

（2）计划管理混乱；

（3）组织无明确目标；

（4）服务质量的计划得不到零售企业最高管理层的支持。

该差距表明，即使在顾客期望服务质量的信息充分和正确的情况下，零售企业制定的服务质量标准也可能存在偏差。零售企业（服务生产者）管理者对服务质量标准达成共识非常重要。

3. 差距3：服务传递差距

服务传递差距（Delivery Gap）是指零售企业制定的服务质量标准与零售企业的服务执行情况之间的差距。造成这种差距的原因是：

（1）服务质量标准太复杂或太苛刻；

（2）员工对服务质量标准有不同意见，例如，一流服务质量可以有不同的行为；

（3）服务质量标准与现有的企业文化发生冲突；

（4）服务过程管理混乱；

（5）内部营销不充分或根本不开展内部营销；

（6）技术和系统没有按照服务质量标准为工作提供便利。

通常，引起服务传递差距的原因是错综复杂的，很少只有一个原因在单独起作用，因此需要零售企业进行恰当的监督和管理，培训员工对服务质量标准和顾客需求形成的正确认识，并给予充分的生产系统和技术上的支持。

4. 差距4：营销沟通的差距

营销沟通的差距（Communication Gap）是指零售企业对顾客的承诺与其服务执行情况之间的差距。其产生的原因有：

（1）市场营销计划与服务过程不统一；

（2）营销活动提出了一些服务质量标准，但零售企业不能按照这些标准完成工作；

（3）有故意夸大其词、承诺太多的倾向。

引起这一差距的原因可分为两类：一是外部营销计划与执行没有和企业自身实际提供的服务统一起来，二是在广告等营销活动过程中往往存在承诺过多的倾向。

在这种情况下，零售企业可以建立一种使外部营销计划与执行和其提供的服务统一起来的制度，并对在外部营销活动中做出的承诺坚决履行。

5. 差距5：感知服务质量差距

感知服务质量差距（Perceived Service Quality Gap）是指顾客感知服务与期望服务的差距，出现这一差距会导致以下后果：

（1）产生消极的服务质量评价；

（2）使零售企业口碑不佳；

（3）对零售企业形象造成消极影响；

（4）使零售企业丧失某些业务。

根据以上内容可见，感知服务质量差距（差距5）是服务差距模型的核心，是零售企业提高服务质量的方向，要缩小或消除顾客期望服务与顾客感知服务之间的差距，需要零售企业对差距1、差距2、差距3和差距4进行弥合。

在零售企业的实践中，服务质量差距模型是一种直接有效的工具，它可以发现服务提供者与顾客对服务观念存在的差异。服务质量差距模型可以指导零售企业的管理者发现引发服务质量问题的根源，并寻找适当的消除这些差距的措施。明确这些差距是零售企业制定服务战略，以及保证期望服务质量和现实服务质量一致的基础，这会使顾客给予服务质量积极评价，提高顾客满意度。

🖳 即学即问

假如你是某大型零售门店的店长，发现有些顾客抱怨在收银台排队等候的时间太长了，根据服务质量差距理论，如何有效解决这个问题？

二、零售服务质量管理策略

制定零售服务质量管理策略的目的是缩小服务质量差距，最终提高零售企业的服务水平。具体的零售服务质量管理策略包括以下四个方面：

(一) 树立优质服务意识

提供优质服务的前提是零售企业要树立优质服务意识，现在很多企业不注重服务，认为只要产品好就能赢得消费者，但是现在的产品竞争越来越严重，产品供过于求，产品市场是以消费者为主导的。而在服务意识的树立中，只有当零售企业高层管理者提供指导并显示执行的决心时，才会产生优质服务。

零售企业高层管理者设置了服务标准，但是执行这些标准是靠服务人员与顾客的交流和沟通来完成的。服务教育要从服务人员培训开始，同时管理层也要起带头作用，积极开展各种与服务管理相关的活动，让服务人员充分参与到服务管理的整个过程中来，同时开展定期培训，使他们不断提高服务意识。在实际业务中，只有业务专业、心态平和、态度良好的服务人员，才可能提供令顾客满意的高质量服务。另外，零售企业还可以把服务质量和规章制度、自身利益结合在一起，使服务人员树立服务意识。如"服务工资制""服务否决"等制度的实施，会影响服务人员的切身利益，使服务人员重视服务质量。

(二) 充分调查顾客期望

提供良好服务的第一步就是要知道顾客需要什么，顾客期望是什么。顾客期望是指顾客心目中服务应达到和可能达到的水平，充分了解顾客期望对有效的服务质量管理是至关重要的。零售企业要缩小与顾客认识的差距，就要通过客户调查，增进顾客和零售企业之间的交流，从而更好地了解顾客的期望。

如果顾客期望高于零售企业提供服务的标准，那么即使服务实际达到零售企业的标准，顾客也不会满意；如果顾客的期望低于零售商提供服务的标准，那么零售企业就可能因服务标准过高而浪费服务成本。

了解顾客期望是提升零售服务质量的基础，是零售企业满足顾客期望的前提。了解顾客需要什么，就是要了解顾客买什么，在哪里买，为什么买和什么时候买等因素，零售企业可以通过综合研究、测定零售交易的满意度、顾客访谈小组和会见、零售企业与顾客的相互影响、顾客抱怨、来自员工的反馈等方式，充分了解顾客期望，并最大限度地满足顾客期望。

1. 综合研究

部分零售企业已经建立了一些程序来测定顾客的期望服务和实际接受服务之间的差距。如通过发放问卷，询问顾客对其提供的服务和商品的意见。通过对这些问卷进行分析，找到改善服务质量的机会，并评估零售企业服务人员的工作业绩。

2. 测定零售交易的满意度

进行顾客调查的另一种方法就是在零售交易发生后立刻测定顾客满意度。例如，将家具送货上门并安装后，零售企业需要顾客完成一份简短的调查来判断这些服务人员是否友好和专业。航空公司经常定期询问在飞机上的旅客，要求其对购票过程、空中服务员、飞机上的服务和机票代理机构进行评价。

关于零售交易的顾客调查提供了当前有关顾客期望和感受到的服务之间的差异，调查也展示了零售企业提供良好服务的态度。同时，调查提供了奖励那些提供良好服务的员工的方式，可以纠正那些表现较差的服务人员的行为。

3. 顾客访谈小组和会见

除调查许多顾客意见外，零售企业还可以约见顾客进行座谈，深入了解他们的期望和感受。例如，一些零售企业管理者可能每月用一小时约见一次一部分经过挑选的顾客，请他们提供有关他们在店中购物经历的信息，并且提出一些改善服务的建议。

4. 零售企业与顾客的相互影响

小型零售店的管理者有很多机会与他们的顾客进行日常接触，从而可以获得关于这些顾客的准确的第一手资料。但在大型零售企业里，管理者通常都是通过报告来了解顾客的，这样他们就可能会丧失与顾客直接接触带来的丰富信息。比如，某个背带销售企业原先采购两种规格的背带：长的和短的。通过分析数据，采购员认为他们可以通过只采购一种规格的背带来加快存货周转速度。从数据来看，这样做是很好的，但这样做可能招致许多顾客的不满。也就是说，零售企业仍然需要把时间花在其顾客和产品上，不能因为沉迷于数据而忽视了顾客期望。

5. 顾客抱怨

通过处理顾客抱怨，零售企业获得关于他们提供的服务和商品的详细信息。处理抱怨是一种简单并且低成本的寻求解决服务问题的方式。某家零售企业对所有的顾客抱怨进行了跟踪并且推测研究退货的原因。这些顾客抱怨和退货每天都被摘录下来，并且传送给服务人员以便他们改善服务。例如，一位顾客退回了一件毛线衫，这可能表明毛线衫太大了或者其色调与目录上图案的色调有差异。根据这一信息，服务人员可以通知其他订购毛线衫的顾客，说明这些毛线衫可能有些大，并且与目录上所印图案的颜色稍有不同。采购员也可以利用这一信息来改善供应商的货物。

🔍 即学即问

在直播间面对顾客抱怨（吐槽），如果你是主播的话，会如何处理？

6. 来自零售企业员工的反馈

那些与顾客经常联系的服务人员和其他员工一般都能够较好地理解顾客对服务的期望和本企业存在的问题。只有当员工被鼓励与那些有权采取措施的高层管理者交流经验时，这些信息才会有助于改进服务质量。

（三）全员全过程管理提升用户体验

零售企业可以通过服务质量的全员全过程管理，尽可能地对顾客期望予以满足，或提供超出顾客期望的服务。

1. 售前阶段

除了日常的媒体宣传推广，零售企业还可以在可能的情况下允许顾客对产品进行试用、试吃或试穿，使顾客对产品有一个较为全面的了解，并对潜在顾客进行产品特性的宣传。例如，试乘和试驾是汽车 4S 店新车销售中很重要的一个环节，4S 店通过试乘和试驾环节进行产品动态的展示，可以增强顾客的购买信心，并在顾客试驾时进一步对顾客需求进行探寻，解答顾客的疑虑，激发顾客的购买意向，增强顾客对意向车型的购买意愿，从而促进成交。

2. 售中阶段

（1）AR技术应用。为了改善顾客体验，很多零售企业把 AR 技术运用到消费场景，增强了用户的真实体验。如在店内设置AR虚拟穿衣镜，让顾客轻松模拟试穿不同样式及不同颜色的服饰，并省下在试衣间排队的时间，让消费过程变得更轻松、有趣。

（2）3D技术应用。有研究显示，在有趣的店内购物，顾客愿意停留在店内的时间就会增加，也更享受消费过程。难忘的购物经验能帮助零售企业提高其在顾客心中的地位，让顾客再次光临。近些年来，3D技术发展得越来越成熟，从室内影院的3D影片到户外的裸眼3D大屏，都为人们带来了良好的视觉体验。越来越多的城市也因裸眼3D大屏震撼的视觉效果，成为城市打卡地标，并融合城市文化与创意内容，将裸眼3D大屏打造成城市独一无二的视觉名片。例如，重庆观音桥裸眼3D大屏，轻轨破墙而出，吸引了诸多游客纷纷驻足观看，带动了周边零售企业的销售业绩。

（3）"情景＋购物"式商业模式。零售通过设计手段营造场景，能够使顾客融入场景中，享受沉浸式购物体验。商业场景经历多年升级，内容形式已经从以促销为主向体验式转变，通过时尚、文艺、美学等元素融入，使消费者获得更多的场景化体验。"情景＋购物"式商业模式在增加顾客情景体验的同时，提供零售企业与顾客互动交流的社交话题，愈发契合当下个性化消费需求。

数实融合新视界
构建超现实购物体验

体验超前网购艺术"AI BUY"，打卡潍坊风筝会杭州"分会"，看T台走秀……2023年五一假期，"淘宝造物节"为消费者构建了超现实的购物体验。

2023年4月29日到5月1日，第八届"淘宝造物节"正式登陆重庆、杭州、深圳等全国10大热门旅游城市，每天有百万市民和游客在家门口就可以体验这场年度创造力盛宴。这也是淘宝造物节首次同时在10个城市开展，让更多人能够体验淘宝上脑洞大开的创意商品和体验。其中，"淘宝造物节"深圳主题展推出首个未来购物体验"AI BUY"，每个人都可以化身AI设计师，将脑海中奇思妙想通过"AI BUY"几秒之内变成意想不到的商品图，如凡·高画作的水杯、带翅膀的滑板和100年后流行的书包等。网友称，"猜你喜欢"变成了"造你喜欢"。

其实，在第三届"淘宝造物节"上，淘宝就已经在打造超现实购物体验场景了，当时淘宝在西湖边搭建了一座300m²的"未来购物街区"，依靠全息影像，消费者目光所及之处，商品信息即被智能识别，这些信息包括商品价格、销量、用户评论、使用攻略等在内的全方位信息。同时，使用淘宝App扫描工作人员手中的二维码后，手机随即呈现MR（mixed reality，混合现实）购物产品"淘宝买啊"界面。消费者站在指定位置测试瞳距与智能头显设备的匹配，匹配完成后，就可以带上智能头显设备在虚拟的空间场景内看到虚拟商品和动画。目光触达的地方，商品信息即被智能识别。在体验过程中，消费者可以通过手势、目光等进行体验互动，点中的商品会自动加入淘宝购物车，实现"所见即所得"。

从2016年第一届"淘宝造物节"至今，"淘宝造物节"已发展成为亚洲最大的、以创造力为主题的购物体验盛会，它不仅是淘宝最独特的商业生态展示，更是中国年轻创意力量集结的舞台。

3. 售后阶段

零售企业应提供一些超出消费者预期的超值服务，即一些额外的服务。例如，某零售企业推出了新的贴心服务，送货员在上门的同时，还顺带把顾客的垃圾带下楼，对顾客来说，这样的服务显得很贴心。

需要注意的是，在全渠道零售背景下，线上线下渠道的服务协同同样是提升顾客体验的重要方面。零售企业只有调查线上线下协同服务内容、制定协同服务标准、开展协同服务培训，才可能提供令顾客满意的服务体验。

即学即练

选择一家本地以用户体验性强出名的零售企业，实地走访调查顾客体验措施，并分析其采取的顾客体验模式。

（四）实施有效的服务补救措施

服务补救是指零售企业在对顾客提供服务的过程中出现失误时，对顾客的不满和抱怨当即做出的补救性反应。其目的是弥补过错，挽回顾客，恢复顾客的满意度和忠诚度。服务补救措施的形式可以有多种，包括对顾客抱怨或投诉做出快速反应、真诚道歉、进行物质或精神补偿、其他协商补偿措施等。

一般来说，在提供服务的过程中，零售企业不可避免地会出现一些失误。一方面，由于服务具有差异性，很难保证不同销售人员向顾客提供的服务不存在差异；另一方面，服务具有不可分离性，即生产者提供服务的过程就是消费者消费服务的过程，消费者只有加入生产服务的过程中，才能最终实现服务的消费。由此，零售服务的失误是很难对消费者隐藏或掩盖的。这些都决定了零售服务失误不可完全避免且大量存在。

一旦出现零售服务失误的情况，恰当、及时和准确的服务补救措施可以缓解顾客的不满情绪，并部分恢复顾客满意度和忠诚度。在某些情况下，甚至可以大幅度提升顾客满意度和忠诚度。因此，零售企业应开展服务补救战略设计，严格制定服务标准和服务补救标准，注重对员工的培训与授权，积极为顾客开辟投诉渠道，加强组织学习。

1. 严格制定服务标准和服务补救标准

由于服务具有无形性，有时顾客并不清楚自己希望获得何种水平的服务或不能准确地描述自己的期望，如果零售企业制定明确的服务标准，就可以消除顾客的"模糊预期"，提高顾客参与的有效性，并使零售服务具有可衡量性。同时，零售企业还要制定服务补救的标准。明确的服务补救标准，一方面可以为补救措施提供客观依据，使顾客对服务补救形成积极的评价；另一方面可以给顾客"按章办事"和"一贯性"的感觉，有利于顾客对服务过程产生良好的口碑。

行业发展与瞭望

零售企业服务质量管理标准

俗话说得好：亡羊补牢，为时未晚。随着经济发展重心的转移，以服务作为经营重点的企业所占的比例越来越大。在这种情况下，企业制定明确的服务质量管理标准，使服务具有可衡量性，就尤为重要。下面以某零售企业的服务质量管理标准为例，来说明零售企业在制定该项标准时应注意的问题。

一、诚信经营

零售企业应当遵守国家有关法律法规，加强成本核算，建立健全明码标价等制度，遵守职业道德，诚信经营，自觉维护企业的形象和声誉。

二、环境服务设施要求

（1）零售企业位于交通便捷的地点，商标及牌匾位于明显位置，而且保养良好。

（2）环境清洁、整齐。天花板、墙壁及地板保持清洁，商铺空气流通，温度适中，没有异味。

（3）营业时间能为顾客提供最大方便，清楚展示或显示各种折扣、优惠及附加费用，接受多种方便顾客的付款方式，提供装设镜子的试衣间，并有明显标识提示洗手间位置的设施。

（4）商品陈列适宜，方便顾客选购，存货充足，款式齐全，能满足顾客的需求。

（5）提供退款、换货及保质服务，令顾客对企业更有信心。

（6）价签清晰地显示价格，令顾客一目了然。

（7）设有质量控制制度，确保商品的质量及供应量能满足顾客的需要，主动听取顾客的意见，实施具有实际效果、方便顾客的服务过程。

三、人员要求

（1）员工亲切、有礼、耐心、热诚，并时刻保持积极的工作态度。

（2）员工仪容清洁整齐，经过培训，对商品有充分了解，能以专业的态度迅速为顾客提供服务。

四、安全及应急程序

（1）应严格遵守有关安全规定，确保顾客及员工的安全，店内应备有应急程序，随时提供指引。

（2）有足够而运作良好的紧急出口及防火通道，员工均清楚地知道逃生路线。

五、迅速处理投诉及有效补救措施

设有处理顾客投诉的方法及程序，配合完善的补救措施系统，制定有清晰的退货及退款政策。授权员工在处理投诉时采取适当的补救行动，建立顾客服务系统，推动优质服务。

2. 加强员工培训和授权

企业对员工的培训相当重要，员工的服务态度、业务能力、人际技巧、处理突发事件的能力等在很大程度上决定了顾客对服务质量的感知和满意度，以及服务补救产生的效果。因此，零售企业有必要对员工进行培训，切实提高他们的素质和服务能力，通过培训使他们了解顾客期望的具体内容，具备处理顾客投诉的能力和做好服务补救工作、提高顾客满意度的技巧。比如学会倾听顾客的抱怨、平息顾客愤怒、关心服务失误对顾客精神上造成的伤害、真诚地向顾客道歉、勇于承认错误、分析顾客问题、阐明解决问题的步骤等。同时，零售企业还要开展专门性的服务补救培训，提高他们对补救重要性的认识，以及预防和纠正服务失误的能力。

在对员工进行针对性训练后，应该对员工大胆授权，使员工具有解决问题的能力，增加员工的责任感，提高其工作的主动性、积极性和创造性。在服务失误发生的现场采取补救措施，在力所能及的范围内迅速解决顾客的问题。

3. 开辟投诉渠道，方便顾客投诉

好的投诉渠道对于零售企业开展服务补救行动有很多帮助，零售企业应开辟各种便于顾客投诉的渠道，鼓励和引导不满的顾客进行投诉。顾客投诉是服务失误的信息源和服务改进的动力源。调查表明，绝大部分不满意的顾客不去投诉的原因是因为不知道怎样投诉和向谁投诉。因此，零售企业要设计方便顾客投诉的程序，并进行广泛的宣传以鼓励和引导顾客投诉。通过鼓励不满意的顾客中"沉默的大多数"说出他们的不满，零售企业可以从中获得宝贵的信息，并利用这些信息发现潜伏的危机和问题的根源，及时改进、完善零售企业的服务工作，从而提高顾客的满意度和忠诚度。

4. 加强组织学习

在企业整个服务补救过程中，组织学习是极其重要的，企业应该通过组织学习，在服务方式、内容、范围等各个方面全面、不断地进行创新。在服务补救实践中，很多零售企业的员工总是从心理上排斥前来投诉的顾客。因为抱有这种想法，所以他们在处理顾客投诉时，往往敷衍了事，不能使顾客真正满意，达不到服务补救的目的。因此，要想真正把服务补救工作做好，关键在于改变零售企业员工的观念，让他们认识到顾客投诉对于零售企业来说是一种重要的市场信息。零售企业应将服务补救与组织学习结合起来，向全体员工传输"从服务补救中学习"的观念，把这种观念融入企业文化中去，真正把服务补救工作做好，真正提高顾客的满意度。

即学即练

某餐饮门店发生了一起顾客投诉，顾客投诉服务人员态度无礼、服务不及时、下错订单。请组内组员开展角色扮演，一人扮演顾客，一人扮演服务员，现场表演如何开展服务补救。

执善向上与坚守
以服务促发展

山东德百集团（以下简称"德百"）是由1983年的一家经营面积4 000 m² 的百货店发展而来的，如今已发展成为一家集百货家电、超市连锁、家居建材、物流批发和产品研发加工等于一体的综合性商贸流通集团，目前从业人员达2万余人，集团下辖21家分公司。

多年来，德百始终坚持"两个文明一起抓、两个成果一起要"的指导思想，坚持以人为本，持之以恒地做好员工思想政治工作，形成了独具德百特色的企业文化，使超万人的员工队伍始终保持着强大的凝聚力、向心力、战斗力，企业风气正、员工干劲大，保持无上访、无下岗。

多年来，德百始终践行"诚招天下客、满意在德百"的经营理念，坚持诚信经营、顾客至上的"三为主"服务原则，赢得了广大消费者的信赖；建立自己的服务标准，创建了劳模品牌工作室，将优秀的企业文化和服务理念一代一代传承；成立会员之家，给顾客提供良好服务；坚持诚实守信、风险共担、利益共享的双赢原则，与全国3 300余家厂商保持着密切合作关系；坚持依法经营、勇于担当，积极投入社会各项公益活动，树立了企业良好的信誉形象。

启示：良好的服务是零售企业的核心竞争力，也是利润的源泉，零售企业不仅要做好品控，还要通过员工素养和技能的提升，提升企业的服务水平和竞争力。

零售调研与践悟

任务目的：

学会采用不同的调查方法调查顾客服务期望。

任务条件：

实地走访调研，上网收集资料；智能手机、计算机等。

任务组织：

1. 每4~6人为一组，其中一人担任组长。

2. 每组选择一家大型零售企业，结合已学知识，充分调查了解该零售企业的顾客期
   望，并和该零售企业设计的服务内容进行比对，分析是否满足了顾客期望。

3. 各组汇报调查结果，由每组选出的评委进行评价，并提出可行性建议。

任务成果：

调查报告一份。

课后巩固

一、不定项选择题

1. 以下属于软服务的是（　　　）。

    A. 商店向顾客提供休息室　　　　　　B. 商店员工对顾客提供的服务

    C. 商店向顾客提供电梯　　　　　　　D. 商店向顾客提供停车场

2. 零售企业服务内容设计的分类包括（　　　），以及文化和情感类、培训类、间接辅助类、质量保证类。

    A. 营销相关类　　　　　　　　　　　B. 辅助促销类

    C. 便利类　　　　　　　　　　　　　D. 维修类

3. 按照顾客购物过程，零售服务可以分为（　　　）。

    A. 售前服务　　　　　　　　　　　　B. 售中服务

    C. 售后服务　　　　　　　　　　　　D. 全程服务

    E. 全员服务

4. 零售商人本服务包括（　　　）。

    A. 环境保护与绿色营销　　　　　　　B. 娱乐享受与陶冶情操

    C. 合理组合自选与导购　　　　　　　D. 概念营销与消费教育

    E. 质量保障类

5. 顾客感知服务质量理论的要素包括（　　　）和感知质量。

    A. 技术质量　　　　　　　　　　　　B. 功能质量

    C. 期望质量　　　　　　　　　　　　D. 经验质量

二、思考题

1. 零售服务的特点有哪些？

2. 零售服务的构成要素有哪些？

3. 按服务成本及价值对服务不同，可以将零售服务分为哪些类型？

4. 零售企业进行服务内容设计的原则有哪些？

5. 服务质量差距理论中的五个差距是什么？

三、案例分析

胖东来是怎样做好服务的

在河南许昌，不论是在乡村还是在城市，人们手里提的食品袋最多的就是胖东来专用袋，甚至有人不在自己家门口买东西，反而从几十里外的乡村跑到胖东来买东西。实际上，胖东来不但在当地出名，许多外省零售企业也纷纷来胖东来考察学习，胖东来已成为河南乃至全国商界具有一定知名度和美誉度的零售企业。

是什么使胖东来远近闻名，受到各方关注呢？实际上，胖东来的经营没有秘诀，只是脚踏实地在服务上下功夫，"用真品换真心"，牢牢地吸引消费者。

胖东来把很多服务工作做到了售前。在顾客还未进入胖东来的时候，就已经开始享受到它用心的售前服务了。食品安全检测中心每天早上都会对蔬果、熟食、鲜肉、糕点等食品进行专业的安全检测，并将结果公示在卖场外围和卖场内显眼的位置。卖场通道宽敞、明亮，而且通道一直会有工作人员清扫，地面光洁到可以反射出人行走的影子，胖东来的管理层说过这样一句话："我们的保洁就是胖东来名片。"

在顾客进入胖东来时，商品陈列、员工微笑、便民服务等服务体验无处不在。例如，楼层电梯出入口总有数名专职服务人员站队，负责搀扶老人和孩子，不断轻声提醒乘客注意安全；水果蔬菜区不仅有一次性手套可以让顾客尽情挑选带泥土的蔬菜，防止弄脏双手，还在连卷袋旁放上一个蘸水器，免得买菜时打不开袋子；在面食加工间和面包后台加工操作间，顾客可以从显示屏上看到里面的环境和操作过程；甚至于顾客忘带钱了，营业员也会为他们垫上；免费为顾客修鞋，还特地冒雪把鞋送到顾客家里去；被顾客冤枉少找钱，也向顾客赔钱认错，认为是自己唱收唱付工作没做好……胖东来踏踏实实地将服务落实到行动上，"照顾好每一位顾客，服务好每一位顾客"成为胖东来人的责任和使命。

胖东来对售后服务也同样重视。顾客买完商品后，胖东来设置了"不满意上门退换货"的售后服务项目，还推出"顾客投诉奖"等。通过这些服务，胖东来把顾客投诉变成了企业进步的动力，力争让每一位顾客都能满意、快乐。

胖东来优秀的服务是怎样形成的？员工对顾客悉心的服务源于胖东来的一套人性化的管理体系。胖东来的每个员工都有一本"规划手册"，包括"人生规划""工作标准""生活标准"。胖东来按岗位专家和管理专家两个方向培养员工，设置了五种评价体系：星级员工、服务标兵、技术明星、星级经营人员和星级后勤人员。员工每一点细微的进步都能迅速得到企业的肯定，关注员工职业成长的制度给员工带来巨大的激励。

思考题：

1. 胖东来为什么能受到顾客的认可和喜爱？胖东来为顾客提供了哪些类型的服务？

2. 结合案例，分析服务在零售经营中的重要性，谈谈胖东来的案例给你的启发。

[1] 徐盛华，倪昌红．零售学[M]．2版．北京：清华大学出版社，2021.

[2] 沈荣耀．零售运营管理[M]．上海：复旦大学出版社，2016.

[3] 苗李宁．新零售：实体店O2O营销与运营实战[M]．北京：化学工业出版社，2018.

[4] 曾弘毅．零售运营手册[M]．广州：广东经济出版社，2018.

[5] 迈克尔·利维，巴顿A.韦茨，张永强．零售学精要[M]．北京：机械工业出版社，2009.

[6] 崔德乾，彭春雨．场景方法论[M]．北京：机械工业出版社，2022.

[7] 刘大勇．场景营销[M]．北京：人民邮电出版社，2019.

[8] 白玉苓，陆亚新．零售学[M]．北京：机械工业出版社，2020.

[9] 曾锵．零售学[M]．西安：西安电子科技大学出版社，2021.

[10] 贺爱忠，聂元昆．零售管理[M]．北京：清华大学出版社，2015.

[11] 杨林钟．新零售实体店运营实务[M]．北京：清华大学出版社，2022.

[12] 张箭林．新零售：模式+运营全攻略[M]．北京：人民邮电出版社，2019.

[13] 龙晴．新零售运营[M]．北京：中国铁道出版社，2019.

[14] 范鹏．新零售：吹响第四次零售革命的号角[M]．北京：电子工业出版社，2018.

郭伟，从教20多年来，始终坚持教学和行业发展研究，先后讲授"新零售概论""门店促销策划""连锁经营管理原理""管理学基础""特许经营实务""门店运作实务"等专业基础课程和专业核心课程；主持省级以上教科研项目5个，参与省部级科研项目10多项，获得省级教学成果奖一项；公开发表学术论文20余篇；主编教材4本，其中"十二五"职业教育国家规划教材一本；参编教材5本，其中"十三五"职业教育国家规划教材一本；指导学生获得中国零售新星大赛一等奖、三等奖各一项，直播电商国赛二等奖。

郑重声明

高等教育出版社依法对本书享有专有出版权。任何未经许可的复制、销售行为均违反《中华人民共和国著作权法》，其行为人将承担相应的民事责任和行政责任；构成犯罪的，将被依法追究刑事责任。为了维护市场秩序，保护读者的合法权益，避免读者误用盗版书造成不良后果，我社将配合行政执法部门和司法机关对违法犯罪的单位和个人进行严厉打击。社会各界人士如发现上述侵权行为，希望及时举报，我社将奖励举报有功人员。

反盗版举报电话　（010）58581999　58582371

反盗版举报邮箱　dd@hep.com.cn

通信地址　北京市西城区德外大街4号　高等教育出版社法律事务部

邮政编码　100120

读者意见反馈

为收集对教材的意见建议，进一步完善教材编写并做好服务工作，读者可将对本教材的意见建议通过如下渠道反馈至我社。

咨询电话　400-810-0598

反馈邮箱　gjdzfwb@pub.hep.cn

通信地址　北京市朝阳区惠新东街4号富盛大厦1座　高等教育出版社总编辑办公室

邮政编码　100029

防伪查询说明

用户购书后刮开封底防伪涂层，使用手机微信等软件扫描二维码，会跳转至防伪查询网页，获得所购图书详细信息。

防伪客服电话　（010）58582300

网络增值服务使用说明

授课教师如需获取本书配套教辅资源，请登录"高等教育出版社产品信息检索系统"（http://xuanshu.hep.com.cn/），搜索本书并下载资源。首次使用本系统的用户，请先注册并进行教师资格认证。

高教社高职电子商务专业教师交流及资源服务QQ群：218668588